大學・研究所
專　書

海 洋 聲 學 導 論
海洋聲波傳播與粗糙面散射之基本原理

劉金源
國立中山大學
海下技術研究所

Fundamentals of Ocean Acoustics
Acoustic Wave Propagation and
Rough Surface Scattering in Ocean

 中山大學出版社

大學・研究所
專書

海洋聲學導論

謹將此書獻給
我親愛的父母親及家人
感謝他們長久以來的
關心與支持

ii

I have long discovered that
few ocean acousticians [geologists never] read each other's works,
and that the only object in writing a book is
a proof of earnestness, and that you do not form your opinions
without undergoing labour of some kind.
revised from Charles Darwin, 1887

序

海洋聲學 (ocean acoustics) 是探討聲波在海洋環境中傳播及其與海洋環境相互作用關係的一門學問。由於聲波是能量在水中遠距離傳輸的唯一有效工具，因此，利用聲波探測或觀測海洋，成爲必要的方式，也因此造就海洋聲學成爲發展海下聲學技術不可或缺的學科。近年來，更由於聲波的應用往低頻推展，以及聲波在淺海環境中的應用，以致於聲波與海床 (seabed) 相互作用，成爲無可避免考量的因素，因而逐漸的發展成爲「海洋與海床聲學 (ocean and seabed acoustics)」。

從水聲系統 (underwater acoustic system) 整體運作的角度來看，聲波在海洋中傳播扮演能量傳輸的子系統 (sub-system)[1]，其所牽涉到的聲納參數 (sonar parameter) 包括：傳輸損耗 TL (Transmission Loss)、環境噪音級 NL (ambient Noise Level) 或迴響級 RL (Reverberation Level) 等；這些參數的預測，乃是聲納方程式 (sonar equation) 中，最爲困難的一部份。造成這些參數難以預測的因素，主要源自於水體的聲學性質在空間分佈的隨機不均勻性 (randomly inhomogeneous)，以及邊界的粗糙性 (boundary roughness)；前者會造成聲波在水體中的體散射 (volume scattering)，而後者會導致粗糙面散射 (rough-surface scattering)。聲波散射的結果，不僅造成能量的損失而減低聲波遠傳的有效性，更會因爲破壞了聲場的均致性 (coherency) 而造成水聲訊號處理的困難。

本書之編撰，乃著眼於上述的考量，探討聲波在海洋環境中傳播與散射之基本原理。全書分成三個部分：第一部份爲「海洋聲學環境與基本水聲傳播原理」，第二部份爲「聲波在海洋中之傳播」，而第三部份爲「粗糙界面之散射」。第一部份除了簡述

---

[1]在海洋中利用聲波執行探測的任務牽涉到三個基本系統單元：儀器、介質、目標；這三個基本系統單元分別扮演聲波運作的不同角色，而三者結合起來乃構成水聲系統；詳見 [99] 第三章。

海洋作為聲波波導環境的特性外，並陳述聲波傳播的基本原理以及處理水聲傳播的基本方法。第二部份主要探討聲波在淺海與深海環境中之傳播特性與模式，同時，亦探討隨距離變化之波導環境中聲波之傳播。第三部份則探討聲波在海洋環境中散射的問題，包括粗糙界面的描述，以及散射場與散射機制。由於每一部份所涉及的主題都十分廣泛，因此，本書僅就最基本的主題作闡釋與說明。

在文獻上，有關海洋聲學的相關論述，最廣為引用的包括較為早期由 Brekhovskikh 與 Lysanov 所著的 Fundamentals of Ocean Acoustics [11]、Tolstoy 與 Clay 所著的 Ocean Acoustics–Theory and Experiment in Underwater Sound [90]、Clay 與 Medwin 所著的 Acoustical Oceanography [16] 等；另外，比較近期的論述包括 Jensen, Kuperman, Porter, and Schmidt 所著的 Computational Ocean Acoustics [41]、Munk, Worcester, and Wunch 所著的 Ocean Acoustic Tomography [61]、Frisk 所著的 Ocean and Seabed Acoustics [26] 等，這些都是海洋聲學方面的經典之作，十分值得詳細研讀。本書乃參考上列之著述，並融合個人過去幾年的相關研究，簡明扼要的闡述海洋聲學之基本原理，希望有助於國人在海洋聲學方面之學習與研究。此外，本書與拙著《水中聲學－水聲系統之基本操作原理》[99] 分屬海洋/水中聲學之理論與應用方面之書籍，兩書互參併閱，應會更有幫助。

本書乃是敝人教授「海洋聲學導論」所使用之教材的一部份。在試用的過程當中，許多修課的學生都協助校正誤植之文字，本人在此致上萬分的謝意。個人才疏學淺，雖用力編撰，必仍難免掛萬漏一，還盼各方賢達不吝指正。最後，謹將此書獻給我的雙親與家人，感謝他們長久以來的關心與支持。

劉金源
91.8. 於高雄市西子灣

目 錄

圖 目 錄

第一部份：
海洋聲學環境與
基本水聲傳播原理

第一章

海洋的聲學性質與環境

聲波 (sound wave) 作爲海洋中遠距離訊息傳遞的唯一有效方式，它的傳播性能自然受到海洋聲學性質與環境的影響。海洋的聲學性質包括聲速 (sound speed) 與密度 (density) 的分佈、海水對於聲波的吸收特性，而海洋環境中，影響聲波傳播的因子包括海面與海床之粗糙界面、海水中之擾動因素，如渦流 (eddies)、內波 (internal wave) 等、以及海水中不均勻物質 (nonhomogenieties)，如氣泡、深海散射層 (deep scattering layer) 等。本章即針對上述相關問題，作一簡明扼要的說明，以利往後章節之討論；而從這些問題的討論中，也勾勒出海洋聲學研究的範疇。

1.1 聲速分佈

聲波在傳播過程中，會因爲介質阻抗 (impedance) 的變化而造成傳播方向的改變與/或聲能的反射損失 (reflection loss)。由於介質阻抗的定義爲密度 $\rho_0(\mathbf{R})$ 與聲速 $c(\mathbf{R})$ 的乘積【$\mathbf{R} = (\mathbf{r}, z)$】，因此，海洋中密度與聲速的分佈，乃是海洋重要的聲學性質。

整體而言，海水的密度大約介於 1024 kg/m^3 至 1028 kg/m^3 之間（約 0.4% 變化），而聲速大約介於 1480 m/s 至 1540 m/s 之

1

間（約 4% 變化）。因此，兩者變化可以說是都不大。然而，這
並不意味著它的微小變化可以完全被忽視；相反的，在不同領域
中，這些微弱的變化，具有不同程度的重要意義。

對於聲波傳播而言，密度的變化會造成阻抗的變化而導致
反射損失，而聲速的變化則不僅造成反射損失外，尚會因折射
(refraction) 而導致傳播方向的改變。由於密度與聲速的變化都很
小，因此，單就從反射所造成的傳輸損失 (transmission loss) 而
言，並不是一個嚴重的問題[1]。比較重要的是，海洋中因特殊的聲
速分佈所導致聲波傳播路徑的改變所形成的波導環境 (waveguide
environment)，可能將聲能限制在固定的水層內而達到遠距離傳
播的效果，例如，"聲發波導 (SOFAR channel)" 傳播[2]【見第 1.2
節】，此乃海洋中聲波傳播的有趣現象。因此，以海洋聲學的角
度來看，通常將海水密度視為常數（通常取 1000 kg/m^3），而僅
考慮聲速的分佈。

聲速是物質的基本性質，其乃等熵熱動力過程 (isentropic
thermodynamic process) 中，壓力隨密度變化之變率的平方根：

$$c = \sqrt{\left(\frac{\partial p_0}{\partial \rho_0}\right)_s} \qquad (1.1)$$

式中，下標。表示未受擾狀況下的物理量[3]。由於海水的聲速為
鹽度、溫度、壓力的函數，因此，海洋的聲速剖面 (sound speed
profile)，除了可藉由聲速儀直接量測外，亦可經由海水的取樣獲
得鹽度、溫度、壓力，然後再以經驗公式 (empirical formula) 計
算出聲速分佈。

有關於計算聲速的經驗公式，文獻上有多種模式，其中以

---

[1]造成傳輸損失的機制有很多，包括幾何擴散 (geometric spreading)、海水
的吸收 (absorption)、體散射 (volume scattering)、粗糙面散射 (rough surface
scattering) 等。

[2]SOFAR 是 SOund Fixing And Ranging 的縮寫。

[3]此乃為了分辨表示聲壓的物理量，p 或 ρ。

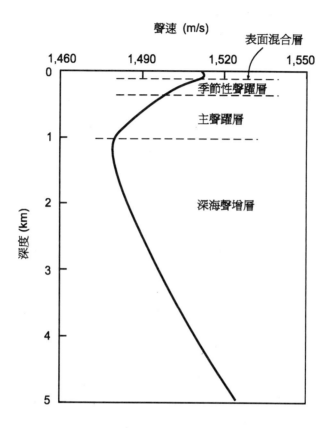

圖 1.1: 典型深海聲速分佈示意圖

Medwin 公式 [59] 最為簡便：

$$
\begin{aligned}
c(T, S, D) \;=\; & 1449.2 + 4.6\,T - 5.5 \times 10^{-2}\,T^2 + 2.9 \times 10^{-4}\,T^3 \\
& + (1.34 - 0.01\,T)\,(S - 35) + 0.016\,D \qquad (1.2)
\end{aligned}
$$

上式中，T、S、D 分別為溫度（單位°C）、鹽度（單位ppt＝part per thousand）、深度（單位 m），其適用範圍為：$0 \leq T \leq 35$，$0 \leq S \leq 45$，$0 \leq D \leq 1{,}000$。式 (1.2) 之準確度約為 0.1 m/s，與直接量測之誤差相差不多。

典型的深海聲速分佈，如圖 1.1 所示。若以聲速梯度 (gradient) g_c 區分海洋的聲速分佈，則典型的深海中聲速隨深度的變化可分成四個區域：

1. 在近海面百公尺以內的表面混合層 ($z = 0$ m 至 100 m)，此
    區內聲速梯度為正 ($g_c = 0.016$ s^{-1})，主要乃因為壓力增加
    導致聲速微增。該區內聲速範圍在高緯度約介於 1450 m/s
    與 1500 m/s 之間，在低緯度約介於 1500 m/s 與 1540 m/s
    之間。由於該層厚度至多 100 m，因此聲速在整層的總體變
    化一般而言在 1 m/s 以內。

2. 距海面約百公尺且厚度約三、四百公尺的季節性聲躍層
    ($z = 100 \sim 400$ m 至 500 m)，聲速梯度為負，主要因為海
    洋的溫度與鹽度隨深度急劇減少所致。該區域為聲速變化最
    大的區域 (冷水中，g_c 最大值可達 -0.944 s^{-1}；溫水中，g_c
    最大值可達 -0.564 s^{-1}。不過一般而言聲速梯度遠小於最大
    值)。若以 $g_c \simeq -0.25$ s^{-1} 為代表值，且以 100 m 至 200 m
    厚度估算，整層聲速變化可達 25 m/s 至 50 m/s。以緯度介
    於南北緯 40° 之太平洋與南大西洋為例，聲速範圍約為 1490
    m/s 至 1510 m/s [93]。

3. 在季節性聲躍層以下迄千公尺深度的主聲躍層內 ($z = 400$
    ~ 500 m 至 1000 m)，聲速梯度為負 (比季節性聲躍層小)，
    主要控制因子亦為溫度分佈。主聲躍層下緣之聲速為典型
    深海聲速分佈之最小值。該區內聲速梯度最大可達 -0.2837
    s^{-1}。若以 -0.05 s^{-1} 為代表值，則聲速變化約為約在 10
    m/s 至 20 m/s。以緯度介於南北緯 40° 之太平洋與南大西洋
    為例，該區聲速範圍約為 1480 m/s 至 1495 m/s [93]。

4. 主聲躍層以下之深海聲增層 ($z > 1000$ m)，聲速梯度為正
    (約為 0.018 s^{-1})，主要受壓力隨深度增加的影響。此層聲速
    從聲速最低值一直漸增至海床。

　　整體而言，聲速隨深度的變化有如 "〈" 形。在 $z < 1000$ m 的水域中，平均 g_c 值約為 -0.04 s^{-1}；而在 $z > 1500$ m 的水域中，則平均 g_c 值約為 0.018 s^{-1}。在水深約 1000 m 處，聲速達最小值，約為 1480 m/s；此處稱之為波導軸深度 (depth of sound channel/waveguide axis)，若將聲源置於此一深度，則對於遠距離傳播特別有效【見第 1.2 節】。

1.2 海洋波導環境與傳播模式

海洋的聲學性質分佈及邊界，對於聲波傳播所造成的重要影響，即是導波效應 (wave-guided effect)。導波效應的產生，導源於聲速變化與/或邊界的限制，以致減低了因擴散而損失的能量。

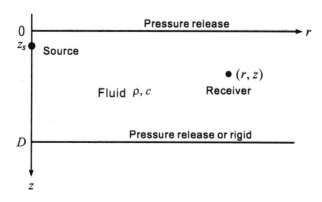

圖 1.2: 理想波導環境

　　從最簡化的情況來看，假如將海洋模擬成具有全反射 (total reflection) 界面的等聲速層 (isovelocity layer)，如圖 1.2 所示【圖中所示的柔軟 (soft) 或剛體 (rigid) 界面，即表示聲壓釋放 (pressure release) 或堅硬 (hard) 界面，兩者皆為全反射界面】，則從聲源所發射的能量，不會因為與界面作用而消散能量，同時，由於界面的限制，將致使聲場由聲源附近的球面擴散 (spherical spreading)，減弱成近似柱面 (cylindrical spreading) 之擴散

形式，因此，成為有效的聲波傳播管道，此乃稱之為波導環境
(waveguide environment)。顯然的，這種波導環境只在理想的情
況下才會產生，因此，又稱完美波導 (perfect waveguide)。

　　若要改進圖 1.2 所示的簡化模式，使之較為接近實際的海
洋環境，則可假設底層邊界為可穿透 (permeable) 界面，且底層
介質之聲速比海水大；此種波導稱之為珮克瑞斯波導 (Pekeris
waveguide)。在這種情況下，從聲源發出之較傾斜聲線 (ray)，有
部份會因為全反射而形成簡正模態 (normal mode) 傳播模式；此
種傳播模式乃是主導聲能傳遠的機制。

　　接下來考慮聲速變化的環境，如圖 1.1 所示的典型深海聲速
分佈。由於聲速的變化，將導致聲波依斯涅耳定律 (Snell's law)
而產生折射現象而改變行進方向，因此，從聲源所發出的聲線，
若具有較小的掠擦角 (grazing angle)，則可能因折射而被 "封鎖
(trapped)" 在固定水層內，此一水層即是所謂的 "聲發波導"。

　　圖 1.3 即是聲發波導傳播之一例；此圖乃是聲源置於最小聲
速處（稱之為聲道軸）所得的結果。從該圖可以看出，當聲速呈
現 "〈" 形分佈時，從聲源處發射出的聲線，各有一條往上與往下
的聲線，分別與上緣及下緣相切，而發射角小於這兩條聲線的所
有聲線，都在該水層內傳播。這種因折射而彎曲以致避免與邊界
接觸的傳播模式，乃是聲波在深海中有效的傳播模式之一。值得
注意的，聲線的分佈除了與聲速分佈有關外，也與聲源的深度有
直接的關係。圖 1.4 為聲源深度位於 300 m 之聲線傳播模式，此
圖顯然與圖 1.3 不同；這些問題都會在往後的相關章節中探討。

　　以上所討論的情況為深海的環境。另一方面，在淺海環境中
（如深度小於 100 m），由於深度不夠而無法構成聲發波導，且
因大氣冷卻以致產生上層海水之聲速梯度為正時，如圖 1.5 左圖
所示，則部份聲線將因折射後再經由海面反射。此時，假如海面
風平浪靜，則聲能將不會因與海面作用而消散能量，如此亦將構
成有效的傳播管道，此乃稱之為半波導 (half channel)。

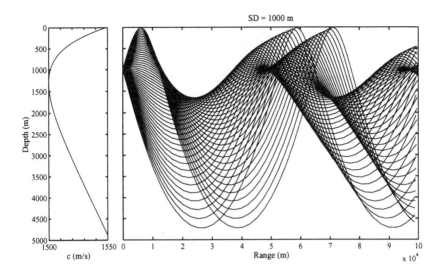

圖 1.3: 聲發波導傳播模式：聲源深度爲 1000 m 【左邊所示之聲速分佈
爲 Munk profile，參見第 194 頁】

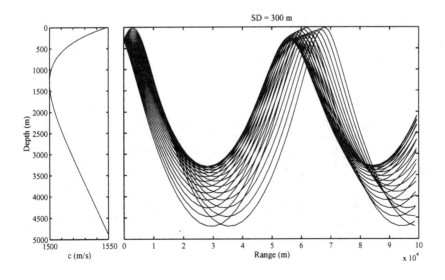

圖 1.4: 聲發波導傳播模式：聲源深度爲 300 m

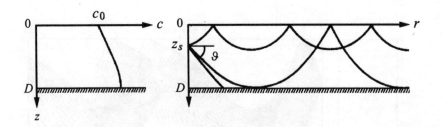

圖 1.5: 半波導聲波傳播模式示意圖

　　聲波在海洋中傳播模式（聲場分佈）以及處理的方法（含數
值方法），乃是本書的重要主題之一。概略而言，海洋的聲學性
質大約符合水平層化 (horizontal stratification) 的假設，亦即，聲
速與密度分佈僅是隨深度變化，而在水平方向則不變。在這種情
況下，假如邊界之幾何或動力性質不變，則此類問題稱之為不隨
距離變化問題 (range-independent problem)；若非如此，例如聲
速剖面隨水平距離變化，或是海底地形呈現不均勻變化等，如圖
1.6 所示，則稱之為隨距離變化問題 (range-depedent problem)。
以距離變化/不變化的因素，作為問題的考量觀點，即是處理海洋
聲學方法的基本分野。

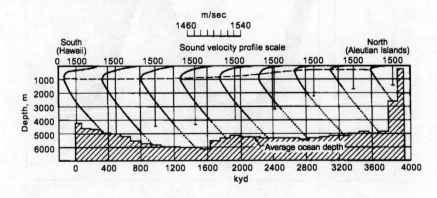

圖 1.6: 隨距離變化之問題

　　根據文獻 [41] 中的分類，海洋聲學的模式與數值處理方

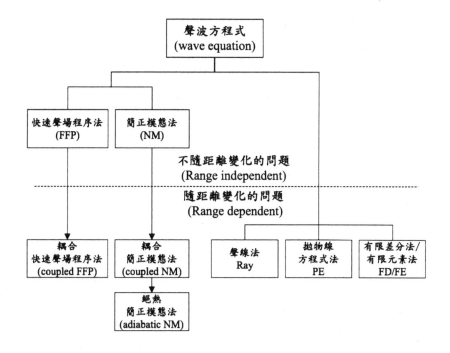

圖 1.7: 海洋聲學數值處理方法 [41]

法之架構圖，如圖 1.7 所示。在控制線性聲學的聲波方程式 (wave equation) 下，可將問題分成不隨距離變化與隨距離變化的問題。處理距離不變問題的方法可分成快速聲場程序法 (Fast Field Program; FFP) 與簡正模態法 (Normal Mode; NM) 兩類；前者又稱波譜法 (spectral method)，其乃以傅立葉轉換 (Fourier transform) 為基礎的方法，而後者乃以 Sturm-Liouville 邊界值理論為基礎，所導衍出的方法。

其次考慮隨距離變化的問題。這類問題直接的處理方式可分成聲線法 (Ray method)、拋物型方程式法 (Parabolic Equation method; PE)、以及傳統的有限差分/有限元素法 (Finite Different/Finite Element; FD/FE)。聲線法乃以 WKB 為基礎所發展出處理聲波振幅與相位隨傳播過程變化的方法，而拋物型方程式法則是根據 Hardin and Tappert [34] 所發展出，處理赫姆霍茲方程式 (Helmholtz equation) 之拋物型方程式爲基礎的方法。另外，波譜法與簡正模態法亦可經由修改而擴展成可以處理隨距離變化的問題，分別稱之爲耦合快速聲場程序法 (coupled FFP) 與耦合簡正模態法 (coupled NM)，其中耦合簡正模態法可經由假設而發展出更簡化的絕熱簡正模態法 (adiabatic NM)。

以上所提到的方法，部份會在第 3 章中討論。惟這些模式都已各自方展出合適的數值運算方法，因此，涵蓋的範圍十分廣泛。本書將僅探討處理代表性問題的方法，以作爲研究其他海洋聲學問題的基礎。

1.3　海水對聲能的吸收

水中應用聲波作爲傳輸訊息工具的主要原因，乃是因爲聲波在水中具有良好的傳透性能。但是，聲波在水中傳播過程當中，亦面臨各種聲能消散的機制。這些機制，除了包括沒有牽涉到能量轉換的幾何擴散、邊界透射、體積散射、粗糙面散射等機制外，即是牽涉到能量轉換機制的水體的吸收 (volumetric absorption)。有關海水對聲能吸收的機制，在文獻 [99] 中【見第六章】已有詳細的說明；在此僅就在應用的需求，作一簡述。

海水對於聲能造成吸收，依頻率的高低，各有不同的主導機制，且頻率越低，吸收越小。茲就以頻率 f 的高低，作一重點說明如下：

1. 在高頻區域，數百千赫以上（$f > 500$ kHz）：主要的吸收機制包括流體黏性 (viscosity)、熱傳導 (heat trasnfer)【此兩者稱之爲古典吸收 (classical absorption)】、分子結構重組作用【稱之爲結構弛豫 (structural relaxation)】等。黏性導致分子間因相對運動而產生熱能而消散；熱傳導乃因聲波的舒張與壓縮，而導致受擾質團與周遭環境產生溫度梯度而

造成熱傳導。至於分子間能量交換導致聲能衰減的原因，
則是因為聲波的動能轉換成鄰近分子之位能（分子重新組
合）、動能（如多原子分子之振動能）、分解或結合能等
（分子之游離化）。

2. 在中低頻區域，數十至數百千赫茲（ $50\,\text{kHz} < f < 500\,\text{kHz}$ ）：
主要是海水硫酸鎂 ($MgSO_4$) 化合物之分解與結合所導致的
聲能吸收。Leonard [49] 與同僚經實驗證實，在頻率約為數
十 kHz 左右，海水中所含的硫酸鎂 ($MgSO_4$) 對於該頻率範
圍的聲能吸收扮演重要的角色。聲波運動過程的壓縮與舒張
會造成硫酸鎂的分解與結合，而這種過程所導致的弛豫時
間會造成聲能的吸收，此種現象稱之為化學弛豫 (chemical
relaxation)。

3. 在低頻區域，數十千赫茲以下（ $f < 50\,\text{kHz}$ ）：主要是海
水硼酸 (boric acid) 游離化所導致的聲能吸收【亦屬化學弛
豫】。當頻率低於 3.5 kHz 之後，有強烈的證據顯示，在該
頻率區中，導致體吸收的因子是硼酸游離化所產生的化學
弛豫機制，換句話說，聲波的壓縮與舒張會導致 $B(OH)_3 \rightleftharpoons$
$B(OH)_4^-$ 之間分解與結合的化學作用。雖然硼酸在海中只佔
4.6 ppm (parts per million) 的含量【相較於硫酸鎂的含量為
1.35 ppt (parts per thousand)】，但是海水中由於它的存在
所造成的吸收比沒有此成份時大了 20 倍。

吸收的大小通常以吸收係數 α 表示，其單位是 dB/km 或
dB/λ，也就是聲波每傳播 1 km 或 1 個波長的距離，聲能所減少
的 dB 數[4]。文獻上有多種吸收係數隨頻率變化的套用公式，例如
由 Fisher and Simmons、Thorp、Urick [21, 86, 91] 等所提出的下

---

[4]在水中聲學中，聲壓 dB 數的參考值為 $20\,\mu$ Pa，相當於平均聲強參考值
6.67×10^{-19} W/m^2。

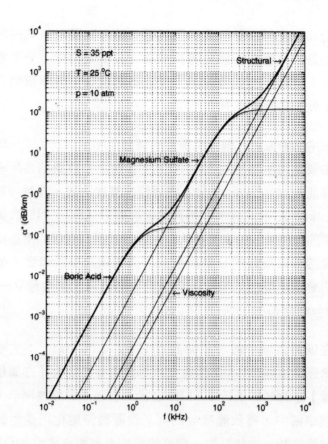

圖 1.8: 海水對聲能的吸收係數

列公式：

$$\alpha = 3.3 \times 10^{-3} + \frac{0.11\,f^2}{1 + f^2} + \frac{44\,f^2}{4100 + f^2} + 3 \times 10^{-4} f^2, \ [\text{dB/km}] \ (1.3)$$

上列公式適用於 $T = 4°C$、$S = 35$ ppt、pH $= 8.0$、$D = 1000$
m；雖然有這些限制，不過，若沒有更佳的公式，上式亦可應用
在一般情況。另外，圖 1.8 亦可作爲查詢吸收係數之用（必須注
意環境與水文資料是否符合條件）。

1.4　海洋動態因子對聲波傳播的影響

海洋是個隱含多變因素的動態環境，其所包含的動態因子包括大
尺度洋流 (large-scale current)、鋒面帶 (frontal zone)、中尺度渦
流 (synoptic/meso-scale eddies)、內波 (internal wave)、小尺度紊
流 (small-scale turbulence) 等。這些動態因子都會對介質層化的
結構造成擾動，導致聲波在傳播過程中產生空間與時間上的波
動；本節將就這些問題，作一概略說明。

洋流與鋒面帶

大尺度洋流，如墨西哥灣流 (Gulf Stream)【見圖 1.9】、黑潮
(Kuroshio)，是海洋重要的動力系統。這些洋流的邊界地帶，稱
之爲鋒面帶，分隔了性質基本上是不同的水團，因此，在鋒面帶
區域，海水的性質，包括溫度、鹽度、密度、聲速等，都有很大
的變化【例如，在灣流的北邊邊界 (緯度 35°C 以北)，溫度每 5 浬
降低 10°C】，也因此對於聲波傳播造成重要的影響。

　　從 Levenson and Doblar [52] 利用 TNT 爆炸聲源，實驗聲波
由東南往西北穿越墨西哥灣流的長距離傳播中發現，當聲源位於
灣流的南邊或北邊邊界時，所接收到的聲強最低，且些微聲源位
置的改變，會造成聲強不小的波動 (6–10 dB)。從理論的分析顯
示，此乃因爲聲發波導軸的深度，隨著傳播路徑的方向，逐漸的
變深所致。以上結果顯示，灣流對於聲波傳播有重要的影響。

中尺度渦流

另一方面，近代海洋學家發現，海洋中有很大部份的動能，皆伴
隨著半徑約數十公里至數百公里的環流，稱之爲中尺度渦流；這
種渦流在大尺度洋流的鋒面帶特別多，如圖 1.9 所示。這些渦流
乃自蜿蜒的主洋流中分離而產生，不過，近年來，海洋學家亦發
現，渦流亦可在大洋中產生。

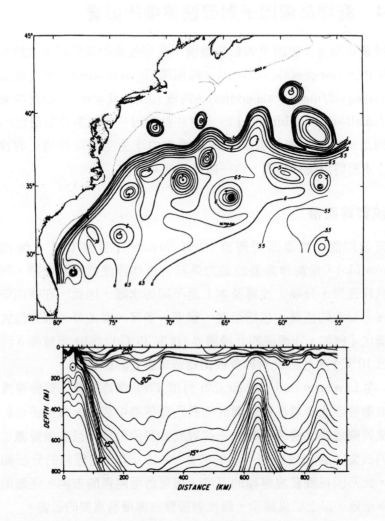

圖 1.9: 墨西哥灣流

說明：上圖為溫度 15°C 之等溫面（圖上所示之數字為深度，單位為百公尺），
從圖上可以看出有九個氣旋環 (cyclonic ring)，三個反氣旋環 (anticyclonic
ring)【資料取自 1975 年，3/16–7/9】；下圖為通過兩個冷核 (cold core) 氣
旋環之溫度剖面圖，取樣路徑為 36°N、75°W 起，至 35°N、70°W，然後到
37°N、65°W [70]。

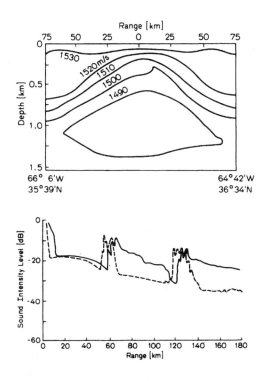

圖 1.10: 渦流區內之聲速剖面與傳輸損失[94]

　　在渦流區域，溫度很多變，也因此造成複雜的聲速分佈。圖
1.10 之上圖 [94]，顯示一自灣流分離出來的渦流區內之聲速剖面
（零公里處為渦流中心），而下圖為將聲源置於渦流中心，且深
度為 200 m 時，接收深度為 300 m 的傳輸損失圖 [94]。從圖上可
以看出，越接近渦流中心處，聲速梯度越大，也因此影響了傳輸
損失。該圖顯示，當聲波經過渦流區之傳輸損失（虛線），比經
過沒有渦流區域之傳輸損失（實線）還大。當然，傳輸損失與接
收深度有關，並需視聲速分佈而定。例如，在上述的情況下，假
如接收深度為 1000 m 時，則聲波經過渦流區之傳輸損失反而比沒
有渦流區還小。從以上的研究顯示，渦流會對聲波傳播造成嚴重
的干擾。

內波

海洋內部因平均密度隨空間上的變化，在重力的影響之下會產生內部的波動現象，稱之為內波 (internal wave)，或重力內波 (internal gravity wave)；內波的週期，可從數分鐘到慣性週期 (inertial period)[5]。許多研究顯示 [9, 23, 63, 83, 98]，內波對海水的擾動，會造成溫度與鹽度的隨機攝動 (random perturbation)，繼而擾動聲速而影響了聲波的傳播。圖 1.11 顯示內波對於聲波振幅與相位所造成擾動的情形。與該圖有關的參數如下：367 Hz 聲源，位於 Eleuthera 附近、深度為 527 m 的底床上，接受距離 1318 km，接收器位於百慕達 (Bermuda) 附近、深度為 1723 m 的海床上 [81]。

　　近幾年來，有關內波對聲波傳播影響的實驗與理論研究，十分活躍。相關的現場實驗包括：1995 SWARM (Shallow Water Acoustic Random Medium) 實驗，探討聲波脈衝與行進時間受到非線性內波的影響 [85]；1995 STANDARD EIGER 實驗，探討內波對聲場在水平方位上變化的影響 [71]；1996-97 PRIMER 實驗，探討在內波與岸區鋒面的作用下，聲波傳播的情形 [29, 56]。另外，2001 ASIAEX (Asian Sea International Acoustic EXperiment)，在中國南海 (South China Sea) 亦有內波與聲波交互作用的實驗。近期有關內波對聲波傳播影響的相關論文亦很豐富，包括 Creamer [18]、Finette *et al.* [22]、Flatte *et al.* [25]、Headrick *et al.* [36]、Simmen *et al.* [79]、Tielbuerger *et al.* [88]。

　　有關於內波對聲速造成擾動的機制，主要可分成兩個部份：其一是以簡正模態 (normal mode) 描述的方式 [24]，稱之為 Garrett-Munk 內波波譜模式 (Garrett-Munk internal wave spectrum model)，其乃為遍佈空間的內波場，另一則是局部性 (local)

---

[5]慣性週期為慣性震盪 (inertial oscillation) 的週期，其大小為 $\frac{24}{\sin\psi}$ 小時（ψ 為緯度），例如，在緯度 45°，慣性週期約 17 hr。慣性震盪乃因慣性運動在科氏力 (Coriolis force) 作用下所產生的流體運動。

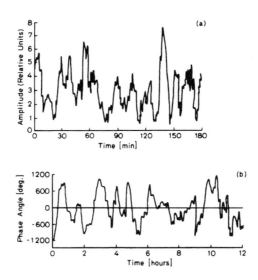

圖 1.11: 367 Hz 聲波，在距離 1318 km 處所接收到之聲波受內波干擾所造成振幅與相位擾動情形 [81]

的孤立波 (soliton wave)。前者在處理內波與聲波相互作用的問題上，廣為引用，因此，在此稍加說明。

內波對聲速所造成的干擾，以 $c'(z)$ 表示，可用下式表示 [24]：

$$c'(r, z, t) = 1.25 \cdot N^2(z) \langle c(z) \rangle \zeta(r, z, t) \qquad (1.4)$$

上式中，$\langle c(z) \rangle$ 為平均聲速隨深度之變化，$\zeta(r, z, t)$ 為內波所造成水粒子在垂直方向的位移，而 $N(z)$ 稱之為 Brunt-Vaisala 浮力頻率 (buoyancy frequency)：

$$N = \sqrt{-\frac{g}{\rho_0} \frac{\partial \rho_p}{\partial z}} \qquad (1.5)$$

式中，g 為重力加速度，ρ_p 為位密度 (potential density)【其定義為固定組成的水團，以絕熱的方式位移至壓力為 p 之深度時所得的密度】。因此，主要的問題在於求解 ζ；有關這方面的探討，可參考上列的相關文獻。

小尺度紊流

由於海水不停的受到擾動，例如，混合層 (mixed layer) 中海－氣
的交互作用 (air-sea interaction)、深海層中的海流等，海洋中存
在著尺度不一的小尺度紊流 (small-scale turbulence)，其空間尺度
從數公分到十數公尺不等。這些小尺度的紊流，會造成海水物理
參數（包括溫度、鹽度、聲速等）的擾動，也因此影響了聲波的
傳播。

相關的實驗證實 [77]，在混合層中，折射指數 (refractive
index) $n(\mathbf{R})$，因紊流所造成的擾動，其結構函數[6] (structure
function) $\mathcal{D}_n(\overline{R})$ 符合 Kolmogorov-Obukhov 2/3 冪級等向紊流
(isotropic turbulence) 模式：

$$\mathcal{D}_n(\overline{R}) = \langle [n(\mathbf{R}_2) - n(\mathbf{R}_1)]^2 \rangle \tag{1.6}$$

$$= C_n^2 \overline{R}^{2/3}, \ \overline{R} = |\mathbf{R}_2 - \mathbf{R}_1| \tag{1.7}$$

上式中，$\langle \cdot \cdot \rangle$ 表示系集平均 (ensemble average)，C_n 為結構常數
(structure constant)；式 (1.7) 的有效範圍乃當 $\overline{R}$ 介於約一公分與
數公尺之間。小尺度紊流對聲速造成的擾動，將導致聲波散射而
致使信號振幅與相位的擾動，因而降低傳播的有效性。

本節中所提到的相關海洋動態因子對於聲波傳播所造成的影
響，實際上乃是研究海洋聲學相當重要的問題。由於這些問題都
與物理海洋學 (physical oceanography) 有關，因此，不論是在正
向問題 (forward problem)【亦即，這些動態因子對聲波傳播的影
響】，或是逆向問題 (backward/inverse problem)【亦即，利用聲
波探測這些動態因子】等，都是近代海洋物理學家與海洋聲學
家，十分感到興趣的問題。由於仍有很多相互作用的機制尚待理
解，因此，這些問題在可預見的未來，將是重要的研究對象。

---

[6]結構函數，其定義如式 (1.6) 所示，乃隨機過程 (random process) 性質參數
之一。從定義可以看出，結構函數乃是描述兩空間相異點之間，隨機參數的差
異量【參考式 (8.4)，並與相關函數比較】。

1.5 粗糙界面散射

海洋環境中粗糙界面（包括海面與海床）散射 (rough-surface scattering)，乃是本書第三部份所探討的主題。因此，在該部份相關章節，將會有詳細的討論。本節僅就海面與海床的基本性質，以及對於聲波在海洋中傳播的影響，作一大體討論，以建立海洋邊界環境對聲波影響的基本觀念。

海面與海床的聲學性質

海面與海床為海洋中兩大主要界面。聲波在海洋中傳播，除了在深海環境中，部份聲線因聲速的分佈而造成聲發波導的傳播模式而可避免與界面作用外（如圖 1.3 所示），一般都會與海面或海床碰撞；此種情況，尤其以淺海環境為甚（如圖 1.2 與圖 1.5 所示）。因此，海面與海床對聲波傳播的影響，十分重大。

　　從聲學的角度看，界面與聲波相互作用，對聲波所造成的影響，主要來自兩個因素：介質的阻抗對比 (impedance contrast) 以及界面的幾何形狀 (surface geometry)。由於海面分隔大氣與海水，且海水的聲波阻抗約比大氣大四個量級 (order of magnitude)，因此，對水中聲波而言，海面基本上是全反射界面；在無風日麗的平靜海面下，聲波不會因為與海面作用損失能量，而僅作 180° 的相位變化（反射係數為 −1）。至於分隔海水與海底的海床界面，阻抗對比取決於海底底質，一般而言，對比不會很大，因此，海床基本上是可穿透界面；聲波入射海床之後，部份聲能將穿透海床，也因此造成聲波傳輸損失的重要因素之一。

　　另一方面，有關海面與海床的幾何形狀，前者除了在特殊的其況下，例如，前面所提及 "無風日麗的平靜海面"，而後者如平坦的深海海盆外，兩者界面在空間的分佈都是崎嶇不平，且海面在時間上，也是隨機晃動。因此，對海洋聲學而言，描述海面與

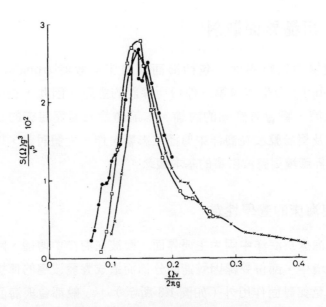

圖 1.12: 皮爾生－莫斯考維茲頻譜隨風速的變化：● 代表 10 m/s、□ 代表 16.3 m/s、× 代表 20.6 m/s；風速量測高度離海面 19.5 m [43]。

海床的幾何性質，都使用統計方法與模式。

　　由於海面與海床的幾何形狀都是天然因素所致，因此，其粗糙高度 (roughness height) 或是粗糙面斜率 (rough surface slope) 的機率密度 (probability density)，都傾向於高辛分佈 (Gaussian distribution)。另一方面，由風吹所造成的海面粗糙度，其頻譜分佈一般都已接受皮爾生－莫斯考維茲 (Pierson-Moskovitz) 所建立的模式；詳細的討論參見第 8.3.2 節，惟該模式乃基於多次的實際量測所得的結果，如圖 1.12 所示 [43]。有關於海床粗糙面，近年由高夫－喬登氏所提適於描述尺度在百餘公尺以內的深海海底地形 [30]，也已逐漸的被引用；相關的討論參見第 8.3.1 節。

海面與海床的散射

當聲波由海洋中入射粗糙海面或海床時，將會因為粗糙面的作

用而導致能量的分散,此乃謂之散射 (scattering)【參見第 9.1
節】。散射將導致聲波在鏡面反射 (specular reflection) 方向【稱
之為同調聲場 (coherent field)】能量的削減,同時將產生不同
調的散射場 (incoherent scattered field),而致使聲場喪失同調性
(coherency)。

　　粗糙面散射能量在空間的分佈,通常以面散射係數 (surface
scattering coefficient) m_s 表示;面散射係數的定義為:每單位粗
糙面積散射至每單位實體角 (solid angle) 的聲功率,與入射聲強
的比值。有關海面與海床粗糙面的散射係數,在第 9 章將會有詳
細討論,在此,僅就一些基本的性質,略述一二。

　　在聲納系統的操作中,粗糙界面的逆散射 (backscattering) 強
度乃是決定目標強度的重要參數之一;所謂逆散射,即是聲波自
目標物散射回聲源的聲能。逆散射強度通常與入射角有直接的關
係。圖 1.13 展示 2 kHz – 20 kHz 聲波自海面散射之逆散射係數
隨入射角的變化關係;此圖為風速 9.5 m/s 時之粗糙海面的結果
[27]。從圖中可以看出,逆散射係數隨入射掠擦角的增加而增大,
且頻率越高時(例如,20 kHz),越顯示出雙重尺度 (two-scale)
的散射現象【參見第 9.6 節】。

　　另一方面,由於海面乃為隨機動態界面,其頻譜如圖 1.12
所示,因此,當單頻聲波 (monochromatic sound wave) 入射海洋
界面時,將造成頻率位移的現象,稱之為都卜勒效應 (Doppler
effect)。圖 1.14 顯示兩種頻率 f_0 的聲波,分別為 110 Hz 與 312
Hz,在鏡面反射方向之散射頻譜 [13];相關資料為:海面風速約
8.5 m/s 的深海,入射掠擦角約 30°。從圖上可以看出,頻率的位
移量 $|f - f_0|$ 約隨粗糙面頻譜而變化。

　　有關於海底與聲波的相互作用,主要是受底質與地形的影
響。文獻上有關幾個主要大洋中,接近海床上層之海底的地聲
性質,如密度與聲速分佈,都已有豐富的現場資料,例如 Akal
[2, 3]、Hamilton [33] 等。從實驗資料顯示,聲波自海床之反射受

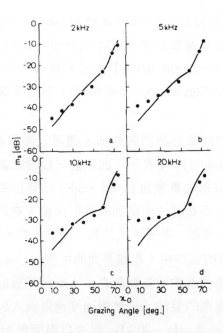

圖 1.13: 2 kHz – 20 kHz 聲波自海面散射之逆散射係數隨入射角的變化
關係：實線為理論預測值，黑點為量測值 [27]。

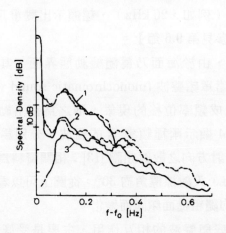

圖 1.14: 入射掠擦角約 30° 的聲波在鏡面反射方向的散射頻譜 [13]：
曲線 1、2 分別為頻率 110 Hz、312 Hz 的入射波，而曲線 3 為海面頻譜
（風速約 8.5 m/s）；實線為 $f > f_0$ 之頻譜，而虛線為 $f < f_0$ 之頻譜。

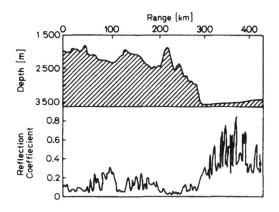

圖 1.15: 聲波正向入射海床之反射係數與地形變化的關係；聲波頻率 9.6 kHz [95]。

地聲性質的影響，除非是低頻，否則在數千赫以上，主要是受地形起伏的影響。因此，聲波自粗糙的石質海床的反射，反而可能小於平坦的爛泥海床。圖 1.15 顯示聲波正向入射海床之反射係數與地形變化的關係 [95]。該圖顯示，當地形從崎嶇轉爲平坦時，反射係數乃驟然增高，此乃顯示散射乃是聲波與海床作用之主要機制。

海底的逆散射強度與入射角及頻率的關係，因地形的形體特徵而異。圖 1.16 爲深海平原 (abyssal plane) 之逆散射強度隨入射角與頻率變化的關係。從圖上可知，逆散射強度隨著入射角的增高迅速遞減，此現象尤以較低頻率爲然，例如，1 kHz – 7 kHz。由於深海平原爲平坦地形，因此，逆散射強度與入射角及頻率的相依關係，至爲明顯。值得注意的，當頻率爲 3.5 kHz、入射角高於 15° 的情況，逆散射強度呈現 $\cos^2 \vartheta$ 的變化，此乃謂之 Lambert 散射定率。當海底地形十分粗糙時，則逆散射強度幾乎與入射角及頻率無關，如圖 1.17 所示 [95]。

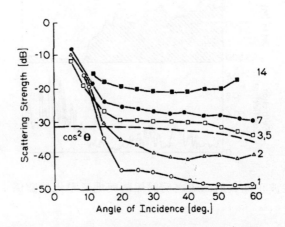

圖 1.16: 深海平原之逆散射強度隨入射角與頻率之變化 [95]：圖內數字代表頻率，單位為 kHz。

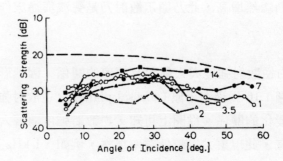

圖 1.17: 粗糙海床之逆散射強度隨入射角與頻率之變化 [95]：圖內數字代表頻率，單位為 kHz。

1.6　體散射

聲波在傳播過程當中，會因爲遭遇到介質內的隨機不均勻分佈的物質 (random inhomogeneities)，或是聲學性質的隨機攝動 (random perturbation) 而產生介質內的散射，此種現象稱之爲體散射 (volume scattering)。在第 1.4 節中所討論的海洋動態因子，如渦流、內波、紊流等，都會導致聲速與密度分佈之隨機攝動而造成體散射。另一方面，海洋環境中，在某些特定區域，可能因爲充滿隨機不均勻物質而造成體散射，這些區域性的隨機因素，對聲波傳播有重要影響的包括深海散射層 (Deep-Scattering Layer, DSL)、水中氣泡 (air bubble) 等。

有關體散射的相關問題，由於屬於隨機介質波傳 (waves in random media) 之專題，本書不擬涵蓋此一主題。惟爲說明其在海洋聲學所扮演的角色，謹在本節稍作簡述；有興趣的讀者，可參閱專門著述，例如 [12, 39, 92]。

隨機聲速分佈

根據研究顯示 [12]，在海洋中聲速的攝動量比密度攝動量約大於一個量級，因此，海洋聲學環境中，大都僅考量聲速攝動對聲波傳播的影響，如圖 1.18 所示。此時聲速分佈可表示成：

$$c(\mathbf{R}) = \langle c(z) \rangle + c'(\mathbf{R}) \tag{1.8}$$

上式中，$c'(\mathbf{R})$ 爲隨機攝動聲速，因此，在海洋動態因子活躍的區域，海水可視之爲隨機介質。一般而言，隨機聲速攝動的相關函數 (correlation function) 可表示成 [40]：

$$\langle c'(\mathbf{R}_1) c'(\mathbf{R}_2) \rangle = \sigma_{c'}^2 N(\bar{r}) M(\bar{z}) \tag{1.9}$$

上式中，$\bar{r} = |\mathbf{r}_2 - \mathbf{r}_1|$，$\bar{z} = |z_2 - z_1|$，$\sigma_{c'}^2$ 爲攝動聲速的方差 (variance)；N、M 分別爲水平與垂直方向之相關函數，前者遠較後者有更長的相關長度 (correlation length)【參見第 8.3 節】。

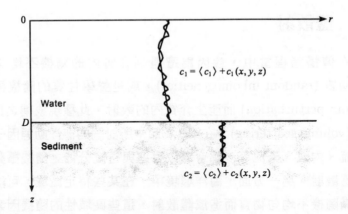

圖 1.18: 隨機聲速攝動

聲波在隨機介質中傳播，與粗糙界面散射類似，將產生散射場而削減同調聲場的能量，其對聲波傳播的影響相當於介質的吸收作用，因此，隨著遠離聲源，聲場將逐漸喪失同調性。

深海散射層 (DSL)

在海洋中，造成聲波散射的另一個特殊機制即是深海散射層。深海散射層是指隨著日夜，沈浮於某一深度之小型生物群。根據許多研究的共同結論，在散射層中與聲波散射有關的生物種類包括燈籠魚 (lantern fish, *Myctophids*)、管水母類動物 (*Siphonophores*)、*Euphausids*、烏賊 (*Squid*)、橈腳類動物 (*Copepods*)、水母 (jelly fish) 等，但是密度卻很小，每立方公尺僅約 0.05 隻。

深海散射層普遍存在深海當中（兩極地區較為少見），且涵蓋的範圍相當廣闊，往往橫跨洲與洲之間。散射層的深度夜間約在 100 m 與 150 m 之間，而白天則沈降至 300 m 與 600 m 之間；也因為這種沈浮的緣故，研究學者才揣測與生物有關。

一般相信，散射層生物與聲波散射有關的機制是魚鰾 (swimming bladder) 共振 (resonant oscillation) 的關係，這些魚隻的大

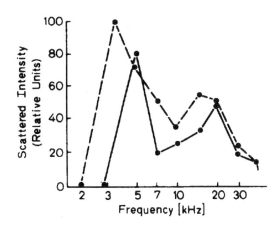

圖 1.19: 深海散射層散射強度與頻率的關係：實線表示白天，虛線表示
夜晚 [4]

小約數公分至十數公分，且研究證實，只要有少量的共振魚隻，
即可對聲波傳播造成影響。

　　有關共振頻率的大小，與魚隻的大小及散射層深度有關；圖
1.19 顯示散射強度與頻率的關係 [4]。該圖顯示，不論白天或夜
晚，都有兩個明顯的共振區間；例如，在白天（散射層深度約
600 m），較大魚隻（約 7 cm – 20 cm）之共振頻率約為 3 kHz – 7
kHz，而較小魚隻（約 2 cm – 3 cm）之共振頻率約為 20 kHz。

　　對於整體海洋而言，多年來的實驗證實，散射層大都往東–
西向延展，因此，散射層的散射強度大都隨緯度變化，而與經度
較不相關。在太平洋、大西洋、及附近海域，接近赤道區域，散
射最強，而在緯度 5° – 20° 區域，比赤道區域少幾 dB，而在更高
的緯度，又增強至與赤道低區相同；在兩極則極低。

氣泡

海洋中靠近海面的區域，由於波浪的作用，有一薄層包含很多氣
泡，而由於空氣與海水有強烈的阻抗對比，且氣泡的收縮或擴張

會與聲波產生共振,因此,氣泡群 (bubble cloud) 成為水中強烈
的散射層。

雖然氣泡存在於水體內,但是由於是靠近海面的薄層,因
此,有時氣泡散射被視為是邊界散射,且研究顯示,低入射掠擦
角的聲波入射海面後,逆散射仍具有一定的強度,其主要原因是
因為氣泡共振所致。

氣泡的共振頻率,與氣泡半徑 a 及所在深度 z 的關係為:

$$f_0 = \frac{327}{a}\sqrt{1 + \frac{z}{10}} \text{ Hz} \tag{1.10}$$

上式中,a 單位為 cm,而 z 的單位為 m。氣泡大小隨著深度增
加而減小,而一般以氣泡密度分佈 $n(a)$ (bubble density distribu-
tion) 表示,亦即單位體積內所含氣泡數目之分佈。圖 1.20 顯示
三種水深之氣泡密度分佈 [44]。該圖顯示,氣泡密度與分佈範圍
隨深度增加而減少,在近表面處(例如,深度 1.5 m),最高氣
泡密度約為 5 m^{-3},而氣泡半徑集中在 0.0015 cm – 0.035 cm 範圍
($f_0 \sim$ 10 kHz – 235 kHz)。

圖 1.21 為 10 kHz 聲波入射氣泡群之體散射係數 (volume
scattering) m_v 隨深度與風速的變化 [45];m_v 的定義為:每單位
體積散射至每單位實體角的聲功率,與入射聲強的比值。該圖顯
示,體散射係數隨風速增加而增高,且隨深度增加而迅速減小;
在 1.5 m 最大,至 20 m 處將至約環境噪音之強度。

氣泡對聲波傳播所造成的影響,乃是因為氣泡的振動造成聲
速的擾動,而使得聲波的振幅與相位受到影響。因此,氣泡對聲
波傳播的影響,與氣泡因波浪所造成共振頻率的改變,或是水中
的氣泡含量有關。

1.7　環境噪音

海洋聲學環境的另一個特徵即是環境噪音 (ambient noise)。環

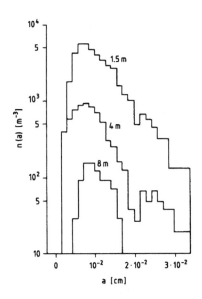

圖 1.20: 三種水深（1.5 m、4 m、8 m）之氣泡密度分佈 [44]：此一資料取自大洋中厚度為 25 m 的等溫層

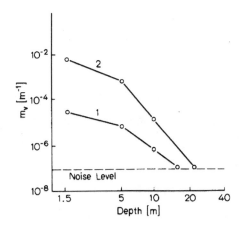

圖 1.21: 10 kHz 聲波入射氣泡群之體散射係數 m_v (volume scattering) 隨深度的變化 [45]：圖中第 1 條曲線為風速 4 m/s – 8 m/s，而第 2 條為 11 m/s – 12 m/s

境噪音的來源包括天然 (natural) 與人爲 (man-made) 因素，而兩者在特性上，如方向性 (directionality) 與頻譜內涵 (spectral content)，亦有顯著的不同。

天然的噪音來源包括地震活動 (seismic activity)、風浪對海面的擾動、水分子的熱噪音 (thermal noise of water molecule) 等。除此之外，海洋生物，如蝦子、海豚、各種魚類及哺乳類動物，亦使得環境更吵雜，尤其是含有豐富營養鹽的區域。

人爲噪音的來源主要是來自船隻的活動。平均而言，隨時在大海中航行的各類船隻約有一萬五千艘以上，包括油輪 (oil tanker)、貨櫃輪 (container ship)、一般貨輪 (cargo ship)、漁船 (fishing vessel) 等 [37]。這些船隻所產生的低頻噪音，可經由海洋波導的傳播而傳達數百乃至千浬，此種噪音稱之爲遠船航行噪音 (distant shipping noise)，簡稱遠船噪音；假如在港口區或航道上，則船隻噪音更加明顯。

以上所提到的噪音來源，各有其特殊的頻率與強度，通常以環境噪音頻譜級 (ambient noise spectrum level) 表示，單位爲 dB//1 μPa/Hz。在文獻上，對於深海環境噪音頻譜的描述，最常被引述的是 Wenz 頻譜 [96]，如圖 1.22 所示。茲就各頻率區間的環境噪音特性，作一扼要說明。

低頻噪音主要是來自遠船航行噪音、地震活動、亂流等。頻率在 10 Hz 以下的噪音主要來自地殼運動 (seismic motion)、表面亂流、或波與波的交會作用。研究顯示 [35, 55]，在超低頻頻段，由於表面波與波的交會所產生的駐波 (stationary wave)，可穿透數千公尺的深海水層而激發海底微弱震動，稱之爲微震運動 (microseismic motion, or microseism)，此一頻率可低至 0.14 Hz。另外，海面波浪或亂流所產生的噪音可經由傳播再經海床散射，亦可能導致 20 Hz 以下內音波頻段之低頻環境噪音 [53, 54]，此頻段噪音約以 8 – 10 dB/octave 的斜率遞減。

在大洋深海環境中所量測的噪音頻譜，約在 30 Hz 左右有一

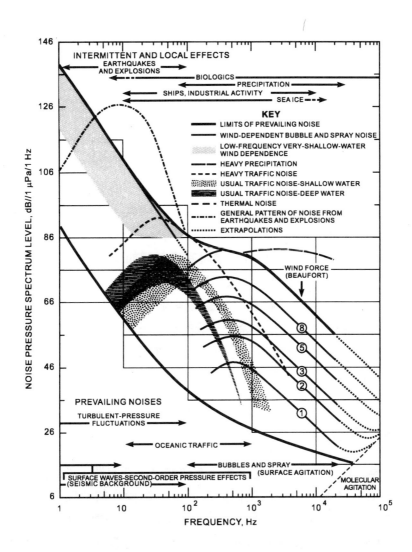

圖 1.22: Wenz 深海環境噪音頻譜圖 [96]

大小約 80 dB 的峰值 (peak)，隨之在 100 Hz 以上，則迅速減小
【見圖 1.22】，此部份噪音頻譜乃爲遠船噪音的主要頻段。船隻
噪音顯然與船隻多寡與遠近有關，假如在近距離有船隻，則其產
生之噪音強度可能掩蓋遠船噪音。由於聲波之傳播距離與頻率成
反比，且與邊界作用有關，因此，遠船噪音在具有折射傳播條件
的環境中將特別顯著。

　　風力所造成的噪音頻率峰值約爲 500 Hz，且大小視海況而
定，大約介於 60 - 80 dB，而後以 5 - 6 dB/octave 的斜率遞減。
風力作用導致噪音的因素包括碎波 (breaking whitecap)、氣泡的
形成與破碎、亂流引起的壓力振盪等。由於這些機制都是在靠近
海面發生，且因爲頻率較高而無法遠傳，因此，海面噪音強度的
分佈傾向於垂直方向。

　　整體而言，典型平均深海環境噪音頻譜如圖 1.23 所示。該圖
表示深海噪音的一般特性。實際噪音的強度可能因受到地理因素
(geography)、季節、氣候的影響而與圖 1.23 有很大的差距。因
此，當考慮環境噪音時，除了一般的特性外，必須儘可能的考量
現場的環境因素。例如，在極地有冰層覆蓋之海洋，由冰塊相互
擠壓、破裂所造成的噪音，乃是產生環境噪音之重要因素。

1.8　結語

本章每一節所討論的主題，都與海洋聲學研究有關，而且很多都
是目前海洋聲學研究的熱門問題。從聲納操作的角度來看，研
究聲波在海洋環境中傳播與散射，主要是與傳輸損失 (Transmis-
sion Loss, TL)、噪音級 (Noise Level, NL)、迴響級 (Reveberation
Level, RL) 等聲納參數有關，也就是水聲系統 (underwater acous-
tic system) 中的介質系統 (medium system) 的部份【參見 [99] 第
3 章】，而事實上，這也是水聲系統參數中，最難預測的部份。
因此，在應用上，若要改進聲納系統的效能，則對於聲波傳播與

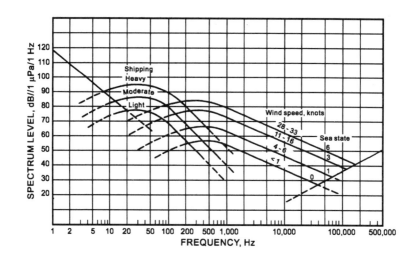

圖 1.23: 典型平均深海環境噪音頻譜 [96]

散射估計的準確性，必須加強。

　　另一方面，聲波傳播與散射在許多反算問題上，扮演相當重要的角色。在所有水聲反算的問題中，都一定會牽涉到水聲傳播模式的問題，因此，本書所探討的主題，乃是建立反算問題基本架構所必備的知識。

第二章

聲波傳播的基本原理

聲波起源於介質之可壓縮或形變的性質，並藉由介質的連續性，而將能量傳離聲源。因此，聲波可存在於任何可形變的介質之中，包括可壓縮性流體 (compressible fluid) 與彈性固體 (elastic solid)。探討聲波現象，可藉由動力學之振動模式，如彈簧－質量－阻尼 (spring-mass-damper) 系統，以及彈性動力學，瞭解聲波的傳播原理與機制。

聲波傳經界面時，將會造成反射 (reflection) 與透射 (transmission)，而導致能量的損失與行進方向的改變，且在某些情況下，亦可能沿著界面傳播。當傳播環境因邊界的限制而形成波導 (waveguide) 時【參見第 1.2 節】，則將形成簡正模態的傳播模式，並在波導中產生頻散傳播 (dispersive propagation) 的現象；此一現象的理解，乃是瞭解波導傳播的關鍵。本章主要的目的，即在於探討上述的相關原理，以作爲後續章節的基礎。

2.1 聲波與震波方程式

在等向且均勻的流體介質 (isotropic and homogeneous fluid medium) 中，假如聲波對於流體僅造成微弱的擾動，則從基本物理原理可以證實，微小振幅的聲波 (small-amplitude sound wave)，可用波動方程式 (wave equation) 來描述：

$$\frac{\partial^2 \phi}{\partial t^2} = c^2 \nabla^2 \phi \qquad (2.1)$$

上式中，c 爲聲速 (sound speed)，其定義如式 (1.1) 所示，而若以流體的工程性質表示，則聲速爲：

$$c = \sqrt{\frac{\lambda_L}{\rho_0}} \qquad (2.2)$$

式中，λ_L 爲拉梅常數 (Lamé constant)【亦稱爲容積彈性模數 (bulk modulus)】，ρ_0 爲密度。另外，式 (2.1) 中之 ϕ 乃是代表聲波的參數，可爲聲壓 (sound pressure) p、密度擾動量 (density perturbation) ρ、粒子速度 (particle velocity) u、v、w、或是位移勢 (displacement potential) 等[1]。在此，將取用後者之定義（亦即，ϕ 代表位移勢），因此，位移向量 $\mathbf{d} = (d_x, d_y, d_z)$ 與位移勢 ϕ 的關係爲：

$$\mathbf{d} = \nabla \phi \qquad (2.3)$$

至於聲壓、粒子速度與位移勢之間的關係，可藉由簡單的關係式求得。從虎克定律 (Hooke's law) 可得：

$$
\begin{aligned}
p &= -\lambda_L \nabla \cdot \mathbf{d} & (2.4)\\
&= -\lambda_L \nabla^2 \phi & (2.5)
\end{aligned}
$$

再藉由聲波方程式的關係可得：

$$
\begin{aligned}
p &= -\rho_0 \frac{\partial^2 \phi}{\partial t^2} & (2.6)\\
&= \rho_0 \omega^2 \phi & (2.7)
\end{aligned}
$$

---

[1] 聲壓 p 與聲波所引起的密度擾動量 ρ 之間的關係爲：$p = \rho c^2$。

上式的第二式乃爲單頻波 (monochromatoc wave) 的關係【$\phi \sim e^{\pm i\omega t}$】；$\omega$ 爲角頻率 (angular frequency)。另外，線性化動量方程式，提供速度與位移勢的關係：

$$\frac{\partial \mathbf{v}}{\partial t} = -\frac{1}{\rho_0}\boldsymbol{\nabla} p \tag{2.8}$$

$$= -c^2\frac{\partial^2}{\partial t^2}\boldsymbol{\nabla}\phi \tag{2.9}$$

若爲單頻波，則上式關係簡化成：

$$\mathbf{v} = \mp i\omega c^2 \boldsymbol{\nabla}\phi \tag{2.10}$$

均勻彈性介質

在彈性固體中，介質除了可以支援壓力波之外，尚可承受剪力波 (shear wave)[2]。在這種情況下，存在於彈性固體之壓力波與剪力波，通稱爲震波 (seismic wave)，可分別以下列方程式表示 [19]：

$$\frac{\partial^2 \phi}{\partial t^2} = c_p^2 \nabla^2 \phi \tag{2.11}$$

$$\frac{\partial^2 \boldsymbol{\Psi}}{\partial t^2} = c_s^2 \nabla^2 \boldsymbol{\Psi} \tag{2.12}$$

上式中，c_p、c_s 分別爲壓力波與剪力波聲速 (shear sound speed)，其與拉梅常數 λ_L、μ_L【又稱剪力模數 (shear modulus)】之間的關係爲：

$$c_p = \sqrt{\frac{\lambda_L + 2\mu_L}{\rho_0}} \tag{2.13}$$

$$c_s = \sqrt{\frac{\mu_L}{\rho_0}} \tag{2.14}$$

抑或

$$\lambda_L = \rho_0\left(c_p^2 - 2c_s^2\right) \tag{2.15}$$

$$\mu_L = \rho_0 c_s^2 \tag{2.16}$$

---

[2]雖然本書探討的主軸仍以水中聲波爲主，但是在某些情況下，仍須考慮到剪力波。例如，聲波與海床的交互作用【見第 9.3.3 節】。

從上列式子可知，$c_p > c_s$。ϕ 與 $\boldsymbol{\Psi}$ 分別爲壓力波位移勢（純量）與剪力波位移勢（向量），且與位移向量之間的關係爲：

$$\mathbf{d} = \boldsymbol{\nabla}\phi + \boldsymbol{\nabla} \times \boldsymbol{\Psi} \tag{2.17}$$

若以張量 (tensor) 表示，上式可表示成：

$$d_i = \frac{\partial \phi}{\partial x_i} + \varepsilon_{ijk}\frac{\partial \Psi_j}{\partial x_k} \tag{2.18}$$

ε_{ijk} 爲置換張量 (permutation tensor)，其定義爲：

$$\varepsilon_{ijk} = \begin{cases} 1, & \varepsilon_{123}, \varepsilon_{231}, \varepsilon_{312} \\ -1, & \varepsilon_{321}, \varepsilon_{213}, \varepsilon_{132} \\ 0, & \text{else} \end{cases} \tag{2.19}$$

由於式 (2.12) 爲一個具有三個分量的波動方程式，爲了方便，吾人可定義兩個純量位移勢 ψ、Λ 來表示向量位移勢：

$$\boldsymbol{\Psi} = \left(\frac{\partial \Lambda}{\partial y}, -\frac{\partial \Lambda}{\partial x}, \psi\right) \tag{2.20}$$

其中，ψ、Λ 分別表示垂直極化剪力波（vertically-polarized shear wave，以 SV 表示）位移勢，以及水平極化 (horizontally-polarized) 剪力波（以 SH 表示）位移勢，且都符合波動方程式 [19, 38]：

$$\frac{\partial^2 \psi}{\partial t^2} = c_s^2 \nabla^2 \psi \tag{2.21}$$

$$\frac{\partial^2 \Lambda}{\partial t^2} = c_s^2 \nabla^2 \Lambda \tag{2.22}$$

若以 ψ、Λ 表示，則位移與位移勢之關係爲：

$$d_x = \frac{\partial \phi}{\partial x} + \frac{\partial \psi}{\partial y} + \frac{\partial^2 \Lambda}{\partial x \partial z} \tag{2.23}$$

$$d_y = \frac{\partial \phi}{\partial y} - \frac{\partial \psi}{\partial x} + \frac{\partial^2 \Lambda}{\partial y \partial z} \tag{2.24}$$

$$d_z = \frac{\partial \phi}{\partial z} - \frac{\partial^2 \Lambda}{\partial x^2} - \frac{\partial^2 \Lambda}{\partial y^2} \tag{2.25}$$

再者，應力 (stress) 與位移的關係，稱之爲物性方程式/關係 (constitutive equation/relation) 或組成方程式/關係，若以張量表示，則如下式所示 [19, 38]：

$$\sigma_{ij} = \lambda_{\mathrm{L}} \frac{\partial d_k}{\partial x_k} \delta_{ij} + \mu_{\mathrm{L}} \left(\frac{\partial d_i}{\partial x_j} + \frac{\partial d_j}{\partial x_i} \right) \tag{2.26}$$

式中，δ_{ij} 爲克朗內克張量 (Kronecker tensor)：

$$\delta_{ij} = \begin{cases} 1, & i = j \\ 0, & i \neq j \end{cases} \tag{2.27}$$

將式 (2.23) –(2.25) 代入式 (2.26)，可得應力與位移勢的關係爲：

$$\sigma_{xx} = \lambda_{\mathrm{L}} \left(\frac{\partial^2 \phi}{\partial x^2} + \frac{\partial^2 \phi}{\partial y^2} + \frac{\partial^2 \phi}{\partial z^2} \right)$$
$$+ 2\mu_{\mathrm{L}} \frac{\partial}{\partial x} \left(\frac{\partial \phi}{\partial x} + \frac{\partial \psi}{\partial y} + \frac{\partial^2 \Lambda}{\partial x \partial z} \right) \tag{2.28}$$

$$\sigma_{yy} = \lambda_{\mathrm{L}} \left(\frac{\partial^2 \phi}{\partial x^2} + \frac{\partial^2 \phi}{\partial y^2} + \frac{\partial^2 \phi}{\partial z^2} \right)$$
$$+ 2\mu_{\mathrm{L}} \frac{\partial}{\partial y} \left(\frac{\partial \phi}{\partial y} - \frac{\partial \psi}{\partial x} + \frac{\partial^2 \Lambda}{\partial y \partial z} \right) \tag{2.29}$$

$$\sigma_{zz} = \lambda_{\mathrm{L}} \left(\frac{\partial^2 \phi}{\partial x^2} + \frac{\partial^2 \phi}{\partial y^2} + \frac{\partial^2 \phi}{\partial z^2} \right)$$
$$+ 2\mu_{\mathrm{L}} \frac{\partial}{\partial z} \left(\frac{\partial \phi}{\partial z} - \frac{\partial^2 \Lambda}{\partial x^2} - \frac{\partial^2 \Lambda}{\partial y^2} \right) \tag{2.30}$$

$$\sigma_{xy} = \mu_{\mathrm{L}} \left[2\frac{\partial^2 \phi}{\partial x \partial y} - \left(\frac{\partial^2 \psi}{\partial x^2} - \frac{\partial^2 \psi}{\partial y^2} \right) \right.$$
$$\left. + 2\frac{\partial}{\partial x} \left(\frac{\partial^2 \Lambda}{\partial y \partial z} \right) \right] \tag{2.31}$$

$$\sigma_{zx} = \mu_{\mathrm{L}} \left[2\frac{\partial^2 \phi}{\partial z \partial x} + \frac{\partial^2 \psi}{\partial y \partial z} \right.$$
$$\left. - \frac{\partial}{\partial x} \left(\frac{\partial^2 \Lambda}{\partial x^2} + \frac{\partial^2 \Lambda}{\partial y^2} - \frac{\partial^2 \Lambda}{\partial z^2} \right) \right] \tag{2.32}$$

$$\sigma_{zy} = \mu_\mathrm{L} \left[2\frac{\partial^2 \phi}{\partial z \partial y} - \frac{\partial^2 \psi}{\partial x \partial z} \right.$$

$$\left. - \frac{\partial}{\partial y} \left(\frac{\partial^2 \Lambda}{\partial x^2} + \frac{\partial^2 \Lambda}{\partial y^2} - \frac{\partial^2 \Lambda}{\partial z^2} \right) \right] \tag{2.33}$$

在二維 (x, z) 的情況下【z 座標向上/下】，$\boldsymbol{\Psi}$ 僅有垂直於 x-z 平面的分量 $-\psi(x, z)$【亦即 $\boldsymbol{\Psi} = (0, -\psi, 0)$】，以致只需要一個位移勢來表示剪力波，因此，在彈性固體中二維聲波方程式爲：

$$\left(\nabla^2 - \frac{1}{c_p^2}\frac{\partial^2}{\partial t^2} \right) \phi(x, z, t) = 0 \tag{2.34}$$

$$\left(\nabla^2 - \frac{1}{c_s^2}\frac{\partial^2}{\partial t^2} \right) \psi(x, z, t) = 0 \tag{2.35}$$

而在垂直於 x-z 平面上的位移與應力，可藉由物性關係，以位移勢表示如下 [74]：

$$d_x = \frac{\partial \phi}{\partial x} + \frac{\partial \psi}{\partial z} \tag{2.36}$$

$$d_z = \frac{\partial \phi}{\partial z} - \frac{\partial \psi}{\partial x} \tag{2.37}$$

$$\begin{aligned} \sigma_{zz} &= (\lambda_\mathrm{L} + 2\mu_\mathrm{L})\frac{\partial d_z}{\partial z} + \lambda_\mathrm{L}\frac{\partial d_x}{\partial x} \\ &= \lambda_\mathrm{L} \left(\frac{\partial^2 \phi}{\partial x^2} + \frac{\partial^2 \phi}{\partial z^2} \right) + 2\mu_\mathrm{L} \left(\frac{\partial^2 \phi}{\partial z^2} - \frac{\partial^2 \psi}{\partial z \partial x} \right) \end{aligned} \tag{2.38}$$

$$\begin{aligned} \sigma_{xz} &= \mu_\mathrm{L} \left(\frac{\partial d_x}{\partial z} + \frac{\partial d_z}{\partial x} \right) \\ &= \mu_\mathrm{L} \left(\frac{\partial^2 \psi}{\partial z^2} - \frac{\partial^2 \psi}{\partial x^2} + 2\frac{\partial^2 \phi}{\partial z \partial x} \right) \end{aligned} \tag{2.39}$$

另外，若是二維 (r, z) 柱面波 (2D cylindrical wave)，則同樣可以用兩個位移勢 $\phi(r, z)$、$-\psi(r, z)$ 分別表示壓力波與剪力波，此兩位移勢分別符合二維柱面座標之聲波方程式：

$$\left(\nabla^2 - \frac{1}{c_p^2}\frac{\partial^2}{\partial t^2} \right) \phi(r, z, t) = 0 \tag{2.40}$$

$$\left(\nabla^2 - \frac{1}{c_s^2}\frac{\partial^2}{\partial t^2} \right) \psi(r, z, t) = 0 \tag{2.41}$$

另外，在垂直於 r 平面上的位移與應力，可表示成：

$$d_r = \frac{\partial \phi}{\partial r} + \frac{\partial^2 \psi}{\partial r \partial z} \tag{2.42}$$

$$d_z = \frac{\partial \phi}{\partial z} - \frac{1}{r} \frac{\partial}{\partial r} \left(r \frac{\partial \psi}{\partial r} \right) \tag{2.43}$$

$$\sigma_{zz} = (\lambda_L + 2\mu_L) \frac{\partial d_z}{\partial z} + \lambda_L \frac{\partial d_r}{\partial r} \tag{2.44}$$

$$\sigma_{rz} = \mu_L \left(\frac{\partial d_r}{\partial z} + \frac{\partial d_z}{\partial r} \right) \tag{2.45}$$

非均勻介質

以上所討論的都假設聲速與密度皆為常數。假如聲速與密度隨空間而變化，亦即，$c = c(\mathbf{R})$、$\rho_0 = \rho_0(\mathbf{R})$，則以聲壓表示的聲波方程式為：

$$\rho_0 \boldsymbol{\nabla} \cdot \left(\frac{1}{\rho_0} \right) - \frac{1}{c^2} \frac{\partial^2 p}{\partial t^2} = 0 \tag{2.46}$$

而若以速度 $\mathbf{v}$ 表示則為：

$$\frac{1}{\rho_0} \boldsymbol{\nabla} \left(\rho_0 c^2 \boldsymbol{\nabla} \cdot \mathbf{v} \right) - \frac{\partial^2 \mathbf{v}}{\partial t^2} = 0 \tag{2.47}$$

假如密度為常數，但聲速仍隨空間變化，亦即，$c = c(\mathbf{R})$、$\rho_0 = $ 常數，則此時聲波方程式與式 (2.1) 形式相同：

$$\frac{1}{c^2(\mathbf{R})} \frac{\partial^2 \phi}{\partial t^2} = \nabla^2 \phi \tag{2.48}$$

惟 ϕ 可為聲壓、位移勢、或速度勢，但不能是速度或密度。

2.2 聲波方程式的簡易解：行波與定波

本節將求解式 (2.1) 的簡易解，並利用該解探討聲波的一些基本性質。在不失廣義的情況下，吾人考慮單頻聲波之傳播[3]；據此，位

---

[3]若為非單頻波，則可利用頻率－時間傅立葉轉換對表示：

$$\phi(\mathbf{R}, t) = \frac{1}{2\pi} \int_{-\infty}^{\infty} \phi_\omega(\mathbf{R}) e^{-i\omega t} d\omega \tag{2.49}$$

移勢可表示成：

$$\phi(\mathbf{R}, t) = \phi_\omega(\mathbf{R})e^{-i\omega t} \tag{2.51}$$

將上式代入式 (2.48) 可得：

$$\nabla^2 \phi_\omega + k^2(\mathbf{R})\phi_\omega = 0 \tag{2.52}$$

上式稱之爲赫姆霍茲方程式 (Hemholtz equation)；式中，k 爲介質波數 (medium wavenumber)：

$$k = \frac{\omega}{c(\mathbf{R})} \tag{2.53}$$

　　爲方便討論，在此以二維 x-z 的平面波爲例，並假設聲速僅隨 z 方向（深度）變化，則式 (2.52) 可表示成：

$$\frac{\partial \phi_\omega}{\partial x^2} + \frac{\partial \phi_\omega}{\partial z^2} + k^2(z)\phi_\omega = 0 \tag{2.54}$$

藉由簡易的變數分離程序，$\phi_\omega(x, z)$ 的解可表示成：

$$\phi_\omega(x, z) = \widetilde{\phi}_\omega(k_x, z)e^{\pm i k_x x} \tag{2.55}$$

式中，k_x 稱之爲水平波數 (horizontal wavenumber)，而式 (2.55) 若與 $e^{-i\omega t}$ 相結合，則代表傳向正 x 方向（取正號）或傳向負 x 方向（取負號）之行波，且相位速度爲：

$$c_x = \frac{\omega}{k_x} \tag{2.56}$$

將式 (2.55) 代入式 (2.54)，則可得：

$$\frac{d^2\widetilde{\phi}_\omega}{dz^2} + k_z^2(z)\widetilde{\phi}_\omega = 0 \tag{2.57}$$

$$\phi_\omega(\mathbf{R}) = \int_{-\infty}^{\infty} \phi(\mathbf{R}, t)e^{i\omega t} dt \tag{2.50}$$

上式稱之為深度相依方程式 (depth-dependent equation)[4]，而 k_z^2 與介質波數 k 及水平波數 k_x 之關係為：

$$k_z^2(z) = k^2(z) - k_x^2 \qquad (2.58)$$

假若聲速為常數，則 k_z 為常數，此時若 $k_x < k$（亦即，$c_x > c$），則式 (2.57) 的解為震盪的指數函數：

$$\widetilde{\phi}_\omega(k_x, z) = \begin{cases} e^{ik_z z} \\ e^{-ik_z z} \end{cases} \qquad (2.59)$$

因此，二維平面聲波方程式的解可以表示成（取 $e^{ik_z z}$ 為解）：

$$\phi(x, z, t) = A e^{i(k_x x + k_z z - \omega t)} \qquad (2.60)$$

此一式明顯的表示波陣面 (phase front) 沿著 x、z 軸，分別以 $c_x = \omega/k_x$、$c_z = \omega/k_z$ 的相位速度行進，因此，稱之為行波 (propagating wave)。

參照式 (2.58) 的定義，波數分解的關係為：

$$\mathbf{k} = k_x \,\hat{\mathbf{i}} + k_z \,\hat{\mathbf{k}} \qquad (2.61)$$

$\mathbf{k}$ 即是波陣面行進的方向，且 $|\mathbf{k}| = k$ 為介質波數，如圖 2.1 所示。若以 ϑ 表示 $\mathbf{k}$ 與水平方向的夾角【又稱掠擦角 (grazing angle)】，則水平波數與垂直波數各為[5]：

$$k_x = k \cos \vartheta \qquad (2.62)$$
$$k_z = k \sin \vartheta \qquad (2.63)$$

---

[4]此一常微分方程式，常出現在光學、聲學、或量子學中，而在後者領域中，此一方程式稱之為 time-independent Schrödinger equation。

[5]在此特別強調，k_x、k_z、k 之間為向量分解的關係，但是，c_x、c_z、c 之間，並無類似的關係。因此，c_x、c_z【仍分別稱之為水平相位速度 (horizontal phase velocity)、垂直相位速度】，但並非相位速度 c 在 x、z 軸上的分量，而只是表示波陣面沿著 x、z 軸行進的速度。

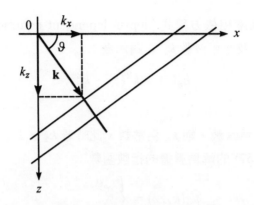

圖 2.1: 波數向量之分解

另一方面，若是 $k_x > k$（亦即，$c_x < c$），則式 (2.57) 的解為遞增或遞減之指數函數，因此，二維聲波方程式的解為（取 $e^{-k_z z}$ 為解）：

$$\phi(x, z, t) = A e^{-k_z z} e^{i(k_x x - \omega t)} \tag{2.64}$$

上式表示聲波在 x 方向為行波，但在 z 方向並非呈波傳現象，而是呈指數遞減；具後者性質的 "波" 稱之為消逝波 (evanescent wave)，有關此一現象，將會在後續相關章節中探討。

從疊加原理 (principle of superposition) 可知，若將式 (2.59) 所表示的解作線性組合，其結果仍然符合聲波方程式，亦即：

$$\begin{aligned} \phi(x, z, t) &= A \left(e^{ik_z z} + e^{-ik_z z} \right) e^{i(k_x x - \omega t)} \\ &= 2A \cos(k_z z) e^{i(k_x x - \omega t)} \end{aligned} \tag{2.65}$$

此一形式的波動，在 z 方向僅呈現起伏的振動現象，而不是傳播的行波，此種形式的波動稱之為定波 (standing wave)。式 (2.65) 顯示，定波乃因兩等振幅、但傳播方向相反（分別傳向 $+z$ 與 $-z$ 方向）的行波相互疊加而形成；定波模式的解，通常又稱之為簡正模態解 (normal mode solution)。

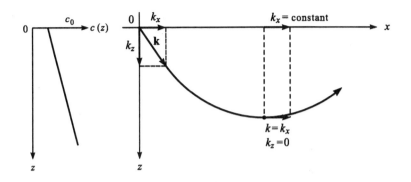

圖 2.2: 波陣面的轉向

再者，考量聲速不是常數的情況（在此僅考量隨 z 變化）。此時，式 (2.57) 的解顯然須視 $k(z)$ 的變化而定，但是，值得注意的，式 (2.55) 的形式以及式 (2.58) 的關係，仍然不變。此乃表示，k_x 不會隨介質性質之水平層化 (horizontal stratification) 而改變，換句話說：

$$k_x = k(z) \cos \vartheta(z) = \text{constant} \tag{2.66}$$

上式相當於：

$$\frac{\cos \vartheta(z)}{c(z)} = \text{constant} \tag{2.67}$$

此乃爲斯涅爾折射定律 (Snell's refraction law)，因此，聲波在傳播過程當中會改變方向，如圖 2.2 所示。當 $\vartheta = 0$，則 $k_x = k$，而 $k_z = 0$，此時波陣面的行進方向朝向水平，此乃爲轉折點 (turning point)；對於方程式而言，此時係數爲零【見式 (2.57)】。以上所討論的都只牽涉到行進方向改變的問題，至於聲速變化對於傳播過程當中能量的變化，則須視 $\tilde{\phi}_\omega(k_x, z)$ 的解而定，此一問題將在往後探討。

有關聲波方程的簡易解，除了上述所討論的平面波外，常見的尚有軸對稱的柱面波 (axisymmetric cylindrical wave) 以及全向性的球面波 (omni-directional spherical wave)。軸對稱之赫姆霍茲方程式為：

$$\frac{\partial \phi_\omega}{\partial r^2} + \frac{1}{r}\frac{\partial \phi_\omega}{\partial r} + \frac{\partial \phi_\omega}{\partial z^2} + k^2(z)\phi_\omega = 0 \tag{2.68}$$

上列方程式亦可利用簡易的變數分離法而求得解如下：

$$\phi(r,z,t) = \begin{cases} \tilde{\phi}_\omega(k_r,z)H_0^{(1)}(k_r r)e^{-i\omega t} \\ \tilde{\phi}_\omega(k_r,z)H_0^{(2)}(k_r r)e^{-i\omega t} \end{cases} \tag{2.69}$$

或是

$$\phi(r,z,t) = \begin{cases} \tilde{\phi}_\omega(k_r,z)J_0(k_r r)e^{-i\omega t} \\ \tilde{\phi}_\omega(k_r,z)Y_0(k_r r)e^{-i\omega t} \end{cases} \tag{2.70}$$

上列式子中，$k_r = k\cos\vartheta$ 為徑向波數 (wavenumber in radial directions)。$H_0^{(1,2)}$ 為零階次第一與第二類漢克函數 (zeroth-order Hankel function of first and second kind)，而 J_0、Y_0 分別為零階次第一與第二類貝索函數 (Bessel's function)。若以 r 方向的波動形式視之，前者為行波解[6]，而後者為定波解。另外，$\tilde{\phi}_\omega(k_r,z)$ 的解仍由式 (2.57) 所決定。

至於在均勻且等向介質中的全向性球面波之聲波方程式為：

$$\frac{\partial^2 \phi}{\partial R^2} + \frac{2}{R}\frac{\partial \phi}{\partial R} = \frac{1}{c^2}\frac{\partial^2 \phi}{\partial t^2} \tag{2.72}$$

式中，$R = \sqrt{x^2 + y^2 + z^2}$。此一方程式的通解可表示成：

$$\phi(R,t) = \frac{1}{R}f(R-ct) \tag{2.73}$$

而若是單頻波，則可表示成：

$$\phi(R,t) = \frac{A}{R}e^{\pm i(kR-\omega t)} \tag{2.74}$$

上式中，± 分別表示外傳波與內傳波。

---

[6]從近似分析 (asymptotic analysis) 可知，當 $k_r r \gg 1$ 時：

$$H_0^{(1,2)}(k_r r) \simeq \sqrt{\frac{2}{\pi k_r r}}e^{\pm i(k_r r - \pi/4)} \tag{2.71}$$

因此，第一類與第二類解分別代表徑向傳播的發散波 (diverging wave in radial direction) 與收斂波 (converging wave)，或稱之內傳波 (incoming wave) 與外傳波 (outgoing wave)。

2.3　能通量

聲波的傳播將造成能量【稱之為聲能 (sound energy)】的傳輸，而表示聲能傳輸的物理量為能通量 (energy flux) 或聲強 (sound intensity) $\mathbf{I}$，其定義為：單位時間、單位面積聲波所輸送的能量與方向。從能量守恆的觀點，假如 $\dot{\mathcal{E}}$ 表示能密度（單位體積的能量）變率 (rate of change of energy density)，在僅考慮聲能經由邊界傳輸的機制下，則某控制體內 (control volme) 能量的變率，必須等於經由邊界的能通量積分；以數學表示，即為：

$$\int_V \dot{\mathcal{E}} \, dV \quad = \quad -\oint_S \mathbf{I} \cdot d\mathbf{S} \tag{2.75}$$

$$= \quad -\int_V \boldsymbol{\nabla} \cdot \mathbf{I} \, dV \tag{2.76}$$

上式第二式，乃是散度定理 (divergence theorem)。因此，

$$\boldsymbol{\nabla} \cdot \mathbf{I} = -\dot{\mathcal{E}} \tag{2.77}$$

接著，考慮能密度 $\mathcal{E}$。聲波在運動過程中，其位能 (potential energy) 與動能 (kinetic energy) 密度分別為：

$$\mathcal{E}_{\text{P.E.}} \quad = \quad \frac{1}{2}\rho_0 c^2 (\boldsymbol{\nabla} \cdot \mathbf{d})^2 \tag{2.78}$$

$$\mathcal{E}_{\text{K.E.}} \quad = \quad \frac{1}{2}\rho_0 (\dot{\mathbf{d}})^2 \tag{2.79}$$

若以位移勢表示，則為：

$$\mathcal{E}_{\text{P.E.}} \quad = \quad \frac{1}{2}\rho_0 c^2 (\nabla^2 \phi)^2 \tag{2.80}$$

$$\mathcal{E}_{\text{K.E.}} \quad = \quad \frac{1}{2}\rho_0 (\boldsymbol{\nabla}\dot{\phi})^2 \tag{2.81}$$

因此，總能密度為：

$$\mathcal{E} = \mathcal{E}_{\text{P.E.}} + \mathcal{E}_{\text{K.E.}} = \frac{1}{2}\rho_0 c^2 (\nabla^2 \phi)^2 + \frac{1}{2}\rho_0 (\boldsymbol{\nabla}\dot{\phi})^2 \tag{2.82}$$

上式對時間微分可得能密度變率爲：

$$\dot{\mathcal{E}} \;=\; \rho_0 \left(\boldsymbol{\nabla}\dot{\phi} \cdot \boldsymbol{\nabla}\ddot{\phi} + \ddot{\phi}\nabla^2\dot{\phi} \right) \tag{2.83}$$

$$=\; \rho_0 \boldsymbol{\nabla} \cdot \left(\ddot{\phi}\boldsymbol{\nabla}\dot{\phi} \right) \tag{2.84}$$

比較式 (2.77) 與式 (2.84)，並利用式 (2.6) 的關係可得：

$$\mathbf{I} = -\rho_0 \ddot{\phi}\boldsymbol{\nabla}\dot{\phi} = p\mathbf{v} \tag{2.85}$$

上式中，$\mathbf{v} = \dot{\mathbf{d}}$ 爲速度。上式顯示，聲強等於壓力與速度的乘積，且與粒子速度同一方向。

在此，若以點聲源所產生的球面波爲例，從式 (2.74) 中可知，球面波可表示成：

$$\phi(R,t) = \frac{A}{R}\cos(kR - \omega t) \tag{2.86}$$

將上式代入式 (2.85) 可得聲強爲：

$$\mathbf{I} = \hat{\mathbf{e}}_R \left[\frac{A^2\omega^4\rho_0}{cR^2}\cos^2(kR-\omega t) - \frac{A^2\omega^3\rho_0}{2R^3}\sin 2(kR-\omega t) \right] \tag{2.87}$$

$\hat{\mathbf{e}}_R$ 爲在 R 方向的單位向量。

由於式 (2.87) 表示瞬間的聲強，因此，並不具有太大的意義。在此，若將該式作週期的平均，則可得平均聲強 $\bar{\mathbf{I}}$ 爲：

$$
\begin{aligned}
\bar{\mathbf{I}} \;=\;& \hat{\mathbf{e}}_R \frac{\omega}{2\pi} \left[\int_0^{2\pi/\omega} \frac{A^2\omega^4\rho_0}{cR^2}\cos^2(kR-\omega t)dt \right.\\
& \left. - \int_0^{2\pi/\omega} \frac{A^2\omega^3\rho_0}{2R^3}\sin 2(kR-\omega t) \right] dt\\
\;=\;& \hat{\mathbf{e}}_R \frac{A^2\omega^4\rho_0}{2cR^2}
\end{aligned}
\tag{2.88}
$$

若將上式作包含 $R = 0$ 的封閉面積分，則可得聲功率輸出 (sound power output) 爲：

$$
\begin{aligned}
P \;=\;& \oint_S \bar{\mathbf{I}} \cdot d\mathbf{S}\\
\;=\;& \frac{2\pi\rho_0\omega^4 A^2}{c}
\end{aligned}
\tag{2.89}
$$

若令 A_p 表示聲壓的振幅,則藉由式 (2.7) 的關係可知,$A^2 = A_p^2/(\rho_0\omega^2)^2$,因此,聲功率輸出為:

$$P = \frac{2\pi A_p^2}{\rho_0 c} \qquad (2.90)$$

另一方面,在應用上(尤其是波導傳播環境中),聲能在某特定方向的傳輸率,乃是一十分重要的問題。為能具體討論,在此考慮如圖 1.2 所示的波導傳播。從傳播環境來看,由於邊界的限制,聲能僅能往 x 方向傳播,因此,單頻聲波方程式的解可表示成:

$$\phi(x, z, t) = \widetilde{\phi}_\omega(k_x, z)e^{i(k_x x - \omega t)} \qquad (2.91)$$

而聲能往 x 方向的傳輸率 $\mathcal{U}_E$ 可定義為:

$$\mathcal{U}_E = \frac{\overline{F}_x}{\overline{E}_x} \qquad (2.92)$$

上式中,$\overline{F}_x$、$\overline{E}_x$ 定義如下:

$\overline{F}_x$ = 通過垂直 x 軸平面之平均能通量

$\overline{E}_x$ = 相距一個水平波長 $\lambda_x = \frac{2\pi}{k_x}$ 之兩垂直於 x 軸之平面間

的平均能密度

$\mathcal{U}_E$ 的單位為 m/sec。茲以式 (2.91) 所表示的聲波,求解聲能在 x 方向的傳輸率。

根據定義,通過垂直於 x 軸之平均能通量 $\overline{F}_x$ 為:

$$\begin{aligned} \overline{F}_x &= \frac{\omega}{2\pi}\int_0^{2\pi/\omega} dt \int_{-\infty}^{\infty} p\frac{\partial\dot{\phi}}{\partial x}dz \\ &= \frac{1}{2}\omega^3 k_x \int_{-\infty}^{\infty} \rho_0\widetilde{\phi}_\omega^2(z)dz \end{aligned} \qquad (2.93)$$

上列第二式乃利用式 (2.7) 與式 (2.91) 的關係求得。再者,相距一個水平波長之兩垂直於 x 軸之平面間的平均能密度 $\overline{E}_x$ 為:

$$\overline{E}_x = \frac{k_x}{2\pi}\int_0^{2\pi/k_x} dx \int_{-\infty}^{\infty} \mathcal{E}dz \qquad (2.94)$$

對於單頻且 z 爲簡正模態波而言，

$$
\begin{aligned}
\mathcal{E} &= \mathcal{E}_{\text{P.E.}} + \mathcal{E}_{\text{K.E.}} \\
&= 2\mathcal{E}_{\text{P.E.}} \quad (\mathcal{E}_{\text{P.E.}} = \mathcal{E}_{\text{K.E.}}) \\
&= \rho_0 c^2 (\nabla^2 \phi)^2 \\
&= \frac{\omega^4 \rho_0}{c^2} \phi^2
\end{aligned} \tag{2.95}
$$

將式 (2.95) 代入式 (2.94)，並將式 (2.91) 代入後，再積分可得：

$$
\mathcal{E} = \frac{1}{\omega} \int_{-\infty}^{\infty} \frac{\rho_0}{c^2(z)} \widetilde{\phi}_\omega^2(z) dz \tag{2.96}
$$

將式 (2.93) 與式 (2.96) 代入式 (2.92) 可得：

$$
\mathcal{U}_{\text{E}} = \frac{k_x}{\omega} \frac{\nu}{\sigma} \tag{2.97}
$$

$$
= \frac{1}{c_x} \frac{\nu}{\sigma} \tag{2.98}
$$

上式中，ν、σ 分別爲下列常數：

$$
\nu = \int_{-\infty}^{\infty} \rho_0 \widetilde{\phi}_\omega^2(z) dz \tag{2.99}
$$

$$
\sigma = \int_{-\infty}^{\infty} \frac{\rho_0}{c^2(z)} \widetilde{\phi}_\omega^2(z) dz \tag{2.100}
$$

從式 (2.97) 可知，x 方向的能量傳輸率與 k_x 成正比；換句話說，越接近水平方向的傳播模態，則有越高的傳輸率。

另外，若聲速爲常數，則式 (2.98) 成爲：

$$
\mathcal{U}_{\text{E}} = \frac{c^2}{c_x} \tag{2.101}
$$

當聲波爲水平傳播時，$c_x = c$，因此，$\mathcal{U}_{\text{E}} = c$。

2.4 邊界效應：反射波、透射波、與界面波

第 2.2 節中所討論的，乃是聲波在無窮介質 (infinite medium) 中傳播的模式。然而，在海洋環境中，海面與海床顯然限制了聲波

的擴散，因此，自然影響聲波的傳播模式。本節將探討聲波與界面接觸後，對於聲波所造成的影響。

　　聲波遇到界面之後，除非界面另一方的介質是無窮堅硬 (infinitely rigid) 以致無法儲存位能、或是無窮柔軟 (infinitely soft) 以致無法承載聲壓，而產生全反射外 (total reflection)[7]，否則聲波將可穿透界面，同時，也因為介質性質的對比而產生反射現象。求解這些反射波 (reflection wave) 與透射波 (transmission wave) 的性質，除了仍須符合聲波方程式外，必須符合邊界條件 (boundary condition)。

　　聲波遇到界面所必須符合的邊界條件，須視界面性質而定；茲分別陳述如下：

1. 當界面的兩邊皆為流體時，則聲壓與正向位移 (normal displacement) 必須連續。

2. 當界面的一邊為流體，另一邊為彈性固體時，則除了正向應力 (normal stresss) 與正向位移必須連續外，彈性固體內的剪應力 (shear stress) 在邊界上必須消失。

3. 當界面的兩邊皆為彈性固體時，則應力與位移的所有分量，都必須各自連續。

至於硬界面與聲壓釋放界面，都是上列的特殊情況：若是彈性波遇到硬界面，則各位移分量必須消失，而若是壓力波遇到硬界面，則正向位移必須為零。另一方面，若是聲壓釋放界面，則彈性波在界面上的應力必須消失，而若是壓力波，則聲壓在界面上必須為零。以上所陳述的物理條件，都可藉由位移、應力與位移勢的關係，以位移勢表達出數學式。

---

[7]無窮堅硬或柔軟界面，又分別稱之為硬界面 (hard surface) 與軟界面 (soft surface)，而後者又稱聲壓釋放 (pressure-released surface) 或自由界面 (free surface)。

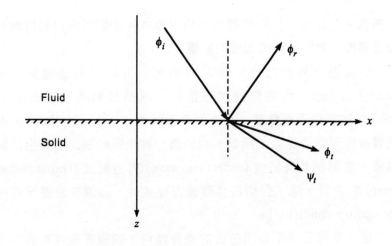

圖 2.3: 聲波與流體 – 彈性固體界面之相互作用

茲以流體 – 彈性固體界面為例，探討聲波與界面相互作用的問題[8]，如圖 2.3 所示：介質之聲速與密度分別為 c_1、ρ_1、c_{2p}、c_{2s}、ρ_2，其中下標 $_1$、$_2$ 分別表示流體與固體介質，而下標 $_p$、$_s$ 分別表示壓力波與剪力波（若無下標，則代表介質僅有壓力波）。

考慮具單位振幅的單頻二維 (x-z) 平面波 ϕ_i，以 $\mathbf{k}_1$ 的大小 ($|\mathbf{k}_1| = k_1 = \omega/c_1$) 與方向，由流體介質入射界面。由於 $\mathbf{k}_1 = k_x\hat{\mathbf{i}} + k_{z,1}\hat{\mathbf{k}}$，而無 k_y 分量，因此，聲波與界面作用後，將不會產生水平極化剪力波 (SH)。在這種情況下，從第 2.1 與 2.2 節可知，描述各介質中的聲波，可由下列式子表示：

$$\phi_i(x, z, t) = e^{i(k_x x + k_{z,1} z - \omega t)} \qquad (2.102)$$

$$\phi_r(x, z, t) = \mu_r\, e^{i(k_x x - k_{z,1} z - \omega t)} \qquad (2.103)$$

$$\phi_t(x, z, t) = \mu_{t,p}\, e^{i(k_x x + k_{z,2p} z - \omega t)} \qquad (2.104)$$

$$\psi_t(x, z, t) = \mu_{t,s}\, e^{i(k_x x + k_{z,2s} z - \omega t)} \qquad (2.105)$$

---

[8]此一界面可以用來模擬簡化的海床環境。

上式中，$k_{z,1}$、$k_{z,2p}$、$k_{z,2s}$ 分別為：

$$k_{z,1} = \left(k_1^2 - k_x^2\right)^{1/2} = k_x \left(\frac{c_x^2}{c_1^2} - 1\right)^{1/2} \tag{2.106}$$

$$k_{z,2p} = \left(k_{2p}^2 - k_x^2\right)^{1/2} = k_x \left(\frac{c_x^2}{c_{2p}^2} - 1\right)^{1/2} \tag{2.107}$$

$$k_{z,2s} = \left(k_{2s}^2 - k_x^2\right)^{1/2} = k_x \left(\frac{c_x^2}{c_{2s}^2} - 1\right)^{1/2} \tag{2.108}$$

式中，k_1、k_{2p}、k_{2s} 為介質波數，且分別為：

$$k_1 = \frac{\omega}{c_1} \tag{2.109}$$

$$k_{2p} = \frac{\omega}{c_{2p}} \tag{2.110}$$

$$k_{2s} = \frac{\omega}{c_{2s}} \tag{2.111}$$

　　為求得反射係數 (reflection coefficient) μ_r 與透射係數 (transmission coefficient) $\mu_{t,p}$、$\mu_{t,s}$，吾人將引用邊界條件。由於邊界屬流體－固體界面，因此，邊界條件如下：

$$d_{z,1}\big|_{z=0} = d_{z,2}\big|_{z=0} \tag{2.112}$$

$$p_1\big|_{z=0} = -\sigma_{zz,2}\big|_{z=0} \tag{2.113}$$

$$0 = \sigma_{zx,2}\big|_{z=0} \tag{2.114}$$

若以位移勢表示，則邊界條件為：

$$\left(\frac{\partial \phi_i}{\partial z} + \frac{\partial \phi_r}{\partial z}\right)\bigg|_{z=0} = \left(\frac{\partial \phi_t}{\partial z} - \frac{\partial \psi_t}{\partial x}\right)\bigg|_{z=0} \tag{2.115}$$

$$\rho_1 \omega^2 \left(\phi_i + \phi_r\right)\big|_{z=0} = -\lambda_{L,2}\left(\frac{\partial^2 \phi_t}{\partial x^2} + \frac{\partial^2 \phi_t}{\partial z^2}\right)\bigg|_{z=0}$$
$$- 2\mu_{L,2}\left(\frac{\partial^2 \phi_t}{\partial z^2} - \frac{\partial^2 \psi_t}{\partial z \partial x}\right)\bigg|_{z=0} \tag{2.116}$$

$$0 = \mu_{L,2}\left(\frac{\partial^2 \psi_t}{\partial z^2} - \frac{\partial^2 \psi_t}{\partial x^2} + 2\frac{\partial^2 \phi_t}{\partial z \partial x}\right)\bigg|_{z=0} \tag{2.117}$$

將式 (2.102) – 式 (2.105) 代入式 (2.115) – 式 (2.117)，即可建構下列求解反射與透射係數之線性系統：

$$\mathcal{A}\mathbf{x} = \mathbf{b} \tag{2.118}$$

上式中，$\mathcal{A}$、$\mathbf{x}$、$\mathbf{b}$ 分別定義如下：

$$\mathcal{A} = \begin{bmatrix} k_{z,1} & k_{z,2p} \\ -\rho_1\omega^2 & \lambda_{L,2}\left(k_x^2 + k_{z,2p}^2\right) + 2\mu_{L,2}k_{z,2p}^2 \\ 0 & 2\mu_{L,2}k_x k_{z,2p} \end{bmatrix}$$

$$\begin{matrix} -k_x \\ -2\mu_{L,2}k_x k_{z,2s} \\ \mu_{L,2}\left(k_{z,2s}^2 - k_x^2\right) \end{matrix} \Bigg] \tag{2.119}$$

$$\mathbf{x}^T = \begin{bmatrix} \mu_r & \mu_{t,p} & \mu_{t,s} \end{bmatrix} \tag{2.120}$$

$$\mathbf{b}^T = \begin{bmatrix} k_{z,1} & \rho_1\omega^2 & 0 \end{bmatrix} \tag{2.121}$$

上述線性系統雖然簡單，但是所牽涉的項次煩瑣，因此，可利用現行符號運算軟體，如 MATHEMATICA，求解未知係數。

在 $k_x < \min\{k_{2p}, k_{2s}, k_1\}$ 的情況下，經適當整理，可得反射、透射係數 μ_r、$\mu_{t,p}$、$\mu_{t,s}$ 分別如下：

$$\mu_r = \frac{4k_{z,2p}k_{z,2s}k_x^2 + \left(k_{z,2s}^2 - k_x^2\right)^2 - \frac{\rho_1}{\rho_2}\frac{k_{z,2p}}{k_{z,1}}\frac{\omega^4}{c_{2s}^4}}{4k_{z,2p}k_{z,2s}k_x^2 + \left(k_{z,2s}^2 - k_x^2\right)^2 + \frac{\rho_1}{\rho_2}\frac{k_{z,2p}}{k_{z,1}}\frac{\omega^4}{c_{2s}^4}} \tag{2.122}$$

$$\mu_{t,p} = \frac{2\frac{\rho_1}{\rho_2}\frac{\omega^2}{c_{2s}^2}\left(k_{z,2s}^2 - k_x^2\right)}{4k_{z,2p}k_{z,2s}k_x^2 + \left(k_{z,2s}^2 - k_x^2\right)^2 + \frac{\rho_1}{\rho_2}\frac{k_{z,2p}}{k_{z,1}}\frac{\omega^4}{c_{2s}^4}} \tag{2.123}$$

$$\mu_{t,s} = \frac{-4\frac{\rho_1}{\rho_2}\frac{\omega^2}{c_{2s}^2}k_x k_{z,2p}}{4k_{z,2p}k_{z,2s}k_x^2 + \left(k_{z,2s}^2 - k_x^2\right)^2 + \frac{\rho_1}{\rho_2}\frac{k_{z,2p}}{k_{z,1}}\frac{\omega^4}{c_{2s}^4}} \tag{2.124}$$

當 $k_1 > k_x > k_{2s} > k_{2p}$ 時，則 $k_{z,2p}$、$k_{z,2s}$ 成為虛數 (imaginary)，亦即，

$$k_{z,2p} = i\sqrt{-k_{z,2p}^2} = i\kappa_{z,2p} \tag{2.125}$$

$$k_{z,2s} = i\sqrt{-k_{z,2s}^2} = i\kappa_{z,2s} \tag{2.126}$$

則此時反射係數可表示成：

$$\mu_r = -e^{2i\eta} \tag{2.127}$$

$$\eta = \tan^{-1}\left\{ \frac{\rho_2}{\rho_1} \frac{k_{z,1}}{\kappa_{z,2p}} \frac{c_{2s}^4}{\omega^4} \right.$$

$$\left. \left[\left(\kappa_{z,2s}^2 + k_x^2 \right)^2 - 4\kappa_{z,2p}\kappa_{z,2s}k_x^2 \right] \right\} \tag{2.128}$$

因此，反射係數大小爲 1，而僅改變相位；此乃稱之爲全反射 (total reflection)。從式 (2.104) 與式 (2.105) 可知，此時透射波在 z 方向，隨著遠離界面而以指數方式迅速遞減。值得注意的，若 令 $c_{2s} \to 0$，則從式 (2.122) 中可獲得瑞利反射係數[9]：

$$\mu_r = \frac{\rho_2 k_{z,1} - \rho_1 k_{z,2p}}{\rho_2 k_{z,1} + \rho_1 k_{z,2p}} \tag{2.129}$$

有關平面波或點聲源之反射與透射聲場的分析，乃是一相當基本 與有趣的問題；本書之後續章節中，將有相關的分析【如第 4.2 節中有與瑞利反射與透射聲場性質的相關討論】。

界面波

分隔包含彈性固體介質的界面，有一個重要特性，即是，該 界面可以支援界面（邊界）波 (interface/boundary wave) 的傳 播。所謂界面波即是沿著界面傳播、且其振幅隨著遠離界面 的兩側而以指數方式遞減的特殊模式波；此種形式的波又稱爲 消逝波 (evanscent wave)。 根據以上對界面波的定義，以及式 (2.103) – 式 (2.105) 的形式可知，界面波之水平波數 k_x 必須符合 $k_x > \max\{k_1, k_{2p}, k_{2s}\}$ 的條件，方可得有上述所描述的特徵。因

---

[9]瑞利反射問題 (Rayleigh reflection problem) 乃是指平面聲波入射分隔兩半 無窮流體 (two semi-infinite fluid media) 介質之界面的反射問題。

此，界面波可用下列函數表示：

$$\phi_r(x, z, t) = Ae^{\kappa_{z,1}z}e^{i(k_x x - \omega t)}, \quad z < 0 \qquad (2.130)$$

$$\phi_t(x, z, t) = Be^{-\kappa_{z,2p}z}e^{i(k_x x - \omega t)}, \quad z > 0 \qquad (2.131)$$

$$\psi_t(x, z, t) = Ce^{-\kappa_{z,2s}z}e^{i(k_x x - \omega t)}, \quad z > 0 \qquad (2.132)$$

若是在邊界條件的限制下，吾人可以求得特徵水平波數（例如，以 k_x^*），以致上列的波型模式得以存在（亦即，A、B、C 不皆爲零），則此一波型模式即是界面波。

據此，將式 (2.130) – 式 (2.132) 代入邊界條件式 (2.112) – 式 (2.114) 中，再作整理可得：

$$\kappa_{z,1}A + \kappa_{z,2p}B - ik_x C = 0 \qquad (2.133)$$

$$\omega^2 A + \frac{\rho_2}{\rho_1}c_{2s}^2\left(\kappa_{z,2s}^2 + k_x^2\right)B + 2i\frac{\rho_2}{\rho_1}c_{2s}^2 k_x \kappa_{z,2s}C = 0 \qquad (2.134)$$

$$-2ik_x\kappa_{z,2s}B + \left(k_x^2 + \kappa_{z,2s}^2\right)C = 0 \qquad (2.135)$$

上列線性系統，若要有非零解，則其係數的行列式 (determinant) 必須爲零。經過運算與整理可得特徵方程式爲：

$$\left(k_x^2 + \kappa_{z,2s}^2\right)^2 + 4\kappa_{z,2p}\kappa_{z,2s}k_x^2 - \frac{\rho_1}{\rho_2}\frac{\kappa_{z,2p}}{\kappa_{z,2s}}\frac{\omega^4}{c_{2s}^4} = 0 \qquad (2.136)$$

若以聲速表示，上式可表示成：

$$-\left(2 - \frac{c_x^2}{c_{2s}^2}\right)^2 + 4\left(1 - \frac{c_x^2}{c_{2p}^2}\right)^{1/2}\left(1 - \frac{c_x^2}{c_{2s}^2}\right)^{1/2}$$

$$-\frac{\rho_1}{\rho_2}\frac{c_x^4}{c_{2s}^4}\left(1 - \frac{c_x^2}{c_{2p}^2}\right)^{1/2}\left(1 - \frac{c_x^2}{c_1^2}\right)^{-1/2} = 0 \qquad (2.137)$$

藉由簡單的數值分析可知，上列方程式在 $c_x < \min\{c_1, c_{2s}\}$ 的範圍內，存在有一實數根 c_x^*（爲什麼？），其相對水平波數爲 $k_x^* = \omega/c_x^*$，此一實數根，即是界面波之特徵聲速。此一特殊形式的波在地震學領域稱之爲 Stoneley 界面波[10] [82]，而在水中聲學領域中則稱之爲 Scholte 界面波；在此以 c_{Sch} 表示。

---

[10]Stoneley 界面波原本指的是存在於固體與固體之界面的波。

　　界面波僅存在含有彈性固體（能承受剪應力）的界面，因此，流體－流體的界面，並無法支援界面波。從式 (2.137) 中可推導得知，當 $c_1 \to 0$、$\rho_2 \to 0$ （亦即可全然壓縮的流體與不具質量的固體之界面），界面波仍然存在，且其水平聲速為 [10]：

$$c_x^* = \left(\frac{2\mu_{\mathrm{L},2}}{\rho_1} \frac{\lambda_{\mathrm{L},2} + \mu_{\mathrm{L},2}}{\lambda_{\mathrm{L},2} + 2\mu_{\mathrm{L},2}} \right)^{1/2} \qquad (2.138)$$

在這種情況下，由於兩介質體內均沒有獨自承載聲波的機制，因此，此時波動現象乃以流體儲存動能、固體儲存位能的交替方式，全然存在於界面，而符合 "界面" 波的實質意義。

　　另外，在彈性固體與大氣的自由界面上，亦可存在界面波。從式 (2.137) 中，令 $\rho_1 \to 0$ 可得：

$$\left(2 - \frac{c_x^2}{c_{2s}^2} \right)^2 - 4 \left(1 - \frac{c_x^2}{c_{2p}^2} \right)^{1/2} \left(1 - \frac{c_x^2}{c_{2s}^2} \right)^{1/2} = 0 \qquad (2.139)$$

上式可以很容易的證明，在 $c_x^* < c_{2s} < c_{2p}$ 的範圍內，存在有一實根，此根所對應的界面波稱之為瑞利表面波 (Rayleigh surface wave)；在此以 c_{Ray} 表示。

　　根據以上分析的結果，平面波自流體入射流體－彈性固體界面之相互作用，在水平波數軸上，可分成四個不同特性的區域，如圖 2.4 所示；在此假設介質波數大小為 $k_{2p} < k_{2s} < k_1$。當聲波以 $k_x < k_{2p}$ 入射界面時（區域 I），則部份聲波將以壓力波（P波）與剪力波（SV 波）穿透界面，同時部份反射回原介質。當聲波以 $k_{2p} < k_x < k_{2s}$ 入射界面時（區域 II），則此時入射角已經超越固體介質壓力波之臨界角，因此，聲波僅能轉換成剪力波而傳離界面，同時反射聲能將增強。接著，當聲波以 $k_{2s} < k_x < k_1$ 入射界面時（區域 III），則入射角已同時超越固體介質壓力波與剪力波之入射角，以致無法穿透界面而產生全反射。最後，在 $k_1 < k_x$ 的區域（區域 IV），介質中的聲波在 $\pm z$ 的方向都是以指數方式遞減，此一區域所存在的波即是界面波。

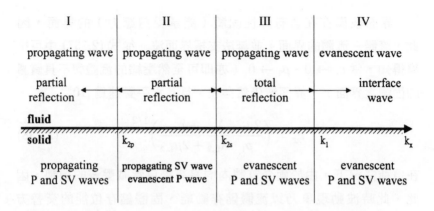

圖 2.4: 平面波與流體－彈性固體界面相互作用之波數域特性

2.5　層化效應：連續變化介質中之反射係數

第 2.4 節中所討論有關平面波自單一界面反射的問題，由於該界面分離兩均勻介質，因此，平面波反射係數之定義甚爲明確。然而，在連續變化的層化介質中，如圖 2.5 所示，由於波陣面因行進而彎曲，而且每一深度都可視之爲界面，因此，所謂平面波在層化介質中求解反射係數的問題，其定義似乎並不明確。本節將探討圖 2.5 所示的環境中，在任意深度 z 處之反射係數 $\mu_r(z)$ 的意義及求解方法。

考慮密度爲 $\rho(z)$、聲速爲 $c(z)$ 的層化介質中，在某特定深度 $z = z_1 = 0$ 處，將上半層 $z < 0$ 的介質去除，並代之以聲速爲 $c_1 = c(0)$ 的均勻介質，如圖 2.5 所示，則此時介質在 $z = 0$ 處即有一明確界面。假設單位振幅之單頻平面波入射該界面，則反射係數 μ_r 即是上傳波 (up-going wave) 的振幅，此乃與先前定義一致。藉由上述的程序，即可定義在任何深度 z 的反射係數 $\mu_r(z)$；茲根據 Shelkunoff [76] 所提出的方法，建立求解 $\mu_r(z)$ 的方程式。

由於在界面處，聲壓 $\rho\omega^2\tilde{\phi}_\omega$ 與垂直位移 $d\tilde{\phi}_\omega/dz$ 必須連續，

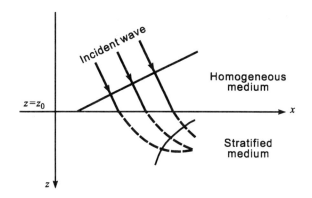

圖 2.5: 層化介質中之 "平面波"

因此，兩者的比值，亦即，

$$\frac{\rho\omega^2\widetilde{\phi}_\omega}{\frac{d\widetilde{\phi}_\omega}{dz}} \tag{2.140}$$

亦必須連續。而由於上層聲場 $(z < 0)$ 可表示成：

$$\widetilde{\phi}_\omega(k_x, z) = e^{ik_{z,1}z} + \mu_r e^{-ik_{z,1}z} \tag{2.141}$$

因此，當 $z = 0$ 時，式 (2.140) 可表示成：

$$\frac{\rho\omega^2\widetilde{\phi}_\omega}{\frac{d\widetilde{\phi}_\omega}{dz}} = \frac{\rho\omega^2}{ik_{z,1}}\frac{1+\mu_r}{1-\mu_r} \tag{2.142}$$

值得注意的，對於分隔具不連續性質的界面而言，例如，上層之密度與聲速爲 ρ_1、c_1，而下層爲 ρ_2、c_2，則在界面處，亦需要符合式 (2.142) 必須連續的條件。此時，連續的關係爲：

$$\left.\frac{\rho_1\omega^2}{ik_{z,1}}\frac{1+\mu_r(-\epsilon)}{1-\mu_r(-\epsilon)}\right|_{\epsilon\to0} = \left.\frac{\rho_2\omega^2}{ik_{z,2}}\frac{1+\mu_r(\epsilon)}{1-\mu_r(\epsilon)}\right|_{\epsilon\to0} \tag{2.143}$$

而由於在 $z > 0$ 的介質中，並不存在有上傳波，因此：

$$\lim_{\epsilon\to0}\mu_r(-\epsilon) = \mu_r(0) \tag{2.144}$$

$$\lim_{\epsilon\to0}\mu_r(\epsilon) = 0 \tag{2.145}$$

將上列關係代入式 (2.143)，並求解 $\mu_r(0)$，即可得式 (2.129) 所示
的瑞利反射係數。

在水平層化介質中，若密度爲常數，則式 (2.142) 可表示成：

$$\frac{d \log \widetilde{\phi}_\omega}{dz} = i k_z \frac{1 - \mu_r}{1 + \mu_r} \tag{2.146}$$

而另一方面，式 (2.57) 可重寫成：

$$\frac{d^2 \log \widetilde{\phi}_\omega}{dz^2} = -k_z^2 - \left(\frac{d \log \widetilde{\phi}_\omega}{dz} \right)^2 \tag{2.147}$$

利用式 (2.146) 與式 (2.147) 的關係消除 $\widetilde{\phi}_\omega$，可得下列方程：

$$\frac{1}{k_z} \frac{d\mu_r}{dz} + 2i\mu_r = \frac{1}{2} \frac{1}{k_z} \frac{d \log k_z}{dz} \left(1 - \mu_r^2 \right) \tag{2.148}$$

上式爲一階非線性 Riccati 方程式，其解即是反射係數 μ_r 隨 z 變
化的關係[11]。

對於隨意聲速分佈 $c(z)$ 而言，式 (2.148) 必須訴諸數值積分，
但是當 $\widetilde{\phi}_\omega$ 存在有解析解時，則從式 (2.146) 可得反射係數爲：

$$\mu_r(z) = \frac{i k_z - \frac{d \log \widetilde{\phi}_\omega}{dz}}{i k_z + \frac{d \log \widetilde{\phi}_\omega}{dz}} \tag{2.149}$$

另外，當介質性質變化足夠緩慢以致：

$$\frac{1}{k_z} \frac{d \log k_z}{dz} \ll 1 \tag{2.150}$$

則式 (2.148) 的解爲：

$$\mu_r(z) = \mu_r(0) e^{-2i \int_0^z k_z(s)ds} \tag{2.151}$$

---

[11]Riccati 方程式爲：$\frac{dy}{dx} = q_1(x) + q_2(x)y + q_3(x)y^2$。假如 $y_1(x)$ 爲上式的
特殊解，則可藉由變數轉換：$y(x) = y_1(x) + \frac{1}{v(x)}$，得到 $v(x)$ 的線性方程
式：$\frac{dv}{dx} = -[q_2(x) + 2q_3(x)y_1(x)]v(x) - q_3(x)$。

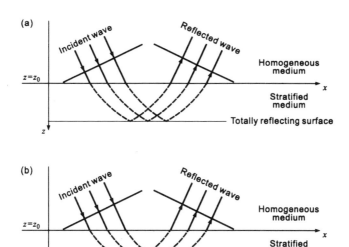

圖 2.6: 具全反射情況之層化介質

換句話說，從位於深度 z 處之 "界面" 所造成的反射係數與在 $z = 0$ 處之界面的反射係數，大小相同，相差的只是聲波行經的路徑所造成的相位差而已。有關式 (2.150) 所代表的意義，以及對於處理聲波傳播方法所造成的影響，將會在往後章節探討【見第 3.1 節】。

最後，考慮全反射情況下之反射係數。這種情況可能由於底層界面為全反射界面，或是聲速分佈致使在某一深度時，聲線呈現轉折，如圖 2.6 所示。 在這種情況下，$\widetilde{\phi}_\omega$ 為實數或是純虛數函數之定波形式，因此，從式 (2.149) 可知，反射係數為：

$$\mu_r(z) = -e^{2i\theta} \tag{2.152}$$

$$\theta = \tan^{-1}\left(-\frac{k_z}{\dfrac{d\log \widetilde{\phi}_\omega}{dz}}\right) \tag{2.153}$$

將式 (2.152) 代入式 (2.148) 可得：

$$\frac{d\theta}{dz} - \frac{1}{2}\frac{d\log k_z}{dz}\sin 2\theta + k_z = 0 \tag{2.154}$$

此時，在圖 2.6(a) 所示的環境中，若式 (2.150) 的條件仍然適用，
則上式方程式的解爲：

$$\theta(z) = -\int_0^z k_z(s)ds + \theta_0 \qquad (2.155)$$

上式中，$\theta_0 = \theta(0)$。

　　比較特別的是，在聲線轉折的情況下，式 (2.154) 中的第二
項不可能符合式 (2.150) 的條件，因爲在轉折點處，$k_z = 0$，也
因此造成 $(1/k_z)[d(\log k_z)/dz] \to \infty$ 而難以處理。惟若除了轉折
點外，在轉折點附近，式 (2.154) 仍然有效的話，則可證明，式
(2.155) 仍可使用，惟此時 θ_0 爲：

$$\theta_0 = \frac{\pi}{4} \qquad (2.156)$$

相關的證明，可參考文獻 [90] 之 Appendix 1。

2.6 波導效應：簡正模態、頻散、與群速

第 2.4 節探討聲波與單一界面相互作用的問題，本節將探討在雙
重界面的限制下，聲波因邊界的受限而導引傳播 (guided propa-
gation) 所產生的特性。雖然在往後章節中將會針對波導傳播的
問題詳細探討，但是，波導效應所產生的頻散傳播 (dispersive
propagation) 與群速 (group velocity) 的觀念，乃是瞭解波導傳播
極爲關鍵的步驟。

　　在此考慮圖 1.2 所示的傳播環境，並假設上下均爲聲壓釋放
界面。從環境的結構來看，假如有一單頻點聲源位於座標原點，
則將形成軸對稱錐狀波。因此，聲波方程式將如式 (2.68) 所示，
其解可表示成：

$$\phi(r, z, t) = \widetilde{\phi}_\omega(k_r, z) H_0^{(1)}(k_r r) e^{-i\omega t} \qquad (2.157)$$

k_r 爲徑向（水平）波數，而每一波數 $k_r = k\cos\vartheta$ 代表某一個角
度（ϑ 方向）的分量波。式 (2.157) 中，$\widetilde{\phi}_\omega(k_r, z)$ 必須符合深度

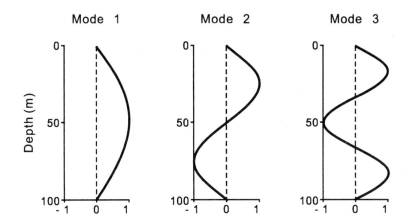

圖 2.7: 完美波導之前三個模態結構

相依方程式，式 (2.57)。由於 $\widetilde{\phi}_\omega(k_r,z)$ 受限於聲壓釋放條件，因此，必須符合邊界條件：

$$\widetilde{\phi}_\omega(k_r,z)\Big|_{z=0} = 0 \qquad (2.158)$$

$$\widetilde{\phi}_\omega(k_r,z)\Big|_{z=D} = 0 \qquad (2.159)$$

藉由式 (2.57) 與上列邊界條件，可得 $\widetilde{\phi}_\omega(k_r,z)$ 的解為：

$$\widetilde{\phi}_\omega(k_r,z) = A\sin(k_{zm}z) \qquad (2.160)$$

其中，k_{zm} 為：

$$k_{zm} = \sqrt{k^2 - k_{rm}^2} = \frac{m\pi}{D}, \;\; m = 1,2,\ldots \qquad (2.161)$$

　　從以上的結果可知，邊界的存在，造成 z 方向形成簡正模態的定波模式，其形式如式 (2.160) 所示；圖 2.7 顯示完美波導之前三個模態 ($m = 1,2,3$) 的結構。值得注意的，每一個模態都必須符合邊界條件。

　　簡正模態的產生，乃是入射波與邊界反射波相互干擾，因而造成僅有在某些特定方向的分量波 k_{rm}，因同相 (in phase) 而相互

疊加後得以存在,其餘則因破壞性干擾 (distructive interference)
而消失;這些特定方向可從式 (2.161) 得知:

$$k_{zm}D = kD \sin \vartheta_m = m\pi \tag{2.162}$$

若以波長表示,則 ϑ_m 爲:

$$\vartheta_m = \sin^{-1}\left(\frac{m\lambda}{2D}\right) \tag{2.163}$$

上式顯示,形成越高模態的分量波,其傾斜角度越大。

由於 $\sin^{-1}$ 僅在幅角 (argument) 之絕對值小於或等於 1 的情
況下方爲實數角 (real angle),因此,當頻率給定後(相當於波長
給定),則僅有有限個模態得以在波導中傳播,而第 m 個模態得
以存在的條件乃是:

$$\frac{m\lambda}{2D} \leq 1 \tag{2.164}$$

若以頻率表示:

$$\omega \geq \frac{m\pi c}{D}, \quad m = 1, 2, \ldots, M \tag{2.165}$$

只要頻率低於上列右式所示,則第 m 個模態即無法存在,因此,
第 m 個模態的截斷頻率 (cut-off frequency) ω_{0m} 爲[12]:

$$\omega_{0m} = \frac{m\pi c}{D} \tag{2.166}$$

接下來,吾人探討簡正模態波在波導中傳播的相關問題。式
(2.161) 可重寫成:

$$\left(\frac{\omega^2}{c^2} - k_{rm}^2\right)^{1/2} = \frac{m\pi}{D} \tag{2.167}$$

---

[12]事實上,截斷頻率高於操作頻率的模態,依然存在,只是該模態所表示的
波並非傳播波,而是消逝波,因此,對波導傳播而言,並不重要。

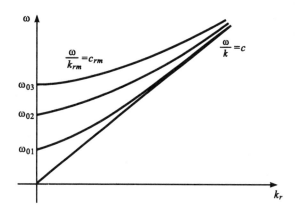

圖 2.8: 完美波導之頻散關係

若以截斷頻率表示，並以下標 m 表示各個模態之頻率與波數之關係，則上式可表示成：

$$\omega = c \left(\frac{\omega_{0m}^2}{c^2} + k_{rm}^2 \right)^{1/2} \tag{2.168}$$

圖 2.8 為每一個模態 m 之頻率與波數之關係（此一曲線為雙曲線）；從圖上可知，當 $k_{rm} = 0$ 時，$\omega = \omega_{0m}$，而當 $k_{rm} \to \infty$ 時，$\omega \to k_{rm}c$。 若以水平相位速度表示，式 (2.168) 所表示的 c_{rm} 與 ω 之關係為：

$$c_{rm} = \frac{\omega}{k_{rm}} = \frac{c}{\sqrt{1 - \omega_{0m}^2/\omega^2}} \tag{2.169}$$

上式除了顯示：每一個模態都各自有不同的速度傳播外[13]，更重要的是：每個模態之水平相位速度 c_{rm} 乃是頻率的函數；換句話說，不同頻率的聲波將以不同的相位速度行進，此種關係稱之為頻散關係 (dispersion relation)。在寬頻聲波傳播的過程當中，將會因為頻散而產生群波 (group wave) 傳播的有趣現象；相關的問題將會在後段說明。

---

[13]從圖 2.8 中可知，當給定一頻率後，越高的模態，波數越大，因此，相位速度越慢，而各模態的最大速度都趨於介質聲速。

在此必須強調，上述之頻散關係顯然不是聲波本身的性質所引起，而是因為波導環境所導致，因此，稱之為幾何頻散 (geometric dispersion)。如前所述，聲波在波導中傳播，只有某些特定角度的聲線在經過波導反射干擾後，同相疊加（建設性干擾）的部份得以形成模態而在波導中傳播。這些模態的水平相位速度，乃是波陣面在水平方向的傳播速度，而由於各個模態的角度不同，也造成水平相位速度的不同。除此之外，當頻率改變後，將改變模態的結構，以致模態的水平相位速度隨之而改變。

前面提及，頻散傳播將造成聲波以群波的方式傳播。為說明此一現象，在此，考慮兩頻率相近、單位振幅的平面波陣：一者頻率為 $\omega + \Delta\omega$，另一者為 $\omega - \Delta\omega$；相對應之波數為 $k + \Delta k$ 與 $k - \Delta k$。則兩者疊加之後為：

$$
\begin{aligned}
\phi &= \cos[(k + \Delta k)x - (\omega + \Delta\omega)t] \\
&\quad + \cos[(k - \Delta k)x - (\omega - \Delta\omega)t] \\
&= 2\cos(kx - \omega t)\cos(x\Delta k - t\Delta\omega)
\end{aligned}
\tag{2.170}
$$

上式所形成的波型如圖 2.9 所示。由於頻散的緣故，不同頻率的波以不同的速度行進：

$$
\frac{\omega + \Delta\omega}{k + \Delta k} \neq \frac{\omega - \Delta\omega}{k - \Delta k}
\tag{2.171}
$$

因此（為什麼？），

$$
\frac{\Delta\omega}{\Delta k} \neq \frac{\omega}{k}
\tag{2.172}
$$

從式 (2.170) 可知，整個波型的包絡面 (envelope) 將由 $\cos(x\Delta k - t\Delta\omega)$ 所決定，而在包絡面裡面的波動（稱之為子波）則為 $\cos(kx - \omega t)$。因此，包絡面的速度為：

$$
v_g = \frac{\Delta\omega}{\Delta k}
\tag{2.173}
$$

而包絡面裡面的行波速度則為：

$$
c = \frac{\omega}{k}
\tag{2.174}
$$

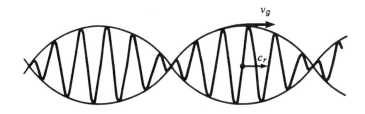

圖 2.9: 兩頻率相鄰的波疊加之後所形成的群波波型

由於整個波動以成群的包絡面前進，因此，稱之爲群波 (group wave)，而其行進的波速 v_g 稱之爲群速 (group velocity)。有鑑於式 (2.172) 所示，對具有頻散性質的傳播而言，$v_g \neq c$。

顯然的，群波的波峰乃是個別子波同相疊加增強的結果，而群波的結點 (node) 則是因爲異相相消 (out-of-phase cancelling)。由於在結點處，振幅爲零，因此，能量無法穿越結點，而整個能量則是以群速 v_g 傳輸。由於能量乃是實體量，因此，群速的極限是光速，而相位速度則無此限制。

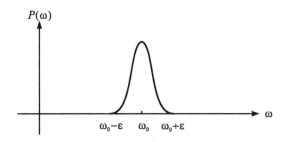

圖 2.10: 以 ω_0 爲中心頻率、頻寬 2ϵ 之頻譜

以上的原理可以推展成以 ω_0 爲中心頻率的窄頻波【例如，$(\omega_0 - \epsilon, \omega_0 + \epsilon)$】的波群。考慮如圖 2.10 所示的頻譜 $P(\omega)$，則該頻譜所表示之信號爲：

$$\phi(x, t) = \int_{\omega_0 - \epsilon}^{\omega_0 + \epsilon} P(\omega) e^{i(kx - \omega t)} d\omega \qquad (2.175)$$

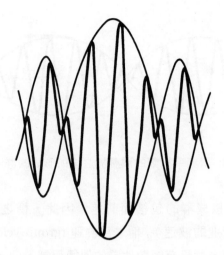

圖 2.11: 以 ω_0 爲中心頻率、頻寬 2ϵ 的窄頻波之群波

上式所表示的波型，通常是一系列振幅不定的群波，如圖 2.11 所
示。由於群波的峰值乃是所有鄰近子波同相疊加的結果，且行波
之相位 $kdx - \omega dt$，因此，各鄰近子波間保持相同相位的條件是：

$$dkdx - d\omega dt = 0 \qquad (2.176)$$

此乃表示，群波波峰前進的速度爲：

$$v_g = \frac{dx}{dt} = \frac{d\omega}{dk} \qquad (2.177)$$

因此，頻率對波數的微分即是群速，亦即 $\omega\text{-}k$ 曲線之斜率。

　　根據以上所得的結果，並參照圖 2.8，吾人可得，在完美波導
中，前三個模態傳播的相位速度與群速隨頻率變化的關係，如圖
2.12 所示。從圖上可以看出下列波導傳播特性：

1. 當 $\omega = \omega_{0m}$ 時：$v_{gm} \to 0$，$c_{rm} \to \infty$，而當 $\omega \to \infty$
   時：$v_{gm}, c_{rm} \to c$。

2. 在固定頻率下，越高模態的水平相位速度 c_{rm} 越大，但水平
   群速 v_{gm} 卻越小。

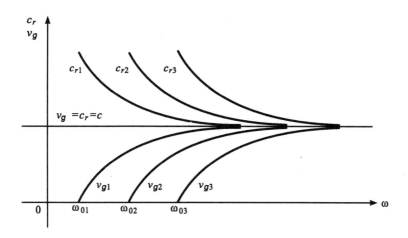

圖 2.12: 完美波導中模態傳播的相位速度與群速隨頻率變化的關係

上列第 2 點更顯示出波導傳播之幾何因素。由於 v_{gm} 乃是波導中能量的傳輸率，從式 (2.101) 可知：

$$v_{gm}c_{rm} = c^2 \qquad (2.178)$$

而由於 $c_{rm} = \omega/k_{rm} = c/\cos\vartheta_m$，因此，

$$v_{gm} = c\cos\vartheta_m \qquad (2.179)$$

若以 $\mathbf{c} = c\hat{\mathbf{k}}_m$ 表示第 m 個模態的能量傳輸向量，則水平方向的能量傳輸率 v_{gm} 顯然只是 $\mathbf{c}$ 在水平方向的投影。

2.7 格林定理

本章最後探討一個能夠求解有界介質 (bounded medium) 中分佈聲源 (distributed sources) 所輻射之聲場的廣義定理，稱之為格林定理 (Green's theorem)。

考慮圖 2.13 所示的邊界值問題 (boundary value problem)。在此，V 與 S 分別表示介質的體積與邊界面，而 $f_\omega(\mathbf{R})$ 代表體積

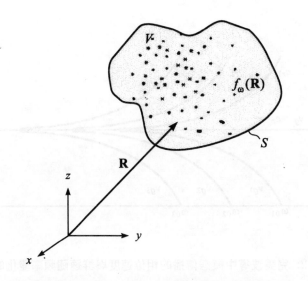

圖 2.13: 有限介質中由分佈聲源所產生聲場的問題

力 (body force) 的分佈聲源,則控制聲場之聲波方程式與邊界條件為:

$$\left(\nabla^2 + k^2\right)\phi_\omega(\mathbf{R}) \;=\; f_\omega(\mathbf{R}) \tag{2.180}$$

$$\mathcal{B}\left[\phi_\omega(\mathbf{R}), \hat{\mathbf{n}} \cdot \boldsymbol{\nabla}\phi_\omega(\mathbf{R})\right]\big|_S \;=\; 0 \tag{2.181}$$

上式中,$\hat{\mathbf{n}}$ 為邊界上之正向外指單位向量 (outward unit normal vector)。

為求解上述問題,在此定義自由場格林函數 (free-field Green's function) $g_\omega(\mathbf{R}; \mathbf{R}_s)$ 為符合下列非齊性方程式的特殊函數:

$$\left(\nabla^2 + k^2\right)g_\omega(\mathbf{R}; \mathbf{R}_s) = \delta(\mathbf{R} - \mathbf{R}_s) \tag{2.182}$$

$\mathbf{R}$ 與 $\mathbf{R}_s$ 分別為接收點與聲源的位置。因此,所謂自由場乃是指無窮且均勻介質中,由單位強度的單點聲源所產生的聲場。藉由 δ 函數的性質,不難證明,符合式 (2.182) 的解為(為什麼?):

$$g_\omega(\mathbf{R}; \mathbf{R}_s) = \frac{1}{4\pi}\frac{e^{ikR_{\text{s-r}}}}{R_{\text{s-r}}} \tag{2.183}$$

上式中，$R_{\text{s-r}} = |\mathbf{R} - \mathbf{R}_s|$ 為聲源與接收點的距離。

在有邊界條件的限制下，則格林函數除了特殊解外，尚包括齊性解 (homogeneous solution) $H_\omega(\mathbf{R})$，此時格林函數稱之為廣義格林函數 (generalized Green's function) $G_\omega(\mathbf{R}; \mathbf{R}_s)$：

$$G_\omega(\mathbf{R}; \mathbf{R}_s) = g_\omega(\mathbf{R}; \mathbf{R}_s) + H_\omega(\mathbf{R}) \qquad (2.184)$$

上式中，齊性解 $H_\omega(\mathbf{R})$ 乃符合齊性方程式：

$$\left(\nabla^2 + k^2\right) H_\omega(\mathbf{R}) = 0 \qquad (2.185)$$

因此，廣義格林函數 $G_\omega(\mathbf{R}; \mathbf{R}_s)$ 與自由場格林函數 $g_\omega(\mathbf{R}; \mathbf{R}_s)$，皆符合相同的非齊性方程式，亦即，

$$\left(\nabla^2 + k^2\right) G_\omega(\mathbf{R}; \mathbf{R}_s) = \delta(\mathbf{R} - \mathbf{R}_s) \qquad (2.186)$$

格林函數有一重要性質，稱之為倒易原理 (principle of reciprocity)，亦即，將聲源與接收的位置互易，仍將得到相同的結果。若以符號表示，即是 $G_\omega(\mathbf{R}; \mathbf{R}_s) = G_\omega(\mathbf{R}_s; \mathbf{R})$。有關倒易原理的證明，相關聲學文獻都有，例如 [41]。

在求得廣義格林函數之後，吾人即可藉由廣義格林函數，求解分佈聲源的問題；茲導述如下。在此，將式 (2.180) 與式 (2.186) 分別乘以 $G_\omega(\mathbf{R}; \mathbf{R}_s)$ 與 $\phi_\omega(\mathbf{R})$，然後相減可得：

$$G_\omega(\mathbf{R}; \mathbf{R}_s)\nabla^2\phi_\omega(\mathbf{R}) - \phi_\omega(\mathbf{R})\nabla^2 G_\omega(\mathbf{R}; \mathbf{R}_s)$$
$$= -\phi_\omega(\mathbf{R})\delta(\mathbf{R} - \mathbf{R}_s) + G_\omega(\mathbf{R}; \mathbf{R}_s)f_\omega(\mathbf{R}) \qquad (2.187)$$

將 $\mathbf{R}$ 與 $\mathbf{R}_s$ 互換，並利用 $G_\omega(\mathbf{R}; \mathbf{R}_s) = G_\omega(\mathbf{R}_s, \mathbf{R})$ 的對稱性質，然後對 $\mathbf{R}_s$ 作體積分（在此以下標為 $_0$ 的變數代表積分變數），即可得：

$$\int_V \left[G_\omega(\mathbf{R}; \mathbf{R}_0)\nabla^2\phi_\omega(\mathbf{R}_0) - \phi_\omega(\mathbf{R}_0)\nabla^2 G_\omega(\mathbf{R}; \mathbf{R}_0) \right] dV_0$$
$$= -\int_V \phi_\omega(\mathbf{R}_0)\delta(\mathbf{R} - \mathbf{R}_0)dV_0 + \int_V f_\omega(\mathbf{R}_0)G_\omega(\mathbf{R}; \mathbf{R}_0)dV_0 \qquad (2.188)$$

上式右邊項可藉由部份積分法 (integration by parts)，從體積分
降為面積分（為什麼？），因此，式 (2.188) 可簡化成：

$$
\begin{aligned}
\phi_\omega(\mathbf{R}) &= \int_S \left[\phi_\omega(\mathbf{R}_0) \frac{\partial G_\omega(\mathbf{R};\mathbf{R}_0)}{\partial \hat{\mathbf{n}}_0} - G_\omega(\mathbf{R};\mathbf{R}_0) \frac{\partial \phi_\omega(\mathbf{R}_0)}{\partial \hat{\mathbf{n}}_0} \right] dS_0 \\
&\quad + \int_V f_\omega(\mathbf{R}_0) G_\omega(\mathbf{R};\mathbf{R}_0) dV_0 \qquad\qquad (2.189)
\end{aligned}
$$

上式即是格林定理。

　　格林定理建構一個在理論上十分完美的求解公式。從式
(2.189) 可知，若令 $\mathbf{R} = \mathbf{R}_0$，則該式本身乃得以求解 $\phi_\omega(\mathbf{R}_0)$ 與
$\frac{\partial \phi_\omega(\mathbf{R}_0)}{\partial \hat{\mathbf{n}}_0}$ 的積分方程式。之後，則可利用所得結果與該式，求解
聲場 V 內任何一點的位移勢 $\phi_\omega(\mathbf{R})$。因此，利用格林定理求解聲
場，關鍵在於求解積分方程式。

　　從式 (2.189) 的結構來看，聲場內任何一點的位移勢來自
兩部份的疊加：一則是邊界上各點的位移勢 $\phi_\omega(\mathbf{R}_0)$ 及位移勢
"通量" $\frac{\partial \phi_\omega(\mathbf{R}_0)}{\partial \hat{\mathbf{n}}_0}$，且分別以格林函數 "通量" $\frac{\partial G_\omega(\mathbf{R}_0)}{\partial \hat{\mathbf{n}}_0}$ 及格林函數
$G_\omega(\mathbf{R};\mathbf{R}_0)$ 為權函數 (weighting function) 所得的總和，而另一部
份則來自體積內的分佈聲源強度，以格林函數 $G_\omega(\mathbf{R};\mathbf{R}_0)$ 為權函
數所得的總量。

　　一般而言，利用格林定理求解聲場，並非簡易的問題，而且
大都需要訴諸數值方法。但是在某些特殊的情況下，則可獲得
解析解。從式 (2.186) 可知，由於廣義格林函數在領域內，除了
需要符合式 (2.186) 及對稱的性質外，並無特殊限定有關齊性解
$H_\omega(\mathbf{R})$ 的選擇。因此，在某些情況下，可藉由適當的選擇齊性解
而簡化格林公式。例如，假如可以適當的選擇齊性解，以致格林
函數 $G_\omega(\mathbf{R};\mathbf{R}_0)$ 在邊界上消失，則式 (2.189) 中面積分的第一項
即可消除【見後段例子說明】。

　　另一方面，假如可以求得符合原問題 ϕ_ω 相同邊界條件的廣義
格林函數 $G_\omega^\star(\mathbf{R};\mathbf{R}_0)$，亦即在邊界上，$G_\omega^\star(\mathbf{R}_0,\mathbf{R}_0) = \phi_\omega(\mathbf{R}_0)$，或

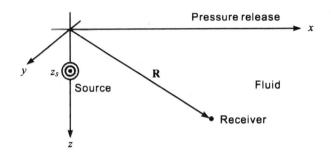

圖 2.14: 點聲源在半無窮介質中之示意圖

$\frac{\partial G_\omega^\star(\mathbf{R}_0)}{\partial \hat{\mathbf{n}}_0} = \frac{\partial \phi_\omega(\mathbf{R}_0)}{\partial \hat{\mathbf{n}}_0}$，則式 (2.189) 中的面積分即可完全消除而得：

$$\phi_\omega(\mathbf{R}) = \int_V f_\omega(\mathbf{R}_0) G_\omega^\star(\mathbf{R}; \mathbf{R}_0) dV_0 \qquad (2.190)$$

上列的公式乃經常被引用。

格林定理的應用

爲能具體說明格林定理的應用，茲考慮位於 $\mathbf{R}_s = (0, 0, z_s)$、強度爲 S_ω 的點聲源在半無窮介質中的輻射聲場，如圖 2.14 所示；在此，考慮界面符合聲壓釋放條件，亦即，$\phi_\omega(\mathbf{R}_0) = 0$【如海面】。藉由此一邊界條件，式 (2.189) 可簡化成：

$$\phi_\omega(\mathbf{R}) = -\int_S G_\omega(\mathbf{R}; \mathbf{R}_0) \frac{\partial \phi_\omega(\mathbf{R}_0)}{\partial \hat{\mathbf{n}}_0} + \int_V f_\omega(\mathbf{R}_0) G_\omega(\mathbf{R}; \mathbf{R}_0) dV_0$$
$$(2.191)$$

由於聲源爲強度 S_ω 的點聲源，因此，$f_\omega(\mathbf{R}) = S_\omega \delta(\mathbf{R} - \mathbf{R}_s)$。另一方面，假如吾人可以設法選擇到 $G_\omega(\mathbf{R}; \mathbf{R}_0)$，以致在邊界上 $G_\omega(\mathbf{R}; \mathbf{R}_0) \equiv 0$，則式 (2.191) 可簡化成：

$$\phi_\omega(\mathbf{R}) = S_\omega G_\omega(\mathbf{R}; \mathbf{R}_s) \qquad (2.192)$$

因此，若要獲得上式簡易的結果，關鍵在於是否可找得到所需的齊性解。

對於本題而言，廣義格林函數爲：

$$G_\omega(\mathbf{R}; \mathbf{R}_s) = \frac{e^{ikR}}{4\pi R} + H_\omega(\mathbf{R}) \qquad (2.193)$$

$$R = \sqrt{x^2 + y^2 + (z - z_s)^2} \qquad (2.194)$$

在此，希望可以選擇到齊性解 $H_\omega(\mathbf{R})$，以致 $G_\omega(\mathbf{R}; \mathbf{R}_s)|_{(x,y,0)} \equiv 0$。$H_\omega(\mathbf{R})$ 在領域內必須符合式 (2.185)，且具有對稱的性質。

從圖 2.14 的環境來看，並不難想像，假如吾人在界面另一邊的相對位置，置放一異相聲源，則在邊界上，格林函數會因相互抵消而消失。因此，吾人可選擇齊性解爲：

$$H_\omega(\mathbf{R}) = -\frac{e^{ikR'}}{4\pi R'} \qquad (2.195)$$

$$R' = \sqrt{x^2 + y^2 + (z + z_s)^2} \qquad (2.196)$$

將上式代入式 (2.193)，經由簡易印證可得 $G_\omega(\mathbf{R}; \mathbf{R}_s)|_{(x,y,0)} \equiv 0$，因此，符合求解的需求。

結合式 (2.192)、(2.193)、(2.195)，可得點聲源在半無窮介質中的聲場爲：

$$\phi_\omega(\mathbf{R}) = S_\omega\left(\frac{e^{ikR}}{4\pi R} - \frac{e^{ikR'}}{4\pi R'}\right) \qquad (2.197)$$

2.8　結語

本章所探討的主題爲聲波傳播的基本原理與性質。雖然主題十分廣泛，但是，所探討的子題，乃是以海洋環境中聲波傳播所遭遇到的現象爲主。

本章在第 2.1 節中，除了陳述描述聲波的方程式外，亦包括彈性波方程式。本書討論的現象，大體以聲波爲主，惟在第 9.3.3 節中，討論有關聲波自彈性粗糙海床的散射。該問題看似十分複雜，但是，有關彈性波基本原理的部份，只要瞭解本章第 2.1 節與第 2.4 節的相關討論，則應無大礙。

　　本章另一個重點即是波導中頻散傳播的問題；由與此一問題
之意涵，在其他學門中，亦有相通之處，因此，在此討論其基本
原理。相關的問題，除了第 2.6 節所作基本的討論外，在第 5 章
中，將針對淺海環境中的頻散傳播，進一步探討。

第三章

處理水聲傳播的基本方法

本章探討的主題乃是處理聲波在海洋環境中傳播的基本方法。圖 1.7 以數值處理方法的觀點,將聲波在海洋中傳播的問題,分成不隨距離變化 (range-dependent) 與隨距離變化 (range-independent) 的問題,並依照此方式,分類求解聲波方程的方法,包括聲線法、簡正模態法、波數譜法、拋物型方程式法等。由於拋物型方程式法乃是求解隨距離變化的問題,而簡正模態法、波數譜法亦可經由修正而求解該類型問題,因此,本章的重點將以探討求解不隨距離變化問題的方法之基本原理為主;有關求解隨距離變化問題的方法,將於第 7 章中討論。

另一方面,海洋聲學的問題亦常以海洋的深淺而區分成淺海【第 5 章】與深海【第 6 章】傳播問題,或相當於以頻率區分成低頻與高頻聲波傳播問題。由於上述的各種方法,在推導的過程當中,有些方法必須符合特定的假設條件,且有時在處理個別問題的過程當中,某些方法有較高的效率等,而這些條件所隱含的意義、或是處理的效率,都與海洋環境或頻率高低有關,也因此造成求解方法與海洋環境或頻率的相依關係。

3.1　精確解與 WKB 近似解

在此，考慮密度 ρ 為常數，而聲速 $c(z)$ 變化的水平層化問題，則對於二維 (x, z) 平面波或 (r, z) 軸對稱錐狀波而言【見第 2.2 節】，聲波方程式乃簡化成式 (2.57)。為了方便討論，茲重述深度相關方程式如下：

$$\frac{d^2\widetilde{\phi}_\omega}{dz^2} + k_z^2(z)\widetilde{\phi}_\omega = 0 \tag{3.1}$$

上式中，$k_z^2(z)$ 為：

$$k_z^2(z) = k^2(z) - k_r^2 = \left[\frac{\omega}{c(z)}\right]^2 - k_r^2 \tag{3.2}$$

一般而言，除了聲速為常數或特殊分佈，以致式 (3.1) 有解析解外，都必須使用數值解或近似解。在本節中，將考慮一種能獲得精確解 (exact solution) 的海洋環境中之聲速分佈，稱之為偽線性變化 (pseudo-linear variation)，以及一種適用於聲速變化緩慢 (slowly varying) 環境中的近似方法，稱之為 WKB 近似法 (WKB approximation)[1]。

　　深海環境的聲速分佈如圖 1.1 所示。大體而言，可分成上下兩半層，每層的聲速分佈可表示成：

$$c(z) = \frac{1}{\sqrt{az + b}} \tag{3.3}$$

式中，a、b 為常數，且 $az + b > 0$，此種聲速分佈如圖 3.1 所示；由於該分佈近乎線性，因此又稱偽線性聲速分佈。若以折射係數 n 表示，則為 $n^2(z) = az + b$，因此也稱 n^2-linear 分佈。

　　在偽線性聲速分佈的情況下，深度相關方程式為：

$$\frac{d^2\widetilde{\phi}_\omega}{dz^2} - \left[k_r^2 - \omega^2(az + b)\right]\widetilde{\phi}_\omega = 0 \tag{3.4}$$

---

[1]WKB 乃為 Wenzel-Kramers-Brillouin 三者之簡稱。WKB 近似法乃是求解某類線性微分方程式近似解的方法；參見 [8]。

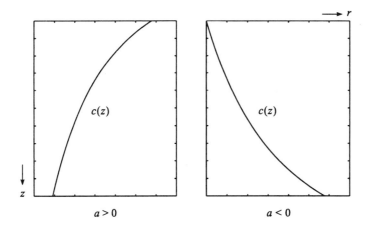

圖 3.1: 僞線性聲速分佈：$c(z) = 1/\sqrt{az+b}$

若以下列變數轉換：

$$\zeta(z; k_r) = \frac{1}{\sqrt[3]{(\omega^2 a)^2}} \left[k_r^2 - \omega^2(az+b) \right] \qquad (3.5)$$

則式 (3.4) 可簡化成：

$$\left(\frac{d^2}{d\zeta^2} - \zeta \right) \tilde{\phi}_\omega(\zeta) = 0 \qquad (3.6)$$

此乃亞里 (Airy) 微分方程式。因此，式 (3.1) 的解可表示成：

$$\tilde{\phi}_\omega(k_r, z) = \begin{cases} \text{Ai}\,(\zeta(z; k_r)) \\ \text{Bi}\,(\zeta(z; k_r)) \end{cases} \qquad (3.7)$$

在一般運算軟體中（如 Matlab），亞里函數 (Airy function) 皆屬內建函數 (built-in function)，因此，很方便使用。

式 (3.1) 除了上述情況外，並無其他可以表示成簡易函數的解析解。接著，考慮一個求解該問題近似解的方法，稱之爲 WKB 法。在此，若以平面波傳播的觀點，則式 (3.1) 的解可表示成：

$$\tilde{\phi}_\omega(k_r, z) = \mathcal{A}(z)e^{i\mathcal{S}(z)} \qquad (3.8)$$

式中，$\mathcal{A}$、$\mathcal{S}$ 皆爲實數函數。將式 (3.8) 代入式 (3.1) 中，並分離
實部與虛部，並稍加整理後可得：

$$\frac{1}{k_z^2}\left(\mathcal{S}'\right)^2 - 1 - \frac{1}{k_z^2}\frac{\mathcal{A}''}{\mathcal{A}} = 0 \qquad (3.9)$$

$$\mathcal{S}'\mathcal{A}' + \frac{1}{2}\mathcal{S}''\mathcal{A} = 0 \qquad (3.10)$$

上式中，$' = \frac{d}{dz}$。對 $\mathcal{A}$ 而言，式 (3.10) 爲一階線性方程式，因
此，可得解如下：

$$\mathcal{A}(z) = \frac{A}{\sqrt{\mathcal{S}'}} \qquad (3.11)$$

上式中，A 爲常數。至此，在求解過程中並無特定的假設。

其次，考慮式 (3.9)。在此假設式中的第三項遠小於 1：

$$\left|\frac{1}{k_z^2}\frac{\mathcal{A}''}{\mathcal{A}}\right| \ll 1 \qquad (3.12)$$

則式 (3.9) 可輕易的求解而得：

$$\mathcal{S}(z) = \pm\int_{z_0}^{z} k_z(s)ds + \mathcal{S}_0 \qquad (3.13)$$

接著，將式 (3.11) 與式 (3.13) 代入式 (3.8) 即得 $\tilde{\phi}_\omega$ 的解爲：

$$\tilde{\phi}_\omega(k_r, z) = \frac{A}{\sqrt{k_z(z)}}e^{i\left(\pm\int_{z_0}^{z}k_z(s)ds+\mathcal{S}_0\right)} \qquad (3.14)$$

若是定波形式，則爲：

$$\tilde{\phi}_\omega(k_r, z) = \frac{A}{\sqrt{k_z(z)}}e^{i\mathcal{S}_0}\sin\left(\int_{z_0}^{z}k_z(s)ds\right) \qquad (3.15)$$

上列二式即是 WKB 近似解，而式 (3.12) 爲 WKB 近似法的基本
假設。當 k_z 爲常數時，則式 (3.14) 表示下、上傳平面波。

有關式 (3.12) 假設所隱含的意義，茲說明如下。在此，將式
(3.11) 代入式 (3.12) 可得：

$$\frac{1}{k_z^2}\left|\left(\log k_z^2\right)'' - \left[(\log k_z)'\right]^2\right| \ll 1 \qquad (3.16)$$

在聲速變化緩慢的環境中，式 (3.16) 中之第一項遠小第二項（為什麼？），因此，式 (3.16) 的條件相當於：

$$\frac{1}{k_z} \left| (\log k_z)' \right| \ll 1 \tag{3.17}$$

抑或

$$\left| \frac{1}{k_z} \frac{dk_z}{dz} \right| \ll k_z \tag{3.18}$$

上式乃與式 (2.150) 相同。式 (3.18) 表示：垂直波數之比變率 (fractional rate of change) 遠小於當地的垂直波數，此乃表示聲速隨著深度變化，必須十分和緩方可使用 WKB 近似法。另外，對於高頻、大掠擦角的傳播而言，$k_z \simeq k = \omega/c$，因此，式 (3.18) 可表示成：

$$\left| \frac{1}{\omega} \frac{dc}{dz} \right| = \left| \frac{1}{2\pi} \frac{\lambda}{c} \frac{dc}{dz} \right| \ll 1 \tag{3.19}$$

此乃表示高頻、小聲速變率環境，乃是適用 WKB 近似法的必要條件（但非充分條件）。

值得注意的，在轉折點之處，$k_z = 0$，因此，不論聲速變化如何和緩，都無法滿足式 (3.18) 的條件，因此，此時 WKB 近似法即無法適用；相關的討論可參見文獻 [90]。

3.2　聲線法

第 3.1 節所討論的 WKB 近似法，乃是以 "平面波" 的形式，表達高頻聲波在微弱水平層化介質中的聲場。從式 (3.14) 的形式來看，其相位乃是聲線傳播過程當中持續累積的結果，因此，基本上乃是聲線傳播的觀念。然而，聲線法 (ray method)，或稱射線聲學 (ray acoustics)，有其更廣的含意，同時也不須局限於水平層化的介質，而可描述三維聲速變化的介質中，聲波行進的路徑與能量傳輸的變化。

在此考慮聲速 $c(\mathbf{R})$ 變化的環境中,聲波傳播的問題。在密度為常數的情況下,聲波乃由赫姆霍茲方程式所控制:

$$\left[\nabla^2 + k^2(\mathbf{R})\right]\phi_\omega(\mathbf{R}) = 0 \tag{3.20}$$

為了方便,在此將取在聲源處之聲速 c_0 為參考聲速,而定義折射指數 (refraction index) $n(\mathbf{R})$ 為:

$$n(\mathbf{R}) = \frac{k(\mathbf{R})}{k_0} = \frac{c_0}{c(\mathbf{R})}, \quad k_0 = \frac{\omega}{c_0} \tag{3.21}$$

茲定義聲波方程式的解如下:

$$\phi_\omega(\mathbf{R}) = A(\mathbf{R})e^{ik_0 S(\mathbf{R})} \tag{3.22}$$

上式中,A 為振幅函數,$k_0 S$ 為相位,而 S 稱之為短時距 (eikonal) 函數;A、S 兩者皆為實數函數。

將式 (3.22) 代入式 (3.20) 中,並分離實部與虛部函數可得:

$$\nabla^2 A - k_0^2 \left(\nabla S \cdot \nabla S\right) A + k^2 A \quad = \quad 0 \tag{3.23}$$

$$2k_0 \nabla A \cdot \nabla S + k_0 A \nabla^2 S \ = 0 \tag{3.24}$$

在此,假設:

$$\frac{\nabla^2 A}{A} \ll k^2 \tag{3.25}$$

此一假設,基本上乃是式 (3.12) 的延伸,因此,聲線法乃適用高頻聲波之傳播。

藉由式 (3.25) 的假設,式 (3.23) 與式 (3.24) 可簡化成:

$$\nabla S \cdot \nabla S \quad = \quad n^2 \tag{3.26}$$

$$2\nabla A \cdot \nabla S + A\nabla^2 S \ = 0 \tag{3.27}$$

式 (3.26) 稱之為短時距方程式 (eikonal equation),而式 (3.27) 則稱為輸送方程式 (transport equation);兩式分別決定聲線的幾何與能量傳播性質。茲分別推導求解聲線與能量傳輸的方程式。

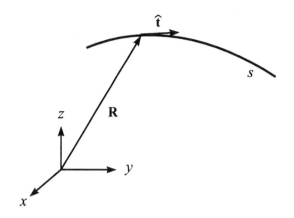

圖 3.2: 聲線的幾何性質

　　首先考慮聲線幾何問題，如圖 3.2 所示；$\mathbf{R}$ 為位置向量，s 為沿聲線之座標，因此，若令 $\hat{\mathbf{t}}$ 表示沿聲線方向之單位切線向量 (unit tangent vector)，則 $\hat{\mathbf{t}}$ 與 $\mathbf{R}$、s 的關係為：

$$\hat{\mathbf{t}} = \frac{d\mathbf{R}}{ds} \qquad (3.28)$$

$$= \frac{1}{c}\frac{d\mathbf{R}}{dt} \qquad (3.29)$$

上式中，參數 t 表示時間，c 為聲速。

　　另一方面，由於 $S(\mathbf{R}) = \text{const.}$ 表示等相位面，而聲線的方向乃是垂直於等相位面，因此，從向量幾何及式 (3.26) 可得：

$$\hat{\mathbf{t}} = \frac{\nabla S}{|\nabla S|}$$

$$= \frac{1}{n}\nabla S \qquad (3.30)$$

上式為 $\hat{\mathbf{t}}$、n、S 之關係。若欲求解聲線，則可設法消除未知函數 S 而建立 $\hat{\mathbf{t}}$ 與介質性質 n 的關係。

　　在此，考慮 $n\hat{\mathbf{t}}$ 沿著聲線座標 s 的變化：

$$\frac{d(n\hat{\mathbf{t}})}{ds} = \frac{d(\nabla S)}{ds} = (\hat{\mathbf{t}} \cdot \nabla)\nabla S$$

$$= \frac{1}{n}(\boldsymbol{\nabla} S \cdot \boldsymbol{\nabla})\boldsymbol{\nabla} S = \frac{1}{2n}\boldsymbol{\nabla}(\boldsymbol{\nabla} S \cdot \boldsymbol{\nabla} S)$$

$$= \frac{1}{2n}\boldsymbol{\nabla} n^2 = \boldsymbol{\nabla} n$$

因此，

$$\frac{d(n\hat{\mathbf{t}})}{ds} = \boldsymbol{\nabla} n \tag{3.31}$$

此一方程式，連結聲線向量與介質性質，乃是求解聲線的微分方程式。在最簡易的情況下，假如 $n = 1$（均勻介質），則式 (3.31) 簡化成：

$$\frac{d\hat{\mathbf{t}}}{ds} = 0 \tag{3.32}$$

亦即，沿著傳播路徑，切線向量不變，此乃為直線：

$$\mathbf{R} = s\hat{\mathbf{t}} + \mathbf{R}_0 \tag{3.33}$$

為了方便，在計算聲線時，並不使用式 (3.31)，而是使用以 $\mathbf{R}$ 及 $\mathbf{k}$ 表示的方程式。在此，$\mathbf{k}$ 為波數向量，其大小為 $k = \omega/c = k_0 n$，而方向為 $\hat{\mathbf{t}}$；因此，$\mathbf{k} = k_0 n\hat{\mathbf{t}}$。利用此一關係，式 (3.29) 與式 (3.31) 可分別表示成：

$$\frac{d\mathbf{R}}{dt} = \frac{c^2}{\omega}\mathbf{k} \tag{3.34}$$

$$\frac{d\mathbf{k}}{dt} = \frac{\omega}{n}\boldsymbol{\nabla} n \tag{3.35}$$

上列為參數化的一階聯立方程式，只要給定聲速分佈 $c(\mathbf{R})$、$n(\mathbf{R})$，則可藉由簡易的數值方法求解聲線的位置向量 $\mathbf{R} = (x, y, z)$。另外，值得注意的，式 (3.34) 與式 (3.35) 雖有頻率 ω，此乃只是以波數表示的結果，對於聲線 $\mathbf{R}$ 而言，其結果與頻率無關。圖 1.3 與圖 1.4 即是依據上列方程式，計算並繪製的二維聲線圖。

在獲得聲線路徑後，即可利用式 (3.30) 求解短時距函數，亦即等相位面函數。式 (3.30) 可重寫成：

$$\frac{dS}{ds} = \hat{\mathbf{t}} \cdot \boldsymbol{\nabla} S = n \tag{3.36}$$

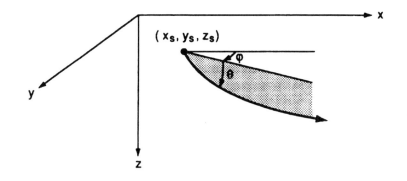

圖 3.3: 聲線座標

因此，

$$S = \int_0^s n[\mathbf{R}(u)]du \qquad (3.37)$$

接下來考慮能量傳輸的問題，亦即式 (3.27)。由於 S 已從前述相關式中求得，因此，吾人可以將 ∇S 與 $\nabla^2 S$ 代入式 (3.27) 中，而建立求解振幅函數 A 的方程式。

在此，對式 (3.30)【重寫成：$\nabla S = n\hat{\mathbf{t}}$】取散度可得：

$$\nabla^2 S = \hat{\mathbf{t}} \cdot \nabla n + n\nabla \cdot \hat{\mathbf{t}} \qquad (3.38)$$

有關聲線上單位切線向量的散度 $\nabla \cdot \hat{\mathbf{t}}$，文獻 [80] 有相關推導，其結果為：

$$\nabla \cdot \hat{\mathbf{t}} = \frac{\partial \log \mathcal{J}}{\partial s} \qquad (3.39)$$

上式中，$\mathcal{J}$ 為卡氏座標 (x, y, z) 與聲線座標 $(t, k_{x,0}, k_{y,0})$ 轉換之 Jacobian，其中，$k_{x,0}$、$k_{y,0}$ 為：

$$k_{x,0} = k_0 \sin\theta_0 \cos\varphi_0 \qquad (3.40)$$

$$k_{y,0} = k_0 \sin\theta_0 \sin\varphi_0 \qquad (3.41)$$

θ_0、φ_0 為聲線在聲源處之球面座標角，如圖 3.3 所示。

從座標轉換的關係可得 Jacobian $\mathcal{J}$ 為：

$$\mathcal{J} = \frac{\partial(x,y,z)}{\partial(t,k_{x,0},k_{y,0})}$$

$$= \frac{d\mathbf{R}}{dt} \cdot \left(\frac{\partial\mathbf{R}}{\partial k_{x,0}} \times \frac{\partial\mathbf{R}}{\partial k_{y,0}} \right) \tag{3.42}$$

$$= \frac{c^2}{\omega}\mathbf{k} \cdot \left(\frac{\partial\mathbf{R}}{\partial k_{x,0}} \times \frac{\partial\mathbf{R}}{\partial k_{y,0}} \right) \tag{3.43}$$

在計算 Jacobian 時，與 $\partial\mathbf{R}/\partial k_{j,0}$，$(j=x,y)$ 有關的運算，可從式 (3.34) 對 $k_{j,0}$ 微分而得[2]：

$$\frac{d}{dt}\frac{\partial\mathbf{R}}{\partial k_{j,0}} = \frac{1}{\omega}\frac{\partial}{\partial k_{j,0}}\left(c^2\mathbf{k}\right) = \frac{c_0^2}{\omega}\frac{\partial}{\partial k_{j,0}}\left(\frac{\mathbf{k}}{n^2}\right)$$

$$= \frac{c^2}{\omega}\left[\frac{\partial\mathbf{k}}{\partial k_{j,0}} - \frac{2\mathbf{k}}{n}\left(\nabla n \cdot \frac{\partial\mathbf{R}}{\partial k_{j,0}} \right) \right] \tag{3.44}$$

同理，從式 (3.35) 可得：

$$\frac{d}{dt}\frac{\partial\mathbf{k}}{\partial k_{j,0}} = \frac{\omega}{n}\left[\left(\frac{\partial\mathbf{R}}{\partial k_{j,0}} \cdot \nabla \right)\nabla n - \frac{\nabla n}{n}\left(\nabla n \cdot \frac{\partial\mathbf{R}}{\partial k_{j,0}} \right) \right] \tag{3.45}$$

再者，式 (3.27) 中的項 $\nabla A \cdot \nabla S$，可利用式 (3.36) 而得：

$$\nabla A \cdot \nabla S = \frac{dS}{ds}\hat{\mathbf{t}} \cdot \nabla A$$

$$= n\frac{\partial A}{\partial s} \tag{3.46}$$

將式 (3.38)、(3.39)、(3.46) 代入式 (3.27)，並利用 $\nabla n \cdot \hat{\mathbf{t}} = \partial n/\partial s$ 的關係，可得：

$$\frac{\partial}{\partial s}\left(A^2 n\mathcal{J} \right) = 0 \tag{3.47}$$

---

[2]在推導下式中，牽涉到下式運算：

$$\frac{\partial n}{\partial k_{j,0}} = \frac{\partial n}{\partial x}\frac{\partial x}{\partial k_{j,0}} + \frac{\partial n}{\partial y}\frac{\partial y}{\partial k_{j,0}} + \frac{\partial n}{\partial z}\frac{\partial z}{\partial k_{j,0}} = \nabla n \cdot \frac{\partial\mathbf{R}}{\partial k_{j,0}}$$

上式顯示，沿著聲線路徑，$A^2 n \mathcal{J}$ 不變。因此，

$$A = A_0 \frac{1}{\sqrt{n \mathcal{J}}} \qquad (3.48)$$

A_0 爲常數。由於極近聲源處，可以假設 $n \simeq 1$，因此，若以點聲源在均勻介質視之，則上式關係爲

$$\frac{1}{R} = A_0 \frac{1}{\sqrt{\mathcal{J}_0}} \qquad (3.49)$$

$\mathcal{J}_0$ 表示 $\mathcal{J}_{n=1}$【下標 $_0$ 表示在聲源處】。因此，

$$A(\mathbf{R}) = \frac{1}{|\mathbf{R}|} \sqrt{\frac{\mathcal{J}_0}{n(\mathbf{R}) \mathcal{J}(\mathbf{R})}} \qquad (3.50)$$

在均勻介質中，聲線爲直線，且指向爲 $\mathbf{k}_0 = (k_{x,0}, k_{y,0}, k_{z,0})$，因此：

$$\mathbf{R} = R \frac{\mathbf{k}_0}{k_0} \qquad (3.51)$$

$$\frac{d\mathbf{R}}{dt} = c_0 \frac{\mathbf{k}_0}{k_0} \qquad (3.52)$$

將上列相關式代入式 (3.42) 可得：

$$\mathcal{J}_0 = \frac{c_0 R^2}{k_0^2 \cos \theta_0} \qquad (3.53)$$

將上式代入式 (3.50) 可得：

$$A(\mathbf{R}) = \frac{1}{k_0} \sqrt{\frac{c}{\mathcal{J} \cos \theta_0}} \qquad (3.54)$$

當 $\mathcal{J} = 0$ 時，如聲線聚會處【稱之爲焦散線 (caustics)】，則上式顯然不適用；此時則需要另覓求解方式【參見 [46]】。

3.3　簡正模態法

第 2.6 節中提及，在水平層化的介質中，因邊界的存在，會導致簡正模態的傳播模式，而邊界的因素乃是淺海傳播環境的主要特

性，因此，簡正模態法 (method of normal mode) 乃是求解淺海
聲學的主要方法之一。本節僅就以邊界值問題 (boundary value
problem) 的觀點，陳述簡正模態法之基本原理。有關於淺海環境
中聲波傳播的原理，將在第 5 章中討論。

為方便引述簡正模態法之基本原理，茲考慮圖 1.2 所示的理
想波導，並假設上、下邊界皆為軟界面，則單頻點聲源聲波方程
式可表示成：

$$\left[\frac{1}{r}\frac{\partial}{\partial r}\left(\frac{1}{r}\frac{\partial}{\partial r}\right) + \frac{\partial^2}{\partial z^2} + k^2\right]\phi_\omega = -\frac{1}{2\pi r}\delta(r)\delta(z - z_s) \qquad (3.55)$$

上式乃受制於下列邊界條件：

$$z = 0: \quad \phi_\omega = 0 \qquad\qquad\qquad (3.56)$$

$$z = D: \quad \phi_\omega = 0 \qquad\qquad\qquad (3.57)$$

邊界值問題：特徵值與特徵函數

首先，暫且不考慮式 (3.55) 的非齊性項 (nonhomogeneous term)，
並藉由變數分離 (separation of variables) 的假設：

$$\phi_\omega = R(r)Z(z) \qquad\qquad\qquad (3.58)$$

將式 (3.55) 分解成：

$$r^2 R'' + rR' + (k_r r)^2 R = 0 \qquad\qquad (3.59)$$

$$Z'' + \left(k^2 - k_r^2\right)Z = 0 \qquad\qquad (3.60)$$

上式中，k_r 為常數，而微分符號代表對各別變數的常微分。

由於式 (3.56) 與式 (3.57) 為 z 方向的邊界條件，因此，在此
考慮 Z 的問題。令 $k_z^2 = k^2 - k_r^2$，並將式 (3.58) 代入邊界條件，
則可得下列之邊界值問題 (Boundary Value Problem, BVP)：

$$Z'' + k_z^2 Z = 0 \qquad\qquad\qquad (3.61)$$

$$Z(0) \ = \ 0 \tag{3.62}$$

$$Z(D) \ = \ 0 \tag{3.63}$$

上列為式 (3.55) – 式 (3.57) 之相關邊界值問題。顯然的，$Z(z) \equiv 0$
乃是上述系統的解[3]，但是更重要的是，當 k_z 為某些特定的常數
時，則 Z 存在有非零的解。

　　經由簡易的分析可得知，當 k_z 為下列常數時：

$$k_{zn} = \frac{n\pi}{D}, \ \ n = 1, 2, \cdots \tag{3.64}$$

則相對於每一 n 值，Z 的解為：

$$Z_n(z) = A \sin(k_{zn} z) = A \sin\left(\frac{n\pi}{D} z\right), \ \ n = 1, 2, \cdots \tag{3.65}$$

k_{zn} 稱之為特徵值 (eigenvalue)，而相對的函數 Z_n 稱之為特徵函
數 (eigenfunction)；圖 2.7 展示前三個模態的形式。

　　特徵值與特徵函數乃是邊界值問題的特性，這些特性基本上
構成與初始值問題 (Initial Value Problem, IVP) 的分野。在數學
層面上，特徵函數具有許多重要的特性，而在本文的架構下，下
列兩項性質乃構成簡正模態法的主軸：

1. 所有特徵函數所形成的集合乃是一完全集合 (complete
   set)；其主要意涵乃是：任何片段式平滑函數 (piecewise
   smooth function) $\varphi(z)$，都可藉由該集合完整的表示：

$$\varphi(z) = \sum_{n=1}^{\infty} A_n \sin\left(\frac{n\pi}{D} z\right) \tag{3.66}$$

   上式函數的表示方法事實上乃是傅立葉正弦級數 (Fourier
   sine series)。

---

[3]此解稱之為空解 (trivial solution)，吾人一般不感興趣。

2. 特徵函數彼此之間為正交 (orthogonal)，亦即：

$$\int_0^D \sin\left(\frac{n\pi}{D}z\right) \sin\left(\frac{m\pi}{D}z\right) dz = 0, \; m \neq n \qquad (3.67)$$

上式性質可經由直接積分而得印證。

有關上述性質的應用，將在後段說明。在此，吾人討論一較為廣義的邊界值問題。

斯圖謨-劉維爾邊界值問題

式 (3.61) – 式 (3.63) 實際上僅是整族稱之為斯圖謨-劉維爾 (Sturm-Liouville) 邊界值問題的簡易例子，而斯圖謨-劉維爾邊界值問題所建構的模式，乃是工程（包括波傳問題）上十分重要的邊界值問題，因此，在此作一說明。

　　正規 (regular) 的斯圖謨-劉維爾邊界值問題如下：

$$\frac{d}{dx}\left[p(x)\frac{d\chi}{dx}\right] + q(x)\chi + \xi\sigma(x)\chi = 0 \qquad (3.68)$$

$$\alpha_1\chi(a) + \alpha_2\frac{d\chi(a)}{dx} = 0 \qquad (3.69)$$

$$\beta_1\chi(b) + \beta_2\frac{d\chi(b)}{dx} = 0 \qquad (3.70)$$

上式中，$p(x) > 0$、$q(x)$ 為實數函數，$\sigma(x) > 0$。α_1、α_2、β_1、β_2 為實數，$\sigma(x)$ 稱之為權函數 (weighting function)。斯圖謨-劉維爾邊界值問題之特徵值與特徵函數的重要性質包括：

1. 該邊界值問題有無窮多個離散式的特徵值，$\xi_n \, (n = 1, 2, \cdots)$；所有的特徵值皆為實數。特徵值有最小值，但沒最大值：

$$\xi_1 < \xi_2 < \cdots < \xi_n < \cdots$$

當 $n \to \infty$ 時，$\xi_n \to \infty$。

2. 相對於每一特徵值 ξ_n，存在有一特徵函數 $\chi_n(x)$。特徵函數 $\chi_n(x)$ 有 $(n-1)$ 個根 (root)，所有的根皆介於 a 與 b 之間。

3. 所有特徵函數的集合乃組成一完全集合。此乃表示任何片段式平滑函數 $f(x)$ 皆可用特徵函數所組成的集合展開：

$$f(x) = \sum_{n=1}^{\infty} c_n \chi_n(x) \tag{3.71}$$

此式乃稱之為廣義傅立葉級數 (generalized Fourier series)；上式無窮級數收斂至原函數之左右極限的平均值，亦即，

$$\sum_{n=1}^{\infty} a_n \chi_n(x) \longmapsto \frac{f(x^+) + f(x^-)}{2} \tag{3.72}$$

4. 相對於不同特徵值之特徵函數，彼此之間，以 $\sigma(x)$ 為權函數而形成正交關係 (orthogonal relation)，亦即，

$$\int_a^b \chi_n(x)\chi_m(x)\sigma(x)dx = \begin{cases} 0, & m \neq n \\ \int_a^b \chi_n^2(x)\sigma(x)dx, & m = n \end{cases} \tag{3.73}$$

利用此一正交關係，可以求得式 (3.71) 中之係數 c_n 為：

$$c_n = \frac{\int_a^b f(x)\chi_n(x)\sigma(x)dx}{\int_a^b \chi_n^2(x)\sigma(x)dx} \tag{3.74}$$

5. 特徵值與相對之特徵函數關係為：

$$\xi_n = \frac{-p\chi_n \frac{d\chi_n}{dx}\Big|_a^b + \int_a^b \left[p\left(\frac{d\chi_n}{dx}\right)^2 - q\chi_n^2\right]dx}{\int_a^b \chi_n^2 \sigma dx} \tag{3.75}$$

此式稱之為瑞利商 (Rayleigh quotient)。

簡正模態法

茲再回到求解波導傳播的問題，式 (3.55) – 式 (3.57)。由於聲場在 z 的方向有邊界的限制，因此在該方向將導致定波的簡正模態，亦即是特徵函數。所謂簡正模態法，乃是利用特徵函數的特性，將聲波方程式的解以相關特徵函數數列 (related eignefunction series) 表示的一種方法。

以本節所考慮的理想波導爲例，ϕ_ω 可表示成：

$$\phi_\omega(r,z) = \sum_{n=1}^{\infty} R_n(r) Z_n(z) = \sum_{n=1}^{\infty} R_n(r) \sin\left(\frac{n\pi}{D}z\right) \quad (3.76)$$

在此再次強調，聲場得以使用特徵函數展開的基本原理，乃是因爲特徵函數之集合具有完全性 (completeness)。將式 (3.76) 微分後代入式 (3.55) 可得：

$$\sum_{n=1}^{\infty} \left[\frac{1}{r}\frac{d}{dr}\left(r\frac{dR_n}{dr}\right) + k_{rn}^2 R_n\right]\sin\left(\frac{n\pi}{D}z\right) = -\frac{\delta(r)}{2\pi r}\delta(z-z_s) \quad (3.77)$$

上式中，$k_{rn}^2 = k^2 - k_{zn}^2$。

接著，利用 $\sin\left(\frac{n\pi}{D}z\right)$ 正交的性質【見式 (3.67)】，吾人將式 (3.77) 兩邊各乘以 $\sin\left(\frac{m\pi}{D}z\right)$，然後積分 $\int_0^D$，即可得：

$$\frac{1}{r}\frac{d}{dr}\left(r\frac{dR_n}{dr}\right) + k_{rn}^2 R_n = -\frac{1}{\pi r D}\delta(r)\sin\left(\frac{n\pi}{D}z_s\right) \quad (3.78)$$

上式爲非齊性貝色微分方程式，其解可用漢克函數 (Hankel's function) 表示（爲什麼？）：

$$R_n(r) = -\frac{i\sin\left(\frac{n\pi}{D}z_s\right)}{2D}H_0^{(1)}(k_{rn}r) \quad (3.79)$$

將上式代入式 (3.76)，可得 ϕ_ω 的解爲：

$$\phi_\omega(r,z) = -\frac{i}{2D}\sum_{n=1}^{\infty}\sin\left(\frac{n\pi}{D}z_s\right)\sin\left(\frac{n\pi}{D}z\right)H_0^{(1)}(k_{rn}r) \quad (3.80)$$

水平層化環境中之簡正模態解

爲能展示斯圖謨-劉維爾邊界值問題的型態，茲考慮密度與聲速皆
隨深度變化的水平層化環境，亦即，$\rho = \rho(z)$、$c = c(z)$；則赫姆
霍茲方程式可表示成（以聲壓 p 表示）：

$$\frac{1}{r}\frac{\partial}{\partial r}\left(r\frac{\partial p}{\partial r}\right) + \rho(z)\frac{\partial}{\partial z}\left(\frac{1}{\rho(z)}\frac{\partial p}{\partial z}\right)$$
$$+\frac{\omega^2}{c^2(z)}p = -\frac{1}{2\pi r}\delta(r)\delta(z-z_s) \qquad (3.81)$$

若暫且去除右邊的非齊性項，並以變數分離法：$p(r,z) = \Phi(r)\Psi(z)$
分離變數，則可得深度相關聲波方程式爲：

$$\rho(z)\frac{d}{dz}\left(\frac{1}{\rho(z)}\frac{d\Psi}{dz}\right) + \frac{\omega^2}{c^2(z)}\Psi - k_r^2\Psi = 0 \qquad (3.82)$$

上式方程式受制的邊界條件，必須視邊界性質而定，惟其一般形
式可表示成：

$$a_1\Psi(0) + b_1\Psi'(0) \quad = \quad 0 \qquad (3.83)$$
$$a_2\Psi(D) + b_2\Psi'(D) \quad = \quad 0 \qquad (3.84)$$

例如，若上下界面皆爲聲壓釋放界面，可令 $a_1 = a_2 = 1$、$b_1 = b_2 = 0$ 而得邊界條件。比較式 (3.82) – (3.84) 與式 (3.68) – (3.70)
可知，上述邊界值系統爲斯圖謨-劉維爾邊界值問題。

在此，若以常態化的特徵函數 (normalized eigenfunction) 表
示，則聲壓可表示成：

$$p(r,z) = \sum_{m=1}^{\infty} \Phi_m(r)\Psi_m(z) \qquad (3.85)$$

將上式代入式 (3.81)，並利用正交關係：

$$\int_0^D \frac{\Psi_m(z)\Psi_n(z)}{\rho(z)}dz = \delta_{mn} \qquad (3.86)$$

則可獲得下列方程式：

$$\frac{1}{r}\frac{d}{dr}\left(r\frac{d\Phi_n}{dr}\right) + k_{rn}^2\Phi_n = -\frac{1}{2\pi r}\frac{\Psi_n(z_s)}{\rho(z_s)}\delta(r) \tag{3.87}$$

在符合輻射條件的情況下（時間因子爲 $e^{-i\omega t}$），上式方程式的解可表示成：

$$\Phi_n(r) = \frac{i}{4\rho(z_s)}\Psi_n(z_s)H_0^{(1)}(k_{rn}r) \tag{3.88}$$

因此，聲壓解爲：

$$p(r,z) = \frac{i}{4\rho(z_s)}\sum_{m=1}^{\infty}\Psi_m(z_s)\Psi_m(z)H_0^{(1)}(k_{rn}r) \tag{3.89}$$

$$\simeq \frac{ie^{-i\pi/4}}{\rho(z_s)\sqrt{8\pi r}}\sum_{m=1}^{\infty}\Psi_m(z_s)\Psi_m(z)\frac{e^{ik_{rm}r}}{\sqrt{k_{rm}}} \tag{3.90}$$

上列式子可視爲波導傳播中，簡正模態解的基本形式。

3.4　波數積分法

處理水平層化介質中聲波傳播的另一個主要方法爲波數積分法 (method of wavenumber integration)，又稱波譜法 (spectral method)。此一方法，除了得以求解聲波傳播外，亦方便處理震波 (seismic wave)，因此廣被使用。

　　波數積分法之主要理論根據乃是正交函數的積分表示法，特別是傅立葉/漢克積分表示法 (Fourier/Hankel integral representations)。爲具體討論波數積分法的原理，並能與簡正模態法比較，在此，亦考慮第 3.3 節中所討論之完美波導中聲波傳播的問題，亦即，式 (3.55) – (3.57)。

　　依漢克轉換 (Hankel transform) 定理，任何絕對可積分函數

(absolutely integrable function) $f(r)$，皆可作漢克轉換 [4]：

$$\mathcal{H}_\nu\{f(r)\} = \int_0^\infty f(r)J_\nu(kr)rdr = \mathcal{F}(k) \qquad (3.91)$$

$$\mathcal{H}_\nu^{-1}\{\mathcal{F}(k)\} = \int_0^\infty \mathcal{F}(k)J_\nu(kr)kdk = f(r) \qquad (3.92)$$

上式中，$\nu > -1/2$。式 (3.91) 稱之為 ν 階次漢克轉換 (Hankel transform of νth order)，而式 (3.92) 為反轉換；兩者互為轉換對。當 $\nu = 0$ 時，適合處理具有軸對稱性質的函數。

從圖 1.2 可知，整個聲場為以 $r = 0$ 為軸的軸對稱問題，因此，位移勢可表示成：

$$\phi_\omega(r,z) = \int_0^\infty \tilde{\phi}_\omega(k_r,z)J_0(k_rr)k_rdk_r \qquad (3.93)$$

$$= \frac{1}{2}\int_{-\infty}^\infty \tilde{\phi}_\omega(k_r,z)H_0^{(1)}(k_rr)k_rdk_r \qquad (3.94)$$

將式 (3.93) 代入式 (3.55) – (3.57)，並利用下式關係：

$$\frac{1}{r}\delta(r) = \int_0^\infty J_0(k_rr)k_rdk_r \qquad (3.95)$$

則可得（為什麼？）：

$$\left(\frac{d^2}{dz^2} + k_z^2\right)\tilde{\phi}_\omega(k_r,z) = -\frac{\delta(z-z_s)}{2\pi} \qquad (3.96)$$

$$\tilde{\phi}_\omega(k_r,0) = 0 \qquad (3.97)$$

$$\tilde{\phi}_\omega(k_r,D) = 0 \qquad (3.98)$$

只要求得上列非齊性邊界值問題的解之後，再將結果代回式 (3.93)，並作波數積分，即可求得位移勢；此乃波數積分法的基本原理。

---

[4]符合下列條件的函數 $f(r)$，稱之為絕對可積分函數：

$$\int_{-\infty}^\infty |f(r)|\,dr < \infty$$

式 (3.96) 為非齊性二階常微分方程式，且由於 k_z 為常數，因此，其通解 (general solution) 可表示成：

$$\tilde{\phi}_\omega(k_r, z) = A(k_r)e^{ik_z z} + B(k_r)e^{-ik_z z} + \tilde{g}(k_r, z; z_s) \qquad (3.99)$$

右邊的前二項為齊性解 (homogeneous solution)，而 $\tilde{g}(k_r, z; z_s)$ 特殊解 (special solution)。至於特殊解，只要符合方程式本身，並不受到邊界條件所限制。在此，將以自由聲場解作為特殊解。

有關求解深度相關之自由聲場的方法與過程，以及自由聲場波數譜的意義，將待第 4.1 節探討。在此僅先引用式 (4.8) 的自由聲場解，以作為本節求解通解的需求。因此，式 (3.99) 的特殊解可表示成：

$$\tilde{g}(k_r, z; z_s) = \frac{i}{4\pi}\frac{e^{ik_z|z-z_s|}}{k_z} \qquad (3.100)$$

接著，將邊界條件代入，即可得下列線性系統：

$$A(k_r) + B(k_r) = -\frac{i}{4\pi}\frac{e^{ik_z z_s}}{k_z} \qquad (3.101)$$

$$e^{ik_z D}A(k_r) + e^{-ik_z D}B(k_r) = -\frac{i}{4\pi}\frac{e^{ik_z(D-z_s)}}{k_z} \qquad (3.102)$$

上述線性系統求得 $A(k_r)$ 與 $B(k_r)$ 解之後代入式 (3.99)，再經適當的整理可得：

$$\tilde{\phi}_\omega(k_r, z) = \begin{cases} -\frac{1}{4\pi}\frac{\sin(k_z z)\sin[k_z(D-z_s)]}{k_z \sin(k_z D)}, & z < z_s \\ -\frac{1}{4\pi}\frac{\sin(k_z z_s)\sin[k_z(D-z)]}{k_z \sin(k_z D)}, & z > z_s \end{cases} \qquad (3.103)$$

將上式代回式 (3.93)，並進行波數積分，即可完成求解的程序。

從以上求解的過程可知，波數積分法原理十分簡單，但是，值得注意的是，此一方法牽涉到兩個關鍵性步驟：其一乃是在層化介質中，必須處理求解大型線性系統的問題，而另一個問題是波數積分為含有奇異點 (singularity) 的瑕積分 (improper integral)。有關這些問題在數值上的處理方法，Schmidt 等乃以有限元素法 (finite element) 的觀念，並結合快速傅立葉轉換 (Fast

Fourier transform)，建構有效的求解程序，稱之爲快速聲場程序法 (Fast-Field Program, FFP)；另一方面，並藉由積分路徑的位移而適當的處理瑕積分的問題。由 Schmidt 所發展的程式 OASES (Ocean Acoustics Seismic Exploration Synthesis) [73]，可以求解層化介質中，反射、散射、噪音等問題，並於最近修訂後，可以求解距離變化的問題，目前在海洋聲學界已廣被使用。

聲場分解與波數譜

積分式 (3.93) 或式 (3.94)，似乎僅是數學上一種函數的表示方法，但是，在物理上，該式具有相當重要的意義。在此考慮式 (3.94)。由於 $H_0^{(1)}(k_r r) \sim \frac{1}{\sqrt{k_r r}} e^{ik_r r}$，而每一個 $k_r = k \cos \vartheta_r$ 值代表掠擦角爲 ϑ_r 方向的分量波，$\tilde{\phi}_\omega(k_r, z)$ 即是該分量波的振幅，因此，$\tilde{\phi}_\omega(k_r, z) H_0^{(1)}(k_r r) k_r$ 乃是代表傳向 k_r 方向的錐狀波 (conical wave)。所以整個積分式表示：聲場中每一點的聲壓，乃是由各個分量的錐形波所組合而成，此乃稱之爲錐狀波分解 (conical wave decomposition)。

圖 3.4 爲以式 (3.103) 之絕對值爲縱座標，波數 k_r 爲橫座標所繪製的圖形。該圖之相關參數爲：$D = 100$ m，$f = 25$ Hz，$z_s = 25$ m，$z = 45$ m。此圖乃表達各個方向分量波的振幅，因此，稱之爲波數譜 (wavenumber spectrum)。該圖顯示三處呈尖峰狀，分別在 $k_r \simeq 0.046$ m^{-1}、0.084 m^{-1}、0.1 m^{-1}，相當於掠擦角約爲 $64.2°$、$36.7°$、$17.3°$，此乃表示在接收點 $z = 45$ m 處，該三成份波最爲重要；事實上，此三成份波乃爲波導中之簡正模態波。

從式 (3.103) 中可以看出，當 $k_{zm} D = m\pi, m = 1, 2, 3, \cdots$，該式分母爲零，因此，這些點乃爲該函數的奇點或奇異點。若以 k_{rm} 表示，則奇異點爲：

$$k_{rm} = (k^2 - k_{zm}^2)^{1/2} = \left[\left(\frac{\omega}{c} \right)^2 - \left(\frac{m\pi}{D} \right)^2 \right]^{1/2}, \ m = 1, 2, 3, \cdots$$

$$(3.104)$$

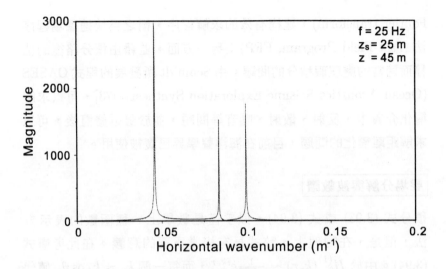

圖 3.4: 上、下界面皆為柔軟界面之理想波導波數譜：$D = 100\,\text{m}$，$f = 25\,\text{Hz}$，$z_s = 25\,\text{m}$，$z = 45\,\text{m}$

這些奇異點在波數積分上扮演重要的角色，不僅如此，假如吾人使用簡正模態法求解本問題，則這些奇異點即是相對應的特徵值。因此，顯然波數積分法與簡正模態法有密切的關係。

波數積分解與簡正模態解之關係

為了探討上述問題，首先吾人再次考慮式 (3.94)。從複數變數 (complex variable) 中的哥西定理 (Cauchy theorem) 可知：假如被積分式是可析函數 (analytic function)，則該函數在複面上對任何封閉路徑的積分 (closed contour) 皆為零。利用哥西定理 (Cauchy theorem) 以及留數定理 (residue theorem)，積分式 (3.94) 可經由路徑轉換及定理的應用，而被該函數在奇異點處的留數總和取代；有關這些複變原理，可參閱相關書籍，如 [14]。

圖 3.5 表示式 (3.94) 在複數 k_r 平面上 (complex k_r-plane) 的積分路徑以及 $\tilde{\phi}_\omega(k_r, z)$ 的離散奇異點 (discrete singularity)，然而此圖並未包含可能因分支切割線 (branch cut) 所造成的不連續線，

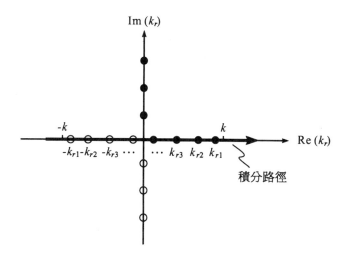

圖 3.5: 奇異點與積分路徑

有關這點，將待下段說明。

為了使用留數定理，吾人首先考慮式 (3.94) 中被積分式的性質。在此假設 $z > z_s$，則 $\phi_\omega(r, z)$ 為：

$$
\phi_\omega(r, z) = \int_{-\infty}^{\infty} \underbrace{\left\{ -\frac{1}{8\pi} \frac{\sin(k_z z_s) \sin[k_z(D-z)]}{k_z \sin(k_z D)} H_0^{(1)}(k_r r) k_r \right\}}_{f(k_r, z)} dk_r
$$

$$
= \int_{-\infty}^{\infty} f(k_r, z) dk_r \tag{3.105}
$$

由於 $k_z = (k^2 - k_r^2)^{1/2}$ 為二分支函數 (two-branch function)，因此必須在複面上定義出分支切割線方可執行運算。從複數分析可知，分支切割線上所有的點為奇異點，因此，式 (3.105) 之被積分式所含的奇異點，似乎除了圖 3.5 上所標示的點以外，還包括所選取的分支切割線。然而，吾人可以證明，雖然 k_z 在分支切割線上為不可析，但是，整個被積式在切割線上卻是可析 (analytic)【參閱 [14]】。因此，式 (3.105) 的被積分式之奇異點仍如圖 3.5 所示。

接下來，吾人考慮波數積分。式 (3.105) 的波數積分路徑為實

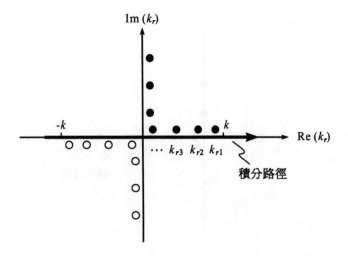

圖 3.6: 奇異點因考慮介質吸收性質而偏離實數軸

數軸，然而在實數軸上 $|k_r| < |k|$ 的範圍內，卻有（有限個）符
合式 (3.104) 的奇異點，因此，假如直接積分（例如，以數值法
積分），將可能會因對奇異點取樣而造成發散。為了克服這個問
題，吾人可以在技術上做些公式或路徑的調整。

　　首先，假如吾人考慮海水的吸收性質而適當在聲速中加入
虛部，則這些奇異點將偏離實數軸而進入複數平面，如圖 3.6 所
示；此時，對實數軸取樣積分即不至於造成問題。 另一方面，
吾人亦可直接引進小量虛部至積分變數 $k_r^* = k_r \pm i\epsilon$，如圖 3.7 所
示。為符合物理現象，在負實數軸上，路徑將經過奇異點上方，
而在正實數軸上，路徑將經過奇異點下方（為什麼？）。 只要 ϵ
足夠小，則所造成的誤差將可忽略 [73]。在底下路徑積分的考量
中，將以後者處理。

　　吾人將圖 3.7 所示之積分路徑，改以一封閉路徑 $C_{[-\infty,\infty]} +$
C_∞，並利用留數定理完成積分：

$$\phi_\omega(r,z) = \int_{C_{[-\infty,\infty]}} f(k_r,z)dk_r$$

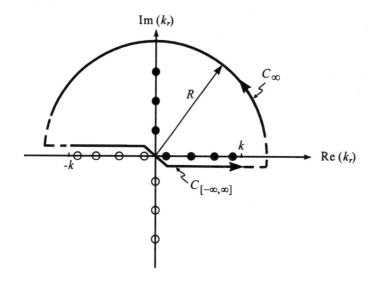

圖 3.7: 積分路徑

$$= \oint_{C_{[\infty,-\infty]}+C_\infty} f(k_r, z)dk_r$$

$$- \int_{C_\infty} f(k_r, z)dk_r \qquad (3.106)$$

$$= 2\pi i \sum_{m=1}^{\infty} \mathrm{Res}\{f(k_{rm}, z)\}$$

$$- \int_{C_\infty} f(k_r, z)dk_r \qquad (3.107)$$

上式中，k_{rm}, $(m = 1, 2, 3, \cdots)$ 為複數函數 $f(k_r, z)$ 在封閉半圓內部的極點 (pole)，而 $\mathrm{Res}\{f(k_{rm})\}$ 表示函數 $f(k_r, z)$ 在極點 k_{rm} 之留數 (residue)。另外，式 (3.106) 中右邊第二項積分，可以經由分析證明為零【為什麼？】，亦即，

$$\lim_{R\to\infty} \int_{C_R} f(k_r, z)dk_r = 0 \qquad (3.108)$$

事實上，此乃決定積分路徑必須是上半圓的原因。

有關於求解留數的技巧有多種，且依各種情況而定，在一般複數變數的書籍中都有詳細的討論【參閱 [14]】，因此在此不作

詳述,而僅針對目前情況作一簡單說明。假如吾人將上式 $f(k_r, z)$ 視之為一分式:

$$f(k_r, z) = \frac{\tilde{p}(k_r)}{\tilde{q}(k_r)} \tag{3.109}$$

$$\tilde{p}(k_r) = -\frac{1}{8\pi} \sin(k_z z_s) \sin[k_z(D-z)]$$
$$\times H_0^{(1)}(k_r r) k_r \tag{3.110}$$

$$\tilde{q}(k_r) = k_z \sin(k_z D) \tag{3.111}$$

則由於 $\tilde{q}(k_{rm}) = 0$,但 $\tilde{q}'(k_{rm}) \neq 0$,且 $\tilde{p}_\omega(k_{rm}) \neq 0$,因此,$k_{rm}$ 為 $f(k_r, z)$ 的簡單極點 (simple pole)。在這種情況下,$f(k_r, z)$ 在 k_{rm} 的留數可依下式計算:

$$\text{Res}\{f(k_r, z)\} = \left.\frac{\tilde{p}(k_r)}{\frac{d\tilde{q}(k_r)}{dk_r}}\right|_{k_r=k_{rm}} \tag{3.112}$$

利用上式,經些許代數推導與運算,再將所得代入式 (3.107) 即可得到【為什麼?】:

$$\phi_\omega(r, z) = -\frac{i}{2D} \sum_{m=1}^{\infty} \sin(k_{zm} z_s) \sin(k_{zm} z) H_0^{(1)}(k_{rm} r) \tag{3.113}$$

此式即是以簡正模態展開法所應得到的結果【比較上式與式 (3.80)】。因此,波數積分法與簡正模態法皆可獲得相同的結果。

藉由直接的波數積分或是式 (3.113),吾人均可求得傳輸損失。圖 3.8 為上下邊界皆為聲壓釋放之理想波導傳輸損失之一例;該圖乃藉由 OASES 繪製而成。有關傳輸損失圖的特性,將於第 5.1.3 節中討論。

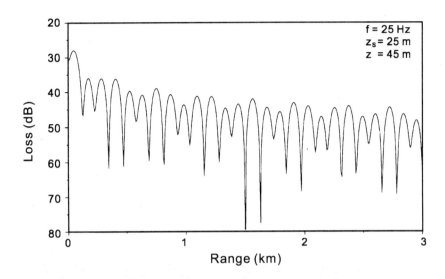

圖 3.8: 上、下邊界皆爲柔軟界面之理想波導傳輸損失：$D = 100\,\mathrm{m}$，$f = 25\,\mathrm{Hz}$，$z_s = 25\,\mathrm{m}$，$z = 45\,\mathrm{m}$

第二部份：聲波在海洋中之傳播

第四章

點聲源之反射

聲波在海洋中傳播所遭遇到最基本的問題之一，即是與海面或海床的相互作用。從第 2 章的相關節次【如第 2.4 節與第 2.5 節】可知，當聲波與界面相互作用時，會產生反射波與折射波，惟這些節次僅以平面波之反射與透射為主題。

　　本章之目的在於探討點聲源 (point source) 與平滑界面相互作用的問題。雖然點聲源的反射只是平面波反射的延伸，但是，由於點聲源的波譜內涵含蓋所有波數域[1]，因此，點聲源反射聲場有別於平面波僅有的鏡面反射，而有更多的干擾現象。瞭解點聲源的反射機制對於往後瞭解波導傳播的問題，甚有幫助。

4.1 點聲源聲場：自由聲場解

本節將考慮兩種介質中，點聲源之自由聲場解 (free-field solution)，分別為均勻介質與偽線性 (pseudo-linear) 聲速分佈介質。

---

[1] 在波數域中，平面波僅是波數域的一個分量。

4.1.1　均勻介質

考慮在均勻介質中，位於 $(r,z) = (0, z_s)$ 之單位強度的點聲源所輻射的聲場。在此，若以 $g_\omega(r,z)$ 表示單位強度點聲源的聲場，則 $g_\omega(r,z)$ 符合下列聲波方程式：

$$\left[\frac{1}{r}\frac{\partial}{\partial r}\left(\frac{1}{r}\frac{\partial}{\partial r} \right) + \frac{\partial^2}{\partial z^2} + k^2 \right] g_\omega(r,z) = \frac{1}{2\pi r}\delta(r)\delta(z - z_s) \quad (4.1)$$

從式 (3.93) 可知，$g_\omega(r,z)$ 可表示成：

$$g_\omega(r,z) = \int_0^\infty \tilde{g}_\omega(k_r, z; z_s)J_0(k_r r)k_r dk_r \quad (4.2)$$

將上式代入式 (4.1)可得：

$$\left(\frac{d^2}{dz^2} + k_z^2 \right)\tilde{g}_\omega(k_r, z; z_s) = \frac{\delta(z - z_s)}{2\pi} \quad (4.3)$$

式中，$k_z^2 = k^2 - k_r^2$。從式 (4.3) 可知，當 $z \neq z_s$ 時，$\tilde{g}_\omega(k_r, z; z_s)$ 的解為指數形式，而且從聲波傳播的角度來看，在 $z > z_s$ 之區域，聲波為下傳波（正 z 方向），而在 $z < z_s$ 之區域，聲波為上傳波，因此，$g_\omega(r,z)$ 的解可寫成（注意：時間相位因子為 $e^{-i\omega t}$）：

$$\begin{aligned} \tilde{g}_\omega(k_r, z; z_s) &= C(k_r)\begin{cases} e^{ik_z(z - z_s)}, & z > z_s \\ e^{-ik_z(z - z_s)}, & z < z_s \end{cases} \\ &= C(k_r)e^{ik_z|z - z_s|} \end{aligned} \quad (4.4)$$

上式中，$C(k_r)$ 為任意常數。

　　由於 δ 函數只有在積分下，方可運算，因此，為求得 $C(k_r)$，在此先對式 (4.3) 作聲源附近的積分：

$$\int_{z_s-\epsilon}^{z_s+\epsilon}\left(\frac{d^2}{dz^2} + k_z^2 \right)\tilde{g}_\omega(k_r, z; z_s)dz = \int_{z_s-\epsilon}^{z_s+\epsilon}\frac{\delta(z - z_s)}{2\pi}dz \quad (4.5)$$

將上式逐項積分後可得：

$$\frac{d\tilde{g}_\omega(k_r, z; z_s)}{dz}\bigg|_{z_s-\epsilon}^{z_s+\epsilon} + \mathcal{O}(\epsilon) = \frac{1}{2\pi} \tag{4.6}$$

最後，將式 (4.4) 代入上式，並令 $\epsilon \to 0$ 可得：

$$C(k_r) = \frac{1}{4\pi i k_z} \tag{4.7}$$

將式 (4.7) 代入式 (4.4)，可得 $\tilde{g}_\omega(k_r, z; z_s)$ 的解為：

$$\tilde{g}_\omega(k_r, z; z_s) = \frac{e^{ik_z|z-z_s|}}{4\pi i k_z} = \frac{e^{i\left(\sqrt{k^2-k_r^2}|z-z_s|\right)}}{4\pi i \sqrt{k^2-k_r^2}} \tag{4.8}$$

此式乃為點聲源聲場之深度相關函數，又稱深度相關格林函數
(depth-dependent Green's function)。將式 (4.8) 代入式 (4.2) 可得
點聲源聲場為：

$$g_\omega(r, z) = -\frac{i}{4\pi} \int_0^\infty \frac{e^{ik_z|z-z_s|}}{k_z} J_0(k_r r) k_r dk_r \tag{4.9}$$

上式又稱之為 Sommerfeld-Weil 積分式。此積分式乃將點聲源聲
場，分解成錐狀波 (conical wave)：其在水平方向與垂直方向，分
別以柱面波與平面波的形式擴散。

在此，就深度相關格林函數作一分析。圖 4.1 為 $|\tilde{g}_\omega(k_r, z; z_s)|$
對 k_r 的關係圖。從圖上可以看出，當 $k_r = k = \omega/c \simeq 0.628$，
$|\tilde{g}_\omega(k_r, z; z_s)|$ 有一平方根奇異點 (singularity)，且在 $k_r < k$ 與
$k_r > k$ 的區域，$|\tilde{g}_\omega(k_r, z; z_s)|$ 有明顯不同的性質：

$$|\tilde{g}_\omega(k_r, z; z_s)| = \begin{cases} \dfrac{1}{4\pi\sqrt{k^2-k_r^2}}, & k_r < k \\[3mm] \dfrac{e^{-\sqrt{k_r^2-k^2}|z-z_s|}}{4\pi\sqrt{k_r^2-k^2}}, & k_r > k \end{cases} \tag{4.10}$$

當 $k_r < k$ 時，$\tilde{g}_\omega(k_r, z; z_s)$ 的指數項為虛數，因此為行波的形式；
此區域的波數譜乃稱之為輻射譜 (radiating spectrum)。在輻射譜
內，$|\tilde{g}_\omega(k_r, z; z_s)|$ 隨著 k_r 的增加而增大，且與聲源深度無關。另

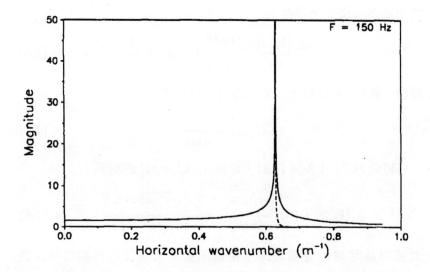

圖 4.1: 點聲源聲場之波數譜：實線為 $z - z_s = \lambda/10$，而虛線為 $z - z_s = 2\lambda$。

一方面，當 $k_r > k$ 時，$\tilde{g}_\omega(k_r, z; z_s)$ 的指數即成為負實數，此時，波數譜隨著 k_r 的增加而迅速遞減，且遞減的速率與 $|z - z_s|$（亦即聲源與接收點的距離）的大小成正比，如圖 4.1 中實線與虛線所示；此一區域的波數譜稱之為消逝譜 (evanescent spectrum)。

在此必須強調，圖 4.1 所示的深度相關格林函數，乃導源於式 (4.2) 形式的波數分解，而波數分解所取用的形式，基本上僅配合座標系統的性質，因此，深度相關格林函數所呈現的各種波動形態（亦即行波或消逝波），並不一定代表有意義的物理機制。顯然的，點聲源在無窮介質中的輻射形態為球面擴散的外傳波，因此，圖 4.1 中所示的消逝譜，並非表示在實際情況上有部份的成份波聚集在聲源附近。

從圖 4.1 上可知，當 $|z - z_s| \gg 1$ 時，聲場乃由輻射譜所主導；此乃表示，在遠離聲源的區域，聲場可以用錐狀行波分解的方式表示。但是，當 $|z - z_s|$ 較小時，消逝譜即不可忽視，顯示在

聲源附近，錐狀行波的合成並不足以合理表示聲場，而必須加諸
消逝譜，方可表達聲場的特性。此一問題的關鍵，與座標系統的
選用有關。在此，吾人採用軸對稱的座標表達全向對稱的聲場，
這種方式在遠域區，由於波陣面弧度 (curvature) 很小，因此，以
錐狀行波分解，尚不構成問題，但是，在聲源附近，由於弧度很
大，單靠錐狀行波的組合，無法完整描述弧度效應，因此，必須
輔以消逝譜，方可得到正確的結果。

　　從以上的討論可知，消逝譜看似不重要，但不可隨意忽略，
尤其是聲波在層化或是具有彈性效應介質中傳播的問題。此時，
對某一層而言為消逝譜，但對另一層而言卻是輻射譜；另一方
面，彈性介質在界面上所支援的界面波，乃存在於消逝譜，而界
面波在聲場中所扮演的角色，在某些情況下，乃是能量傳輸的主
要機制，因此，更是不可忽視【見第 2.4 節與第 5.3 節】。

4.1.2　僞線性聲速分佈

另一個在海洋環境中常見的聲速分佈為僞線性分佈，亦即，$c(z) = 1/\sqrt{az+b}$ (a、b 為常數)。從第 3.1 節討論中可知，在僞線性分佈
的流體介質中，聲波方程式具有精確解，因此，在應用上常被引
用。在此，將求解點聲源在僞線性聲速分佈中的聲場。

　　為利用本節前段中所獲得之均勻介質中點聲源的解，茲在聲
源附近引進一厚度為 ϵ 的薄層均勻水層而成為三層結構的層化介
質，如圖 4.2 所示。在獲得該環境模型的聲場之後，再令 $\epsilon \to 0$，
即是所欲追求的解。

　　茲以圖 4.2 所示的聲速分佈為例，求解深度格林函數。從第
3.1 節可知，在僞線性聲速分佈中，深度相關之波動方程式的解為
亞里函數：$\mathrm{Ai}(\zeta)$ 與 $\mathrm{Bi}(\zeta)$，其中，ζ 的定義如式 (3.5) 所示。圖 4.3
亞里函數隨變數變化的情形；值得注意的，$\lim_{\zeta \to \infty} \mathrm{Bi}(\zeta) \to \infty$，
另外，亦應注意亞里函數微分的極限性質（收斂或發散）。

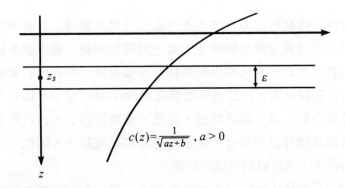

圖 4.2: 求解點聲源在僞線性聲速分佈介質的環境模型

圖 4.2 所示的環境中，$a > 0$，因此，$c(z)$ 的極限值爲：

$$\lim_{z \to \infty} c(z) = 0 \qquad\qquad (4.11)$$

$$\lim_{z \to -\frac{b}{a}} c(z) = \infty \qquad\qquad (4.12)$$

另一方面，從式 (3.5) 可得 ζ 的極限與 z 的對應關係爲（爲什麼？）：

$$\lim_{z \to \infty} \zeta = -\infty \qquad\qquad (4.13)$$

$$\lim_{z \to -\frac{b}{a}} \zeta > 0 \ (\to \infty \ \text{as} \ a \to 0) \qquad\qquad (4.14)$$

由於上、下半無窮流體層中並無聲源存在，因此，當 $z \to \infty$ 時，下半層必須符合輻射條件，而當 $z \to -b/a$ 時，聲場必須爲有限值。據此，若以 $\tilde{g}_{\omega,i}$ 表示各層之深度相關波動方程式的解，則 $\tilde{g}_{\omega,i}$ 可表示成：

$$\tilde{g}_{\omega,1} = A_1^+ \text{Ai}(\zeta) \qquad\qquad (4.15)$$

$$\tilde{g}_{\omega,2} = A_2^+ e^{ik_{z,2}z} + A_2^- e^{-ik_{z,2}z} + S_\omega \frac{e^{ik_{z,2}|z-z_s|}}{4\pi i k_{z,2}} \qquad (4.16)$$

$$\tilde{g}_{\omega,3} = A_3^- \left[\text{Ai}(\zeta) - i\text{Bi}(\zeta) \right] \qquad\qquad (4.17)$$

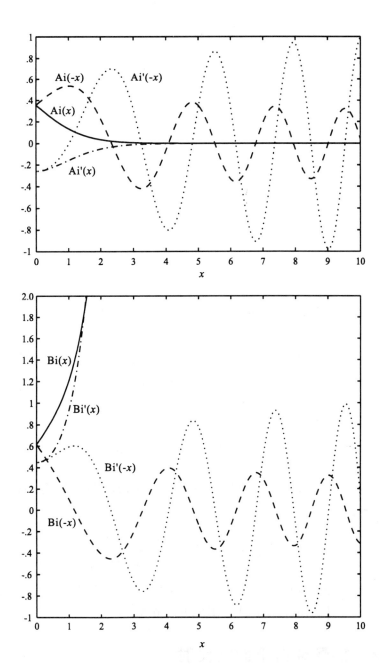

圖 4.3: 亞里 (Airy) 函數

上式中，S_ω 表示點聲源強度【相對於式 (4.1) 中的聲源項取爲：$\frac{S_\omega}{2\pi r}\delta(r)\delta(z-z_s)$】。

接著，將在 $z=z_s\pm\epsilon/2$ 之邊界條件（壓力與垂直位移連續）代入後，再令 $\epsilon\to 0$，即可建構下列線性系統：

$$
\begin{bmatrix}
-\sqrt[3]{\omega^2 a}\,\mathrm{Ai}'(\zeta_s) & -ik_{z,2} & ik_{z,2} & 0 \\
-\mathrm{Ai}(\zeta_s) & 1 & 1 & 0 \\
0 & ik_{z,2} & -ik_{z,2} & \sqrt[3]{\omega^2 a}\left[\mathrm{Ai}'(\zeta_s)-i\mathrm{Bi}'(\zeta_s)\right] \\
0 & -1 & -1 & \left[\mathrm{Ai}(\zeta_s)-i\mathrm{Bi}(\zeta_s)\right]
\end{bmatrix}
$$

$$
\times
\begin{bmatrix}
A_1^+ \\ A_2^+ \\ A_2^- \\ A_3^-
\end{bmatrix}
= -\frac{S_\omega}{4\pi}
\begin{bmatrix}
1 \\ \frac{1}{ik_{z,2}} \\ 1 \\ -\frac{1}{ik_{z,2}}
\end{bmatrix}
\tag{4.18}
$$

上式中，$\zeta_s = \zeta|_{z=z_s}$。從上列線性系統可求解 A_1^+ 與 A_3^- 而得：

$$
A_1^+ = -\frac{S_\omega}{2\pi}\frac{1}{\sqrt[3]{\omega^2 a}}\frac{\left[\mathrm{Ai}(\zeta_s)-i\mathrm{Bi}(\zeta_s)\right]}{D(\zeta_s)}
\tag{4.19}
$$

$$
A_3^- = -\frac{S_\omega}{2\pi}\frac{1}{\sqrt[3]{\omega^2 a}}\frac{\mathrm{Ai}(\zeta_s)}{D(\zeta_s)}
\tag{4.20}
$$

$$
D(\zeta_s) = \mathrm{Ai}'(\zeta_s)\left[\mathrm{Ai}(\zeta_s)-i\mathrm{Bi}(\zeta_s)\right]
$$

$$
-\mathrm{Ai}(\zeta_s)\left[\mathrm{Ai}'(\zeta_s)-i\mathrm{Bi}'(\zeta_s)\right]
\tag{4.21}
$$

上式中，$'$ 代表微分。將上列式子代入式 (4.15) 與式 (4.17) 可得深度格林函數爲：

$$
\tilde{g}_\omega(k_r,z;z_s) = -\frac{S_\omega}{2\pi}\frac{1}{\sqrt[3]{\omega^2 a}D(\zeta_s)}
$$

$$
\times
\begin{cases}
\left[\mathrm{Ai}(\zeta_s)-i\mathrm{Bi}(\zeta_s)\right]\mathrm{Ai}(\zeta), & a(z-z_s)\leq 0 \\
\mathrm{Ai}(\zeta_s)\left[\mathrm{Ai}(\zeta)-i\mathrm{Bi}(\zeta)\right], & a(z-z_s)\geq 0
\end{cases}
\tag{4.22}
$$

4.2 點聲源自平面之反射

在本節中將探討點聲源與平面（可透射或全反射）相互作用的問

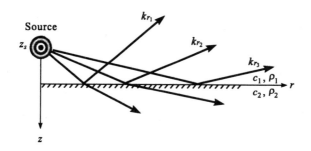

圖 4.4: 點聲源自平面之反射

題，如圖 4.4 所示。所探討的主題包括：波數積分解、瑞利反射問題、聲線位移 (ray displacement)、反射場等。

4.2.1　波數積分解

考慮位於 $(r, z) = (0, z_s < 0)$、時間因子為 $e^{-i\omega t}$ 的點聲源，則描述聲波之控制方程式為：

$$\left[\frac{1}{r}\frac{\partial}{\partial r}\left(r\frac{\partial}{\partial r}\right) + \frac{\partial^2}{\partial z^2} + k_1^2\right] p_1(r, z) = \frac{\delta(r)\delta(z - z_s)}{2\pi r} \quad (4.23)$$

$$\left[\frac{1}{r}\frac{\partial}{\partial r}\left(r\frac{\partial}{\partial r}\right) + \frac{\partial^2}{\partial z^2} + k_2^2\right] p_2(r, z) = 0 \quad (4.24)$$

$$\mathrm{w}_1(r, 0) = \mathrm{w}_2(r, 0) \quad (4.25)$$

$$p_1(r, 0) = p_2(r, 0) \quad (4.26)$$

$$\lim_{z \to \pm\infty} p_1(r, z),\ p_2(r, z) \to 0 \quad (4.27)$$

上式中，w_i 表示垂直位移，$k_1 = \omega/c_1$，$k_2 = \omega/c_2$。

根據第 3.4 節中的討論，式 (4.23) 與式 (4.24) 的解可表示成：

$$p_1(r, z) = \frac{1}{2}\int_{-\infty}^{\infty} \tilde{p}_1(k_r, z) H_0^{(1)}(k_r r) k_r\ dk_r \quad (4.28)$$

$$p_2(r, z) = \frac{1}{2}\int_{-\infty}^{\infty} \tilde{p}_2(k_r, z) H_0^{(1)}(k_r r) k_r\ dk_r \quad (4.29)$$

上式中，$\tilde{p}_1(k_r, z)$ 與 $\tilde{p}_2(k_r, z)$ 各別符合上、下層之深度相關聲波方程式。由於上層中有一單位強度的單點聲源，因此，$\tilde{p}_1(k_r, z)$ 與 $\tilde{p}_2(k_r, z)$ 可表示：

$$\tilde{p}_1(k_r, z) = A_1^-(k_r)e^{-ik_{z,1}z} + \frac{e^{ik_{z,1}|z-z_s|}}{4\pi i k_{z,1}} \tag{4.30}$$

$$\tilde{p}_2(k_r, z) = A_2^+(k_r)e^{ik_{z,2}z} \tag{4.31}$$

爲符合物理條件，$k_{z,j}$ $(j = 1, 2)$ 的定義如下：

$$k_{z,j} = \begin{cases} \sqrt{k_j^2 - k_r^2}, & |k_r| < k_j \\ i\sqrt{k_r^2 - k_j^2}, & |k_r| > k_j \end{cases} \tag{4.32}$$

接著，邊界條件，式 (4.25) – (4.26)，經由轉換之後可得：

$$\frac{1}{\rho_1\omega^2}\frac{\partial\tilde{p}_1}{\partial z}(k_r, 0) = \frac{1}{\rho_2\omega^2}\frac{\partial\tilde{p}_2}{\partial z}(k_r, 0) \tag{4.33}$$

$$\tilde{p}_1(k_r, 0) = \tilde{p}_2(k_r, 0) \tag{4.34}$$

利用上列邊界條件求解未知係數 A_1^- 與 A_2^+ 可得：

$$A_1^- = \frac{\rho_2 k_{z,1} - \rho_1 k_{z,2}}{\rho_2 k_{z,1} + \rho_1 k_{z,2}}\, \tilde{g}_\omega(k_r, 0; z_s) \tag{4.35}$$

$$A_2^+ = \frac{2\rho_1 k_{z,1}}{\rho_2 k_{z,1} + \rho_1 k_{z,2}}\, \tilde{g}_\omega(k_r, 0; z_s) \tag{4.36}$$

上式中，$\tilde{g}_\omega(k_r, 0; z_s)$ 爲：

$$\tilde{g}_\omega(k_r, 0; z_s) = \frac{e^{ik_{z,1}|z_s|}}{4\pi i k_{z,1}} \tag{4.37}$$

將式 (4.35) 與式 (4.36) 分別代入式 (4.28) 與式 (4.29)，然後完成積分（解析或數值方法），即可得到上、下介質中之總聲壓場。

4.2.2 瑞利反射問題

顯然的，式 (4.35) 與式 (4.36) 中，在 $\tilde{g}_\omega(k_r, 0; z_s)$ 之前的分式項分別爲瑞利反射與透射係數：

$$R = \frac{\rho_2 k_{z,1} - \rho_1 k_{z,2}}{\rho_2 k_{z,1} + \rho_1 k_{z,2}} = \frac{m\sin\vartheta - \sqrt{n^2 - \cos^2\vartheta}}{m\sin\vartheta - \sqrt{n^2 + \cos^2\vartheta}} \tag{4.38}$$

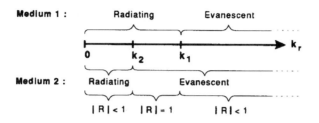

圖 4.5: 硬界面之波數譜區域

$$T = \frac{2\rho_1 k_{z,1}}{\rho_2 k_{z,1} + \rho_1 k_{z,2}} = \frac{2m\sin\vartheta}{m\sin\vartheta - \sqrt{n^2 + \cos^2\vartheta}} \qquad (4.39)$$

上式中，$m = \rho_2/\rho_1$，$n = c_1/c_2$，ϑ 為入射掠擦角，而反射場與透射場隨 z 之變化分別為：

$$\tilde{p}_R(k_r, z) = Re^{-ik_{z,1}z} = Re^{-i\sqrt{k_1^2 - k_r^2}\,z} \qquad (4.40)$$

$$\tilde{p}_T(k_r, z) = Te^{ik_{z,2}z} = Te^{i\sqrt{k_2^2 - k_r^2}\,z} \qquad (4.41)$$

在探討點聲源反射場之前，茲簡要說明瑞利反射問題的性質。

　　從式 (4.38) 至式 (4.41) 可知，由於平方根內正、負數值分別表示實、虛數，因此，反射場與透射場的性質，會因為 k_r 相對於 k_1 及 k_2 大小，以及 n 相對於 1 的大小，而有截然不同的變化。

　　首先考慮 $n < 1$ 的情況，亦即 $c_2 > c_1$（相當於 $k_2 < k_1$），此種界面稱之為硬底床 (hard bottom) 界面；此時，上、下介質中之聲波型態，如圖 4.5 所示。整個反射波數譜可分成三個區域：

1. 在 $k_r < k_2 < k_1$ 的區域，上、下介質中，聲波皆為輻射波型態。此乃表示，入射波之部份聲能穿透界面進入下半介質，而部份反射回上半介質，因此，$|R| < 1$ 而造成反射損失：

$$L_R = -\log|R| > 0 \qquad (4.42)$$

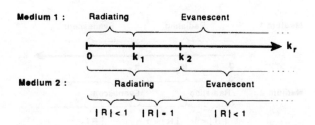

圖 4.6: 軟界面之波數譜區域

2. 在 $k_2 < k_r < k_1$ 的區域，此時聲波的入射角已超越下半介質
   全反射之臨界角 (critical angle)：

$$\vartheta_c = \cos^{-1} n \qquad (4.43)$$

從式 (4.41) 可知，下半介質之聲波型態爲消逝波，因此，聲
能無法因穿透而傳離界面而造成全反射。此時 $|R| = 1$，而
$L_R = 0$。

3. 在 $k_2 < k_1 < k_r$ 的區域，此時聲波在上下介質中皆爲消逝
   波，而聲能都僅存在於邊界附近。從式 (4.38) 可知，此時
   $|R| < 1$。

   同樣的道理亦可分析 $n > 1$ 的情況，稱之爲軟底床 (soft
bottom) 界面，如圖 4.6 所示。此時，在上層聲波爲輻射型態的範
圍內，亦即 $k_r < k_1$，將不會產生全反射。

   圖 4.7 爲 $m = 1.6$，$n = 0.9$ 且在實體空間內 (real space) 之反
射係數與透射係數模數 (modulus) 與相位 (phase)。從該圖可知，
當入射角由垂直方向逐漸變小時，反射係數與透射係數模數皆逐
漸增大，及至全反射角時【亦即 $\vartheta = \cos^{-1}(0.9) = 25.8°$】，反射
係數爲 1，而透射係數爲 2；爾後，則反射係數保持爲 1，而透射
係數則逐漸遞減至零。至於相位角的部份，在全反射前反射波與

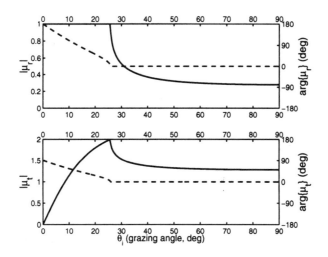

圖 4.7: 硬界面之反射係數與透射係數模數（實線）與相位（虛線），$m = 1.6$，$n = 0.9$

透射波並未有相位差，及至全反射之後，則兩者皆有正相位差產生，且隨入射角而改變。

圖 4.8 爲 $m = 1.6$，$n = 1.2$ 之反射係數與透射係數模數與相位。該圖顯示由於底層聲速小於入射層聲速，因此並無全反射現象發生。 不過，當入射掠擦角爲 $32.08°$ 時，反射係數爲零，此特別角稱之爲布儒斯特角 (Brewster's angle)。 此種現象僅當 $m > n > 1$ 的情況下才會產生，且布儒斯特角爲（爲什麼？）：

$$\vartheta_b = \sin^{-1}\left(\sqrt{\frac{n^2 - 1}{m^2 - 1}}\right) \qquad (4.44)$$

至於透射係數則隨角度逐漸變淺而減小。

有關相位角，該圖顯示當入射角大於布儒斯特角時，則無相位差，而當入射角小於布儒斯特角後，則反射波與入射波有 π 值相位差。

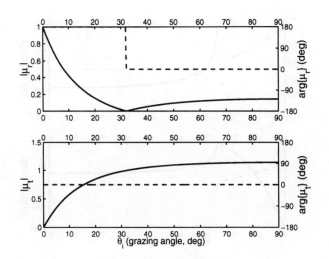

圖 4.8: 軟界面之反射係數與透射係數模數（實線）與相位（虛線），$m = 1.6$，$n = 1.2$

4.2.3　聲線位移與頂頭波：低於臨界掠擦角之反射

從波數分解的角度來看，點聲源的反射聲壓乃來自各個分量波的總和：

$$p_R(r, z) = \frac{1}{2} \int_{-\infty}^{\infty} A_1^-(k_r) e^{-ik_{z,1}z} H_0^{(1)}(k_r r) k_r dk_r \qquad (4.45)$$

在此，若以 $R = |R|e^{-i\phi}$ 表示反射係數，且考慮遠域 $k_r r \gg 1$ 的情況，則將相關的式子，式 (2.71)、式 (4.35)，代入式 (4.45) 之後，即可獲得反射聲壓為：

$$p_R(r, z) = \frac{S_\omega e^{-\pi/4}}{4\pi\sqrt{2\pi r}} \int_{-\infty}^{\infty} |R(k_r)| \frac{\sqrt{k_r}}{ik_{z,1}} e^{-i[\phi(k_r)+k_{z,1}(z+z_s)-k_r r]} dk_r$$
$$(4.46)$$

當 $k_{z,1}(z + z_s) \gg 1$，亦即接收點遠離界面的情況下，從穩態相位法 (method of stationary phase) 可知，式 (4.46) 的積分值，主要來自符合穩態相位點的分量，亦即，相位項微分為零之處：

$$\frac{\partial}{\partial k_r} [\phi(k_r) + k_{z,1}(z + z_s) - k_r r] = 0 \qquad (4.47)$$

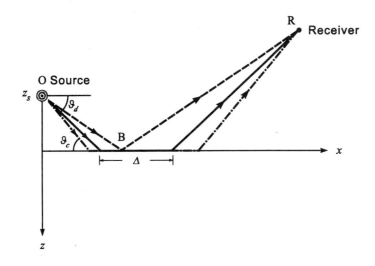

圖 4.9: 聲線位移

將上式微分之後可得：

$$r = \frac{\partial \phi(k_r)}{\partial k_r} - \frac{k_r}{k_{z,1}}(z + z_s) \tag{4.48}$$

若以入射掠擦角 ϑ_d 表示，則上式可表示成：

$$r = -z \cot \vartheta_d + \frac{\partial \phi(k_r)}{\partial k_r} - z_s \cot \vartheta_d, \quad (\text{Note} : z, z_s < 0) \tag{4.49}$$

式 (4.49) 描述一特殊的聲線傳播路徑，如圖 4.9 之實線所示。當
$\frac{\partial \phi(k_r)}{\partial k_r} \neq 0$ 時，此部份之路徑乃是沿著界面傳播，稱之爲聲線位移
(ray displacement) Δ：

$$\Delta = \frac{\partial \phi(k_r)}{\partial k_r} \tag{4.50}$$

此種聲線的傳播模式，即是所謂的側向波 (lateral wave)。

從式 (4.50) 可知，聲線位移之現象，僅當反射係數之相位
函數隨水平波數（亦即入射角）變化時，方會產生，且變化的
斜率即是聲線位移量。因此，當入射掠擦角大於臨界角，或是
軟底床界面的情況【參見圖 4.7】，則不會有聲線位移；此時

聲波與界面的相互作用，其反射係數小於 1，且為鏡面反射的
方式。但在硬底床界面的情況下，當接收距離 r 大於臨界距離
$r_c = -(z + z_s) \cot \vartheta_c$ 時，則經由聲線位移傳抵接收點的分量波，
乃為主要能量的傳輸路徑；此一聲線之入射掠擦角小於（但靠
近）臨界角 ϑ_c。此外，尚有一更低入射角的聲線，其聲線位移遠
小於前者（近乎零），而以鏡面反射的方式傳抵接收點，如圖 4.9
虛線所示（路徑 OBR）。

　　另一方面，從學理上可以證明，臨界角必然是相位穩態點，
且在此處，反射係數之相位函數曲線之曲度為無窮大【參見圖
4.7】。以臨界角入射的聲線，將以下半介質的速度（比上半介質
快），形成沿著界面傳播的側向波。當接收點的距離遠大於臨界
距離時（$r \gg r_c$），此一側向波將遠早於經由直接路徑到達接收
點的聲波，因此稱之為頂頭波 (head wave)。

　　有關側向波傳播方式在物理上的解釋，茲說明如下。當聲
線以等於或小於臨界掠擦角入射界面後，聲波將以下半介質的
聲速，沿著界面的方式水平傳播（在垂直方向，振幅以指數方
式迅速遞減）。依惠更斯原理 (Huygens' principle)，當聲波與界
面接觸後，將形成小波 (wavelet) 而持續輻射回上半介質，這些
小波所形成的波陣面之包絡面 (envelope)，即是側向波的波陣面
(wavefront)，如圖 4.10 所示；該圖雖以直線表示側向波之波陣
面，但實際上乃為一錐面 (conic surface)。

4.2.4　點聲源之反射場

將式 (4.45) 作數值積分，並以等 dB 線表示，即可得圖 4.11 所示
的聲壓分佈圖；相關資料為：$c_1 = 1500$ m/s，$\rho_1 = 1000$ kg/m^3，
$c_2 = 1800$ m/s，$\rho_2 = 1800$ kg/m^3，$f = 150$ Hz，$z_s = -25$ m。為
了比較，在此亦考量距離聲壓釋放界面 25 m 的點聲源聲場，如圖
4.12 所示；此圖可藉由式 (2.197) 繪製而得。

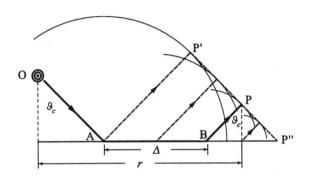

圖 4.10: 聲線位移在物理上的解釋

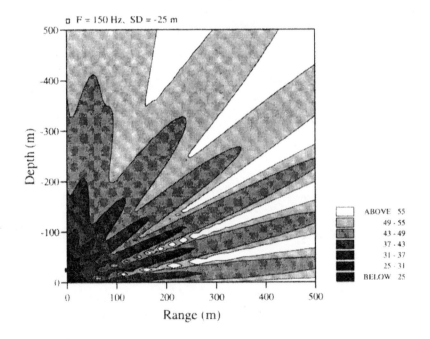

圖 4.11: 點聲源之反射場：上邊界爲硬界面，下邊界對比爲 $m = 1.8$，$n = 0.56$

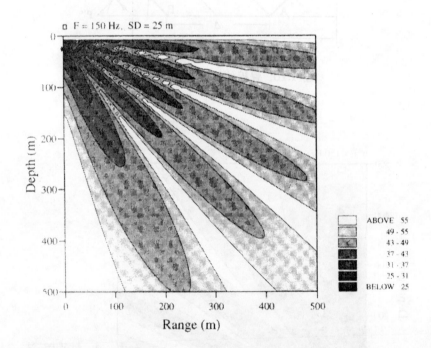

圖 4.12: 點聲源反射場：上邊界為聲壓釋放界面，下邊界對比為 $m = 1.8$，$n = 0.56$

　　從圖 4.11 可以看出，因各個分量反射波的干擾，點聲源反射
聲場呈現特殊的輻射型態：在某些方向，因同相疊加而增強，而
在另一些方向，則因異相相消而減弱。比較兩圖可知，在低掠擦
角 (low grazing angle) 的部份，兩圖十分相似，顯示當聲波以低
掠擦角入射界面時，聲壓釋放界面與剛體界面 (rigid surface) 的作
用類似，此與一般將硬界面比擬成剛體界面，實爲錯誤的觀念。

第五章

淺海環境中聲波之傳播

本章探討聲波在淺海環境中傳播的機制與現象。有關淺海與深海環境之分，雖然在海洋學上，通常以水深為區分，例如，水深在百餘公尺內的近岸 (coastal) 或大陸棚 (continental shelf) 區，即是淺海區域。但是，對於海洋聲學而言，應是以聲波波長與海水深度的比值為宜，其相關參數可用 $k_r D$ 表示；其中 k_r 為水平波數，而 D 為海水深度。從應用的觀點來看，海洋聲學的相關問題，在近岸或大陸棚區的環境中，大都符合 $k_r D \leq 10$，因此，可用此一準則作為劃分的參考。

有關淺海聲學的研究，最早提出且與實驗結果較為吻合的模式，應屬由珮克瑞斯 (Pekeris) [65] 所提出的兩層非理想波導 (two-layered imperfect waveguide)，如圖 5.1 所示，因此，該模式乃成為探討淺海聲學的典型問題 (canonical problem)。本章將詳細分析珮克瑞斯波導傳播機制，並探討彈性底層，以及多層波導之效應。

5.1 典型淺海傳播模式：珮克瑞斯波導

考慮圖 5.1 所示的非理想波導。該圖顯示一聲速為 c_1、密度為

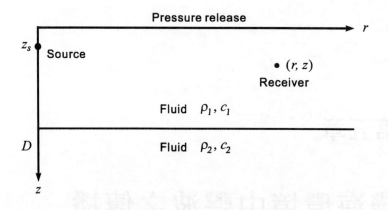

圖 5.1: 珮克瑞斯波導，或稱非理想波導

ρ_1 之等聲速流體層，疊加在另一聲速爲 c_2、密度爲 ρ_2 之半無窮
等聲速流體層，波導深度爲 D；此種波導稱之爲珮克瑞斯波導
(Perkeris waveguide)。 與先前討論的理想波導比較，珮克瑞斯波
導模式比較符合眞實淺海環境，因此，通常用來作爲典型淺海環
境中，聲波傳播的模式。

　　由於波數積分法具有理論上的貫通性，並且對於波導之中各
種模式的聲波（例如，前進波、簡正模態波、消逝波等），都能
很完整且有系統的描述，因此，本節將採用波數積分法。雖然簡
正模態法亦方便於求解遠域聲場 (far field)，但是，卻較難詮釋近
域聲場 (near field) 的傳播機制；讀者若有興趣，可參閱 [42]。

5.1.1　波數積分解

考慮位於 $(r, z) = (0, z_s < D)$、時間因子爲 $e^{-i\omega t}$ 的單位強度點聲
源，則聲壓可表示成波數積分如下：

$$p_1(r, z) \;=\; \frac{1}{2} \int_{-\infty}^{\infty} \tilde{p}_1(k_r, z) H_0^{(1)}(k_r r) k_r \, dk_r \qquad (5.1)$$

$$p_2(r, z) \;=\; \frac{1}{2} \int_{-\infty}^{\infty} \tilde{p}_2(k_r, z) H_0^{(1)}(k_r r) k_r \, dk_r \qquad (5.2)$$

上列兩式必須符合下列邊界條件：

$$
\begin{aligned}
p_1(r,0) &= 0 & (5.3)\\
\mathrm{w}_1(r,D) &= \mathrm{w}_2(r,D) & (5.4)\\
p_1(r,D) &= p_2(r,D) & (5.5)\\
\lim_{z\to\infty} p_2(r,z) &\to 0 & (5.6)
\end{aligned}
$$

式 (5.1) 與式 (5.2) 內之深度相關聲波方程式的解可表示爲：

$$
\begin{aligned}
\tilde{p}_1(k_r,z) &= A_1^+(k_r)e^{ik_{z,1}z} + A_1^-(k_r)e^{-ik_{z,1}z}\\
&\quad + \frac{e^{ik_{z,1}|z-z_s|}}{4\pi i k_{z,1}} & (5.7)\\
\tilde{p}_2(k_r,z) &= A_2^+(k_r)e^{ik_{z,2}(z-D)} & (5.8)
\end{aligned}
$$

式 (5.8) 中，爲符合輻射條件，上傳波已被消除，且爲符合物理條件，$k_{z,1}$ 與 $k_{z,2}$ 的定義如下：

$$
\begin{aligned}
k_{z,1} &= \left(k_1^2 - k_r^2\right)^{1/2} & (5.9)\\
k_{z,2} &= \begin{cases} \sqrt{k_2^2 - k_r^2}, & |k_r| < k_2\\ i\sqrt{k_r^2 - k_2^2}, & |k_r| > k_2 \end{cases} & (5.10)
\end{aligned}
$$

式 (5.9) 表示 $k_{z,1}$ 可以取平方根的任一分支 (branch)，而式 (5.10) 則表示 $k_{z,2}$ 必須依該式定義。此乃因爲式 (5.7) 不會因爲選取不同分支而導致不同的結果，而式 (5.8) 則不然（爲什麼？）。式 (5.7) 與式 (5.8) 中之未知數 A_1^+、A_1^-、A_2^+ 將由邊界條件決定。

　　邊界條件，式 (5.3) – (5.6)，經由轉換之後成爲：

$$
\begin{aligned}
\tilde{p}_1(k_r,0) &= 0 & (5.11)\\
\frac{1}{\rho_1\omega^2}\frac{\partial \tilde{p}_1}{\partial z}(k_r,D) &= \frac{1}{\rho_2\omega^2}\frac{\partial \tilde{p}_2}{\partial z}(k_r,D) & (5.12)\\
\tilde{p}_1(k_r,D) &= \tilde{p}_2(k_r,D) & (5.13)
\end{aligned}
$$

將式 (5.7) 與式 (5.8) 代入以上三式可得下列線性系統：

$$\underbrace{\begin{bmatrix} 1 & 1 & 0 \\ \dfrac{k_{z,1}}{\rho_1}e^{ik_{z,1}D} & -\dfrac{k_{z,1}}{\rho_1}e^{-ik_{z,1}D} & -\dfrac{k_{z,2}}{\rho_2} \\ e^{ik_{z,1}D} & e^{-ik_{z,1}D} & -1 \end{bmatrix}}_{D(k_r)} \underbrace{\begin{pmatrix} A_1^+ \\ A_1^- \\ A_2^+ \end{pmatrix}}_{\mathbf{x}(k_r)} =$$

$$\underbrace{\frac{i}{4\pi k_{z,1}}\begin{pmatrix} e^{ik_{z,1}z_s} \\ \dfrac{k_{z,1}}{\rho_1}e^{ik_{z,1}(D-z_s)} \\ e^{ik_{z,1}(D-z_s)} \end{pmatrix}}_{\mathbf{b}(k_r)} \tag{5.14}$$

上述線性系統的解為：

$$\begin{pmatrix} A_1^+ \\ A_1^- \\ A_2^+ \end{pmatrix} = \frac{1}{|D(k_r)|}\begin{pmatrix} |D_1(k_r)| \\ |D_2(k_r)| \\ |D_3(k_r)| \end{pmatrix} \tag{5.15}$$

上式中，$|D(k_r)|$ 為矩陣 $D(k_r)$ 之行列式，而 $|D_j(k_r)|$ $(j = 1, 2, 3)$ 分別為將第 j 行以向量 $\mathbf{b}(k_r)$ 取代之後所得之行列式。

行列式 $|D(k_r)|$ 經由整理運算之後可得：

$$|D(k_r)| = -\frac{2i}{\rho_1\rho_2}[\rho_1 k_{z,2}\sin(k_{z,2}D) + i\rho_2 k_{z,1}\cos(k_{z,1}D)] \tag{5.16}$$

將式 (5.15) 代入式 (5.1) 與式 (5.2) 之後，再經由波數積分，即可求得聲壓解。

5.1.2　波數譜

在此，考慮頻率為 $\omega = 2\pi f$ 之聲壓解：

$$\begin{aligned} p_1(r,z,t) &= \frac{e^{-i\omega t}}{2}\int_{-\infty}^{\infty}dk_r H_0^{(1)}(k_r r)k_r \\ &\times \underbrace{\left(\frac{|D_1(k_r)|}{|D(k_r)|}e^{ik_{z,1}z} + \frac{|D_2(k_r)|}{|D(k_r)|}e^{-ik_{z,1}z} + \frac{e^{ik_{z,1}|z-z_s|}}{4\pi i k_{z,1}}\right)}_{\tilde{p}_1(k_r,z)} \end{aligned} \tag{5.17}$$

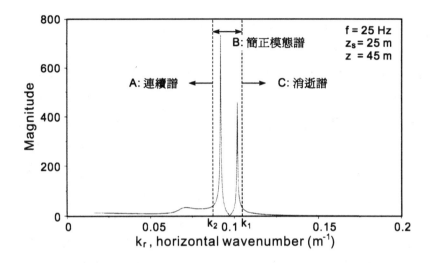

圖 5.2: 珮克瑞斯波導波數譜

$$p_2(r,z,t) \quad = \quad \frac{e^{-i\omega t}}{2} \int_{-\infty}^{\infty} dk_r \underbrace{\frac{|D_3(k_r)|}{|D(k_r)|} e^{ik_{z,2}(z-D)}}_{\tilde{p}_2(k_r,z)} H_0^{(1)}(k_r r) k_r \quad (5.18)$$

$\tilde{p}_1(k_r, z)$ 與 $\tilde{p}_2(k_r, z)$ 分別為波導中與下半無窮水層中 k_r 錐形分量波的振幅，而 A^+ 與 A^- 分別為下傳 (正 z 方向) 與上傳的分量。為方便討論，茲舉一實例說明。

考慮低頻聲波在淺海中傳播的問題：$f = 25$ Hz，$D = 100$ m，$c_1 = 1500$ m/s，$\rho_1 = 1000$ kg/m^3，$c_2 = 1800$ m/s，$\rho_2 = 1800$ kg/m^3，$z_s = 25$ m。圖 5.2 為接收深度 $z = 45$ m 的波數譜（亦即，$|\tilde{p}_1(k_r, z)|$）；該圖隱含重要的波傳機制，因此，在此作一詳細分析。

圖 5.2 可分成三個區域：A 區 $(0 < k_r < k_2 = \omega/c_2 \simeq 0.087 \text{ m}^{-1})$，稱之為連續譜 (continuous spectrum)；B 區 $(k_2 < k_r < k_1 = \omega/c_1 \simeq 0.105 \text{ m}^{-1})$，稱之為簡正模態譜 (normal-mode spectrum)；C 區 $(k_1 < k_r)$，稱之為消逝譜 (evanescent spectrum)；這些名稱的由來，顯然與聲波的垂直分量在該區

域所形成的傳播模式有密切的關係。

從式 (5.9) 與式 (5.10) 中可知，在 A 區中，由於 $0 < k_r < k_2 < k_1$，所以，$k_{z,1}$ 與 $k_{z,2}$ 皆為實數，相對的垂直相位分量為 $e^{\pm ik_{z,1}z}$ 與 $e^{ik_{z,2}z}$。因此，從式 (5.17) 與式 (5.18) 中可知，此乃代表在波導與下層流體中，聲波皆為行波 (propagating wave) 的形式；換句話說，在波導中，當分量波 $k_r = k_1 \cos \vartheta$ 以符合 $\cos^{-1}\left(\frac{k_2}{k_1}\right) < \vartheta < \frac{\pi}{2}$ 之關係的角度入射波導底邊界面時，部份能量將反射回波導，而部份穿透界面進入下層流體。

在 B 區中，$k_2 < k_r < k_1$，因此，$k_{z,1}$ 為實數，但 $k_{z,2}$ 為虛數，相對的垂直相位分量分別為 $e^{\pm ik_{z,1}z}$ 與 $e^{-|k_{z,2}|z}$，此乃表示在波導中聲波乃是前進波模式，但在下層流體中，聲波隨垂直深度的增加而以指數方式迅速遞減，此乃所謂的消逝波。因此，在水層中，當分量波以符合 $0 < \vartheta < \cos^{-1}\left(\frac{k_2}{k_1}\right)$ 之關係的角度入射波導底邊界面時，由於全反射的緣故，聲波完全回到波導中，因而形成簡正模態的傳播模式。從圖上可以看出，在水平波數約為 0.092 m^{-1} 與 0.10 m^{-1} 處各產生一簡正模態。由於簡正模態在傳播過程中除了幾何擴散外，並不會因為界面的相互作用而削減能量，因此，乃是遠距離傳播的主要機制。

最後，在 C 區中，$k_r > k_1 > k_2$，此時，$k_{z,1}$ 與 $k_{z,2}$ 皆為虛數，垂直相位分量為 $e^{\pm |k_{z,1}|z}$ 與 $e^{-|k_{z,2}|z}$，此乃為消逝波的模式。假如底層介質為具有剪應變的彈性體，則該區域內可能存在消逝模態波 (evanescent mode)，稱之為界面波 (interface wave) [19]；然而，對於上下層皆為流體的介質，事實上並沒有支援界面波的物理機制，此部份的波譜純粹只是積分轉換所造成的結果。

值得注意的，在 A 區中，某些入射角的反射聲波亦能近似形成簡正模態的形式，然而因為部份聲能流失至底層的緣故以致無法明顯的凸顯出來，這種流失能量的簡正模態波，稱之為漏能模態 (leaky mode) 或虛模態 (virtual mode)，如圖 5.2 中所示，漏能模態約在水平波數為 0.071 m^{-1} 處。

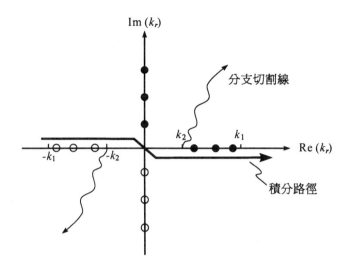

圖 5.3: 珮克瑞斯波導積分路徑及奇異點

從以上的分析可以看出，波數譜提供一個瞭解聲場傳播機制的方式。藉由波數譜的分析，吾人對於在各層介質中聲波的傳播模式，得以清楚的瞭解，此乃波數積分法的另一優點。

5.1.3　傳輸損失與模態干擾

在此，考慮珮克瑞斯波導內之傳輸損失。藉由式 (5.17) 的波數積分，吾人可以得到波導中之聲壓場，進而計算傳輸損失。類似於第 3.4 節中對於波數積分技巧的考量，在此將積分路徑調整為圖 5.3 所示。藉由數值方法，將式 (5.1) 依上述路徑積分，即可獲得聲壓場。圖 5.4 為與圖 5.2 具有相同的參數，並藉由 OASES 運算所得到的結果。

圖 5.4 中顯示，在接近聲源的區域（約 200 m 內），聲壓呈現迅速遞減，然後在約離聲源 500 m 以後，平均而言，遞減的情況漸趨緩慢；此乃因靠近聲源區聲波為球體擴散，而在遠離聲源之後，聲波為柱形擴散。若與理想波導傳輸損失（圖 3.8）比較，則可以發現，在遠域區，整體而言，珮克瑞斯波導內之聲壓比理

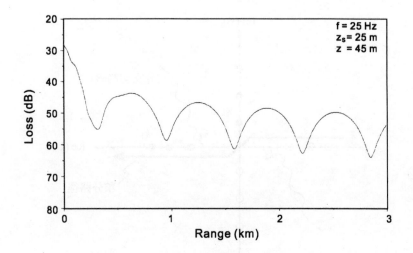

圖 5.4: 珮克瑞斯波導中聲波傳輸損失

想波導聲壓低，此乃意料中事。

　　另一方面值得注意的，在遠離聲源後，傳輸損失曲線呈現震盪的形式，此乃因爲在本例題中有兩個簡正模態干擾所致 (modal interference)。爲了解此一現象，茲考慮振幅分別爲 $A_m(z)$ 與 $A_n(z)$ 之兩個模態 k_{rm} 與 k_{rn} 相互干擾的情形。從式 (3.94) 與漢克函數的近似關係【式 (2.71)】可知：

$$|p(r,z)| \simeq \frac{1}{\sqrt{r}}\left|A_m e^{ik_{rm}r} + A_n e^{ik_{rn}r}\right|$$

$$= \frac{1}{\sqrt{r}}\sqrt{A_m^2 + A_n^2 + 2A_n A_m \cos[(k_{rm}-k_{rn})r]} \quad (5.19)$$

因此，聲壓振幅除了以 $1/\sqrt{r}$ 柱形擴散之形式遞減外，將會隨距離震盪變化，其震盪週期爲：

$$\mathcal{L} = \frac{2\pi}{k_{rm}-k_{rn}} \quad (5.20)$$

$\mathcal{L}$ 稱之爲模態干擾長度 (modal interference length)。

　　以圖 5.4 爲例，若以 $0.1\ \mathrm{m}^{-1}$、$0.092\ \mathrm{m}^{-1}$ 估算兩模態之水平波數，則 $\mathcal{L} \simeq 2\pi/(0.1-0.092) = 785\ \mathrm{m}$【此值似乎與圖所示略有

出入，爲什麼？】。由以上分析可知，假如波導中有很多模態，則傳輸損失之震盪形式將更趨複雜。

最後，對於珮克瑞斯波導中之傳輸損失，假如只需要作粗略的估算，則可利用下列簡易公式計算：

$$\text{TL} \simeq 10 \log r + 10 \log \left(\frac{D}{2\sqrt{1 - (c_1/c_2)^2}} \right) \qquad (5.21)$$

有關上式的相關假設與推導過程，可參閱文獻 [42]。

5.1.4 吸收效應

在此之前均未考慮到吸收對波導傳播的影響。從第 1.3 節的討論中可知，對於中低頻率的聲波而言，海水本身對於聲能吸收的效應很小。但是，當聲波與海床有頻繁的交互作用時，如本節所討論的珮克瑞斯波導，則因典型的海底沈積層都具有消散聲能的機制（如內部摩擦作用），因此，在實際模擬的過程當中，都應該考慮底床的吸收效應【參考第 5.3.3 節】。

爲了探討吸收效應對相關參/變數所造成的影響，在此考慮單頻平面波的傳播：

$$\phi(x,t) = A e^{i(kx - \omega t)} \qquad (5.22)$$

上式中，k 爲實數。由於在線性介質中，吸收的效應將導致振幅隨著傳播距離的增加而造成指數遞減 (exponential decay)[1]，因此，隨距離衰減的平面波可表示成：

$$\phi(x,t) = A e^{-\alpha x} e^{i(kx - \omega t)}, \ \alpha > 0 \qquad (5.23)$$

在此定義吸收係數 $\alpha = k\delta$，則式 (5.23) 可表示成：

$$\phi(x,t) = A e^{i[k(1+i\delta)x - \omega t]}, \ \delta > 0 \qquad (5.24)$$

---

[1]在線性介質中，聲強因吸收所造成的衰減量，與聲強本身及傳播距離成正比：$\Delta I = -aI\Delta r$，因此，$\frac{dI}{dr} + aI = 0$。此方程式的解爲：$I = ce^{-ar}$。

比較式 (5.22) 與式 (5.24)，吾人可定義，在具有吸收效應的介質中，聲波的波數爲複數 (complex number)：

$$\tilde{k} = k(1 + i\delta) \tag{5.25}$$

δ 稱之爲正切損失 (loss tangent)，一般而言，$\delta \ll 1$。從式 (5.25) 可知，在考量介質吸收對平面聲波所造成的影響時，僅需要將實數波數改成具有小量虛部的複數。

在水中聲學中，一般以 dB/λ（每單位波長所減少的 dB 數）表示吸收係數，因此，

$$
\begin{aligned}
\alpha &= -20 \log \left| \frac{\phi(x + \lambda, t)}{\phi(x, t)} \right| = -20 \log \left(e^{-k\delta\lambda} \right) \\
&= 40\pi\delta \log e \simeq 54.58\delta
\end{aligned} \tag{5.26}
$$

對於海底的沈積物而言，典型的吸收係數約爲 $\alpha = 0.1 \sim 1.0$ dB/λ，相對之正切損失約爲 $\delta = 0.002 \sim 0.02$。

吸收係數雖然很小，但在遠距離傳播中，將造成明顯的影響。圖 5.5 在考量有/無介質損失的情況下，傳輸損失隨距離變化的情形。從圖上可以看出，當傳播距離增加時，兩者的差異隨之增大。另一方面，模態干擾長度以及干擾模式，亦都有些許的變化；此乃因爲奇異點已經從實數軸上移進入複數面的關係，相關的討論可參見文獻 [41]。

5.2　簡正模態與頻散傳播

雖然吾人並未使用簡正模態法求解珮克瑞斯波導，但是，藉由哥西定理與留數定理，可以從路徑積分中，分離出各種傳播模式，這些模式與波數譜相互對應的關係，具有相當的啓發性。本節中，將探討珮克瑞斯波導中之簡正模態與頻散傳播的相關問題。

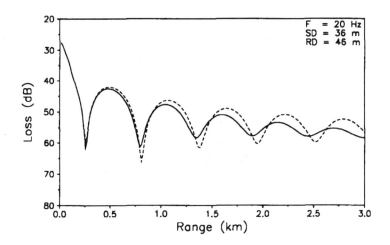

圖 5.5: 介質吸收對珮克瑞斯波導中傳輸損失的影響：虛線表示沒有介質損失，而實線乃是以 $1.0\,\mathrm{dB}/\lambda$ 所得的結果。

5.2.1　簡正模態

由於在此將使用留數定理，因此，必須先確定式 (5.17) 中被積分式的性質。由於式中牽涉到多數值函數 $k_{z,1} = \left(k_1^2 - k_r^2\right)^{1/2}$ 與 $k_{z,2} = \left(k_2^2 - k_r^2\right)^{1/2}$，因此，在 k_r 之複數平面上，必須先定義分支切割線。從前述的討論中已知，被積分式不會因為 $k_{z,1}$ 的分支切割線而造成不連續，因此，並不需要因 $k_{z,1}$ 而對複面做切割。然而，$k_{z,2}$ 卻會因分支切割線而造成被積分式的不連續，因此，必須定義 $k_{z,2}$ 的分割線【見相關複變書籍，例如 [14]】。

　　有關選取 $k_{z,2}$ 的分支切割線，除了必須從分支點 $\pm k_2$ 為起點外，並無任何限制【見圖 5.3】。然而，適當的選擇切割線對於物理意義上的詮釋，十分有幫助。有關這一點，由 Ewing, Jardetzky, and Press 等人所採用的切割線，最為方便 [19]；該分支切割線如圖 5.6 所示，稱之為 EJP 分支切割線。

　　根據留數定理，若使用 EJP 分支切割線，原波數積分式可被

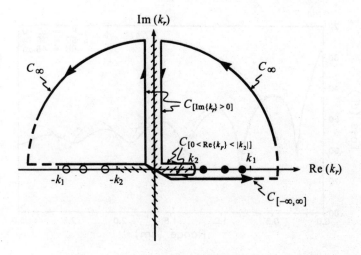

圖 5.6: EJP 分支切割線

數個路徑積分式取代：

$$p_1(r,z) = \int_{C_{[-\infty,\infty]}} \underbrace{\frac{1}{2}\tilde{p}_1(k_r,z)H_0^{(1)}(k_r r)k_r}_{f(k_r,z)}\ dk_r \qquad (5.27)$$

$$= \oint_{C_{[-\infty,\infty]}+C_\infty+C_{[\Im\{k_r\}>0]}+C_{[0<\Re\{k_r\}<|k_2|]}} f(k_r,z)\ dk_r$$

$$- \int_{C_\infty+C_{[\Im\{k_r\}>0]}+C_{[0<\Re\{k_r\}<|k_2|]}} f(k_r,z)\ dk_r$$

$$= \underbrace{2\pi i\sum_{m=1}^{M}\mathrm{Res}\{f(k_{rm},z)\}}_{(\mathrm{I})} - \underbrace{\int_{C_\infty} f(k_r,z)\ dk_r}_{(\mathrm{II})}$$

$$- \underbrace{\int_{C_{[\Im\{k_r\}>0]}} f(k_r,z)\ dk_r}_{(\mathrm{III})} - \underbrace{\int_{C_{[0<\Re\{k_r\}<|k_2|]}} f(k_r,z)\ dk_r}_{(\mathrm{IV})}$$

以上各項各代表不同的聲波模式，茲將各項之意義與重要性說明如下：

(I) 簡正模態波，其形式與理想波導類似。此部份爲遠域之主要

聲場模式，因此

$$p_1(r,z) \simeq -\frac{i}{2D} \sum_{m=1}^{M} A_m(k_{rm}) \sin(k_{rm}z_s) \sin(k_{rm}z) H_0^{(1)}(k_{rm}r)$$

(5.28)

上式中，k_{rm} 可由式 (5.16) 求得。若令 $|D(k_r)| = 0$，再經適當的整理，則可得【爲什麼？】：

$$\tan\left(D\sqrt{k_1^2 - k_{rm}^2}\right) = -\frac{\rho_2}{\rho_1} \frac{\sqrt{k_1^2 - k_{rm}^2}}{\sqrt{k_{rm}^2 - k_2^2}}$$

(5.29)

由於模式乃在簡正模態區，因此 $k_2 < k_{rm} < k_1$。上式非線性方程式的根，可用數值方法（如牛頓法）求得。圖 5.7 爲相對於圖 5.2 所使用的環境參數，但頻率爲 35 Hz 的三個簡正模態圖型。

(II) 當半圓半徑趨於無窮大時，(II)→ 0【爲什麼？】，因此，此項並無作用。

(III) 在該路徑上，$k_r = i|k_r|$，亦即純虛數，因此，

$$p_1(r,z) \sim H_0^{(1)}(k_r r) \sim \frac{e^{-|k_r|r}}{\sqrt{k_r r}} \to 0, \text{ as } r \to \infty$$

此項隨距離增加而迅速減小，因此爲非輻射波 (non-radiating wave)。

(IV) 在該路徑上，$0 < k_r = |k_r| < |k_2|$，因此表示連續波譜。此部份聲波因與界面作用後流失能量，因此，當接收點遠離聲源後，(IV)→ 0【爲什麼？】。

因此，在近域聲場，第 (I)，(III)，(IV) 項皆需考量，但在遠離聲源的區域，聲場仍只由簡正模態波所主導：

$$p_1(r,z) \simeq 2\pi i \sum_{m=1}^{M} \text{Res}\{f(k_{rm}, z)\}, \quad r \text{ 遠離聲源}$$

(5.30)

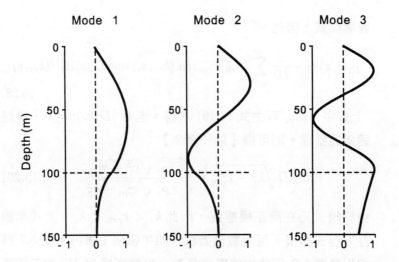

圖 5.7: 珮克瑞斯波導之前三個簡正模態圖型：$f = 35$ Hz，環境參數與圖 5.2 相同

5.2.2   模態之頻散關係

式 (5.29) 隱含著模態波數與頻率的關係，因此，乃為珮克瑞斯波導的頻散關係 (dispersion relation)。在此，為能說明簡正模態的特性，茲以簡易的方式推導式 (5.29) 的關係。

簡正模態形成的基本原理，乃因波導中入射波之水平波數 k_r 介於 $k_2 < k_r < k_1$ 之間，因此，在波導與下半水層中，位移勢可分別表示成：

$$\phi_1(r, z) = q \sin(k_{z,1}z) H_0^{(1)}(k_r r) \tag{5.31}$$

$$\phi_2(r, z) = q \frac{\rho_1}{\rho_2} \sin(k_{z,1}D) e^{-\kappa_{z,2}(z-D)} H_0^{(1)}(k_r r) \tag{5.32}$$

式中，$k_{z,1} = \sqrt{k_1^2 - k_r^2}$、$\kappa_{z,2} = \sqrt{k_r^2 - k_2^2}$。從形式可以看出，以上兩式已符合在 $z = 0$ 之聲壓釋放，及在 $z = D$ 之聲壓連續的邊界條件。因此，若再引用垂直位移必須連續的邊界條件，即可獲得下列方程式：

$$k_{z,1}D + \tan^{-1}\left(\frac{\rho_2}{\rho_1}\frac{k_{z,1}}{\kappa_{z,2}}\right) = m\pi \tag{5.33}$$

此式實則與式 (5.29) 相同。若經適當的整理，將式 (5.33) 以 k_{rm} 表示，則可得（爲什麼？）：

$$k_{rm} = \frac{1}{\sqrt{k_1^2/k_{rm}^2 - 1}}\left[\frac{m\pi}{D} - \frac{1}{D}\tan^{-1}\left(\frac{\rho_2}{\rho_1}\frac{\sqrt{k_1^2 - k_{rm}^2}}{\sqrt{k_{rm}^2 - k_2^2}}\right)\right] \tag{5.34}$$

從上式可知，k_{rm} 之實根，符合 $k_2 < k_{rm} < k_1$ 的關係。

式 (5.34) 爲一非線性代數方程式。有關於此一方程式的性質，在此作一簡易分析。令 y、b、a 之定義如下：

$$y = D\sqrt{k_1^2 - k_{rm}^2} \tag{5.35}$$

$$b = \frac{\rho_2}{\rho_1} \tag{5.36}$$

$$a = \omega D\sqrt{\frac{1}{c_1^2} - \frac{1}{c_2^2}} \tag{5.37}$$

則式 (5.34) 可重寫成：

$$\tan y = -b\frac{y}{\sqrt{a^2 - y^2}} \tag{5.38}$$

因此，只要求得式 (5.38) 的根 y，即可藉由式 (5.35) 而求得模態之水平波數 k_{rm}。式 (5.38) 可藉由許多種求根的數值方法求解，例如，牛頓法 (Newton method)。但是，在此吾人使用簡單的圖示關係，瞭解該式的特性。

圖 5.8 表示式 (5.38) 左、右兩邊函數的圖形；顯然的，兩曲線的交點即是根，每一個根代表一個模態；越小的根對應於越大的 k_{rm}。從式 (5.37) 中可知，參數 a 爲頻率的函數，因此，兩曲線交點的數目取決於頻率的大小；圖中曲線表示兩個頻率 $a(\omega_1)$，$a(\omega_2)$ $(\omega_2 > \omega_1)$ 的情況。從圖中可以看出，第 1 個交點乃當 $a > \pi/2$ 後產生【交點在 $y = 0$ 不算（爲什麼？）】，而

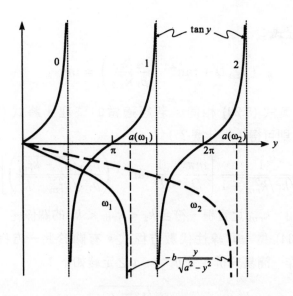

圖 5.8: 圖解求根法

第 2 個交點乃當 $a > 3\pi/2$ 後產生，以此類推，第 m 個交點乃當 $a > \left(m - \frac{1}{2}\right)\pi$ 後產生，因此，截止頻率爲：

$$\omega_{0m} = \left(m - \frac{1}{2}\right) \frac{\pi}{D} \frac{c_1}{\sqrt{1 - (c_1/c_2)^2}} \tag{5.39}$$

上式亦可經由式 (5.34) 而令 $c_{rm} \to c_2$ 而得到相同的結果（爲什麼？）。

從以上討論可知，各個模態波數 k_{rm} 隨著頻率而變化，其典型關係如圖 5.9 所示；此乃珮克瑞斯波導之頻散關係圖。當 $k_{rm} \to k_1$ 時，則式 (5.34) 可簡化成式 (2.169) 的關係（爲什麼？），亦即，上下界面皆爲聲壓釋放的理想波導；此一關係，亦可從圖 5.9 看出。

另一方面，吾人可藉由式 (5.34) 的關係，求解 $\frac{d\omega}{dk_r}$ 而得各個模態的群速 v_{gm}，但是，由於該式爲非線性之超越函數，因此，僅能以數值方法求解。圖 5.10 爲以圖 5.2 相同的環境參數，然後藉由數值方法所得到的前三個模態之頻散關係圖。從圖 5.10 中可

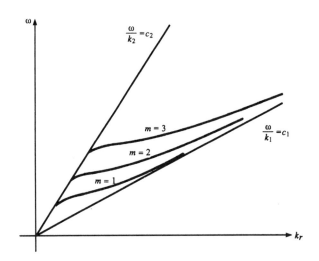

圖 5.9: 珮克瑞斯波導之頻散關係

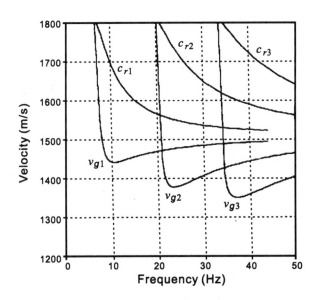

圖 5.10: 珮克瑞斯波導頻散關係圖，繪製此圖所使用之環境參數與圖 5.2 相同

以看出，當 $\omega \to \infty$，c_{rm} 與 v_{gm} 皆趨近水層聲速 (1500 m/s)，而當 $\omega \to \omega_{0m}$，c_{rm} 與 v_{gm} 皆趨於底層聲速 (1800 m/s)。對於每一個模態而言，相位速度皆隨頻率而遞減，但是，群波速度在截止頻率附近迅速遞減至一最小值之後，隨即逐漸增大，此一最小群波速度，在暫態信號 (transient signal) 的傳播過程中，將引導一低頻波群，尾隨在所有波群之後，這個最慢波群乃稱之為亞里相波 (Airy phase)。

　　以上所描述有關各個模態之波群速度隨頻率的變化關係，與理想波導的情況十分不同【比較圖 2.8 與圖 5.10】，因此，珮克瑞斯波導之頻散傳播，並不像完美波導中完全是幾何頻散傳播的關係，相關的問題，將於第 5.2.3 節中討論。

5.2.3　寬頻信號之頻散傳播

本書大體都以分析單頻聲波 (Continuous Wave, CW) 的傳播機制為主，惟頻散乃是寬頻信號（亦即在時間上為暫態的信號）方能具有的現象，因此，在本節中將考慮寬頻信號之頻散傳播。

　　為了瞭解此一波傳機制所產生的現象，在此考慮波導中有一低頻暫態信號（例如水中爆炸信號）的傳播問題。假設頻率與頻寬低至只足以激發第 1 個模態，那麼，當信號產生後，在遠離聲源處所接收到信號的序列，將各有不同特性，如圖 5.11 所示。

　　首先在時間 $t = r/c_2$ 時最先到達的是接近截止頻率的波群，此波群以 $v_g = c_2$ 的速度沿著底層邊界傳播，同時在傳播的過程中，持續將聲能輻射回水層，此序列的波群稱之為地波 (ground wave)。接著在 $t = r/c_1$ 到達的是頻率最高的波群，此波群速度以 $v_g = c_1$ 行進，稱之為水波 (water wave)，此乃經由波導水體傳播的波。之後，頻率較高的部份地波與頻率較低的部份水波，結合而成波群速度最低、頻率中等的波群，此一特殊波群稱之為亞里相波，隨後信號即突然中斷；整個過程如圖 5.11 所示。上述所描

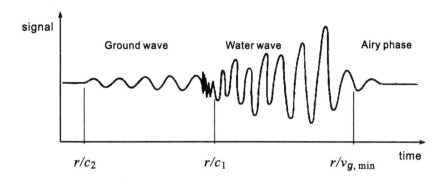

圖 5.11: 波導中暫態信號序列示意圖

述之頻散傳播的現象，最先乃由 Ewing、Worzel、Pekeris 等人研
究與詮釋[65, 97]。

　　Evans、Tolstoy、Ritter 等人於 1953 年 [78]，以 2 mm 厚的
煤油 (kerosene) 疊加在鹽水上模式，進行實驗。相關的實驗參
數如下：$f = 300$ kHz – 3000 kHz；聲源與接收器為 0.5 cm 長的
LiSO_4 crystal；聲源輸出為 $Q(t) = Ate^{at}\sin(bt)$，$a = 1.8 \times 10^6$
$\sec^{-1}$、$b = 3.5 \times 10^6 \sec^{-1}$。圖 5.12 為距離在 75 倍厚度處，計算
所得之三個模態的群波。該圖顯示，每一個模態所引領之群波訊
號，皆如前面所陳述或圖 5.11 所示之特性。

　　另一方面，圖 5.13 為三個計算模態疊加之結果與實驗結果之
比較。從圖上可以看出，除了在信號之末端有些為的差異外，理
論與實驗的結果十分吻合。有關暫態訊號在波導中傳播的問題，
文獻 [90] 有詳細討論。

5.3　　彈性海床的效應

本節中將考慮海床的彈性效應對波導傳播的影響。在此，亦考慮
珮克瑞斯波導的環境模式，但是，在下半無窮的介質中，除了壓
力波外，亦包含剪力波，如圖 5.14 所示。

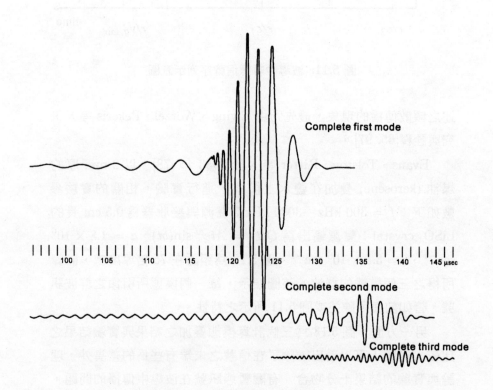

圖 5.12: 三個模態之頻散傳播

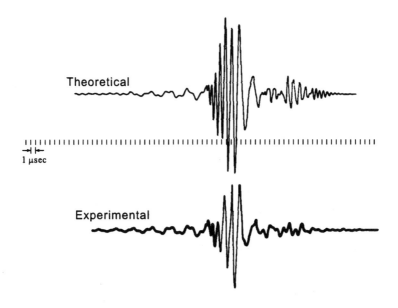

圖 5.13: 頻散傳播之理論與實驗之比較

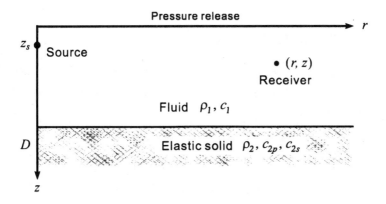

圖 5.14: 具彈性海床的珮克瑞斯波導

　　在上述的情況下，若以波數積分法建構求解的程序，則除了必須在第二層中增加剪力波的方程式，並增加邊界條件外【參考式 (2.40) – (2.45)】，與第 5.1.1 節的推導過程完全相似，因此，不在此贅述。不過，值得注意的，在彈性固體中，通常以位移勢表示震/聲波，且在軸對稱聲場的情況下，壓力波與剪力波位移勢之積分表示式分別爲：

$$\phi(r,z) = \int_0^\infty \left(A^+ e^{ik_{z,p}z} + A^- e^{-ik_{z,p}z} \right) J_0(k_r r) k_r dk_r \qquad (5.40)$$

$$\psi(r,z) = \int_0^\infty k_r^{-1} \left(B^+ e^{ik_{z,s}z} + B^- e^{-ik_{z,s}z} \right)$$
$$\times J_0(k_r r) k_r dk_r \qquad (5.41)$$

上式中，$k_{z,p} = \sqrt{(\omega/c_p)^2 - k_r^2}$，$k_{z,s} = \sqrt{(\omega/c_s)^2 - k_r^2}$。有關本問題之線性系統的建構，作者仍建議讀者應詳細推導一遍【參考第 9.3.3 節有關二維聲源自彈性海床上之散射的推導】。

　　爲具體討論剪力波的效應，在此亦以一實例說明。考慮使用與第 5.1.2 節例題相同的環境參數，惟在此假設第二層增加一剪力波，其波速爲 $c_{2s} = 600$ m/s。爲了凸顯剪力波效應，在此將聲源與接收點都置於靠近海底處：$z_s = 95$ m、$z = 99$ m。

5.3.1　波數譜與傳輸損失

首先考慮波數譜。圖 5.15 爲頻率 20 Hz 之波數譜；圖中，實線與虛線分別表示下層有剪力波與無剪力波時之波數譜。從圖上可以看出，在連續譜的區域（$k_r < k_{2p} = 2\pi f/c_{2p} = 0.07$ m^{-1}），剪力波的效應除了稍微降低波譜外，並無明顯的差別。而在簡正模態譜的區域（0.07 m$^{-1} < k_r < k_1 = 2\pi f/c_1 = 0.105$ m^{-1}），模態的強度（高度）則有明顯的降低；在數學上，此乃因爲此時極點已不是在實數軸上，而是移入複數平面，而在物理上，此乃因爲簡正模態雖已達到底層壓力波的全反射區域，但仍能以剪力波的方式，流失能量，因此，嚴格來說，此二簡正模態乃爲漏能模態

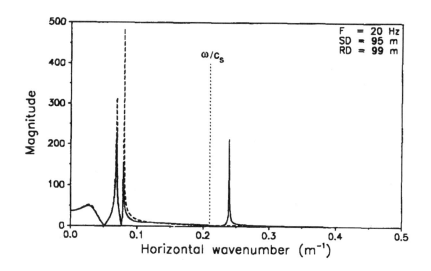

圖 5.15: 具彈性海床之珮克瑞斯波導波數譜：$c_s = 600 \, \text{m/s}$[41]

(leaky mode)，惟此時剪力效應仍小，因此，仍能保有簡正模態
的形式。

剪力效應造成波數譜主要差別在於消逝譜區域 ($k_r > k_1 = 2\pi f/c_1 = 0.105 \, \text{m}^{-1}$)。從圖 5.15 中可以看出，在有剪力波的情況
下，在 $k_r > k_{2s} = 2\pi f/c_{2s} = 0.21 \, \text{m}^{-1}$ 的區域，則出現一顯著的
模式，此乃是在第 2.4 節中所討論的界面波，稱之為 Scholte 波。
界面波是否能被激發，與聲源離界面的距離有直接的相關：當聲
源越靠近界面時，界面波被激發的程度越強，而另一方面，界面
波僅能在靠近界面時被接收到。以目前的情況來說，聲源與接收
點都靠近界面，正好是最有利於界面波被激發與被接收的情況，
因此，在波數譜上，界面波的形態十分突出。

圖 5.16 為傳輸損失：實線與虛線分別表示有剪力波與無剪
力波的情況。從圖上可以看出，傳輸損失為緩慢變化的包絡線
(envelop) 內涵蓋快速變化的干擾模式。其中，包絡線的變化仍如
沒有剪力波時的情況相似（虛線），而由連續譜及簡正模態所控

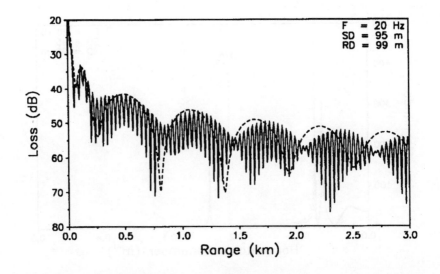

圖 5.16: 具彈性海床的珮克瑞斯波導之傳輸損失：$c_s = 600\,\mathrm{m/s}$[41]

制，惟此時傳輸損失比較大。另一方面，快速變化的干擾模式，主要是因爲強烈的界面波所致。

　　對於一般鬆軟的沈積層而言，剪力波波速都不大，此時，剪力波之效應對於波導傳播的影響將很小。圖 5.17 與圖 5.18 分別爲剪力波波速 $c_{2s} = 300\,\mathrm{m/s}$ 的波數譜與傳輸損失。從波數譜可以看出，連續譜與簡正模態譜與沒有剪力波的情形幾乎相同，而界面波（約在 $k_r = 0.47\,\mathrm{m}^{-1}$）也很弱，因此，整體而言，僅對傳輸損失造成微弱干擾的影響，如圖 5.18 所示。

　　在此必須強調，當頻率很低時，所有的簡正模態可能全部截止，然而此時界面波依然存在【亦即，界面波並無截止頻率，見第 5.3.2 節】。在這種情況下，界面波即成爲主導波導傳播的機制。因此，在模擬低頻波導傳播時，應考慮剪力效應。另一方面，當考慮海底爲粗糙界面時，則聲波可經由彈性波的耦合而以界面波的形式散射，因此，亦對聲波的傳播造成重大的影響，相關討論，見第 9.3.3 節。

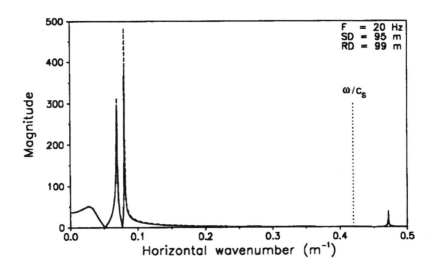

圖 5.17: 具彈性海床的珮克瑞斯波導之波數譜：$c_s = 300$ m/s[41]

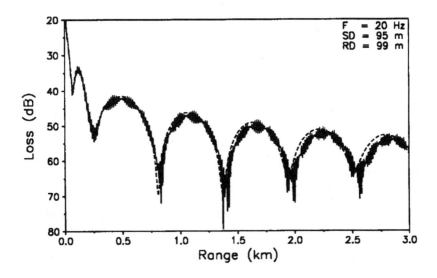

圖 5.18: 具彈性海床的珮克瑞斯波導之傳輸損失：$c_s = 300$ m/s [41]

5.3.2 模態頻散

具彈性海床的珮克瑞斯波導之頻散關係可表示成 [90]：

$$k_{zm,1}D + \Upsilon_m = m\pi \tag{5.42}$$

$$\Upsilon_m = \tan^{-1}\left\{\frac{\rho_2}{\rho_1}\frac{k_{zm,1}}{\kappa_{zm,2p}}\frac{c_{2s}^4}{\omega^4}\left[-4\kappa_{zm,2p}\kappa_{zm,2s}k_{rm}^2\right.\right.$$
$$\left.\left.+ \left(\kappa_{zm,2s}^2 + k_{rm}^2\right)^2\right]\right\} \tag{5.43}$$

上式中，$\kappa_{zm,2p} = \sqrt{k_{rm}^2 - k_{2p}^2}$、$\kappa_{zm,2s} = \sqrt{k_{rm}^2 - k_{2s}^2}$。若以相位速度表示，則式 (5.43) 可表示成：

$$\Upsilon_m = \tan^{-1}\left\{\frac{\rho_2}{\rho_1}\sqrt{\frac{c_{rm}^2/c_1^2 - 1}{1 - c_{rm}^2/c_{2p}^2}}\frac{c_{2s}^4}{c_{rm}^4}\right.$$
$$\left. \times \left[\left(2 - \frac{c_{rm}^2}{c_{2s}^2}\right)^2 - 4\sqrt{1 - \frac{c_{rm}^2}{c_{2p}^2}}\sqrt{1 - \frac{c_{rm}^2}{c_{2s}^2}}\right]\right\} \tag{5.44}$$

因此，模態的頻散關係爲：

$$k_{rm} = \frac{1}{\sqrt{c_{rm}^2/c_1^2 - 1}}\left(\frac{m\pi}{D} - \frac{\Upsilon_m}{D}\right) \tag{5.45}$$

圖 5.19 爲以典型海床地聲參數所繪製之前五個模態之頻散關係圖；有關該圖之特性，茲在此稍作分析。

從式 (2.139) 可知，式 (5.44) 中之中括號內的項，乃是瑞利界面波之特徵函數。當 $c_r = c_{\text{Ray}} < c_{2s}$ 時，該項爲零，而當 $c_r < c_{\text{Ray}}$ 時，該項爲負，因而 $\Upsilon < 0$。因此，當 $m = 0$ 時，式 (5.45) 存在一實根【見下段說明】，此乃第 0 模態之頻散關係；此一模態，又稱爲基本模態 (fundamental mode)，並不會因頻率太低而截止。

圖 5.20 乃是典型地聲性質的珮克瑞斯波導之基本模態頻散關係圖。當 $c_{rm} < c_1 < c_{\text{Ray}}$ 時，Υ 爲虛數：

$$\Upsilon_m = i\Theta_m$$

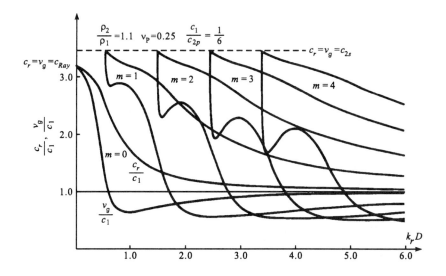

圖 5.19: 具彈性海床的瑞克瑞斯波導：前五個模態之頻散關係圖 [90]

$$
=\ i\arg\tanh\left\{\frac{\rho_2}{\rho_1}\sqrt{\frac{1-c_{rm}^2/c_1^2}{1-c_{rm}^2/c_{2p}^2}}\frac{c_{2s}^4}{c_{rm}^4}\right.
$$

$$
\left.\times\left[\left(2-\frac{c_{rm}^2}{c_{2s}^2}\right)^2-4\sqrt{1-\frac{c_{rm}^2}{c_{2p}^2}}\sqrt{1-\frac{c_{rm}^2}{c_{2s}^2}}\right]\right\}\ (5.46)
$$

因此，當 $m=0$ 時，式 (5.45) 簡化成：

$$
k_{r0}=-\frac{1}{\sqrt{1-c_{r0}^2/c_1^2}}\frac{\Theta_0}{D}\qquad(5.47)
$$

上式中，$\Theta_0<0$；式 (5.47) 即是基本模態之頻散關係。

從式 (5.44) 與式 (5.45) 可知，當 $c_{r0}\to c_{\mathrm{Ray}}$ 時，$k_{r0}D\to 0$（相當於 $f\to 0$）；而當 $c_{r0}\to c_{\mathrm{Sch}}$ 時，從式 (2.137)、式 (5.46)、與式 (5.47) 可知，$-\Theta\to\infty$，因此，$k_{r0}D\to\infty$（相當於 $f\to\infty$）。此乃顯示，在頻率很低的情況下，水層的厚度形同薄膜而被忽略，因此，基本模態乃趨近於自由界面與彈性介質的瑞利表面波。另一方面，當頻率很高時，水層的厚度形同無窮介質，因此，基本模態乃趨近存在於水體與彈性體界面的 Scholte 界面波。

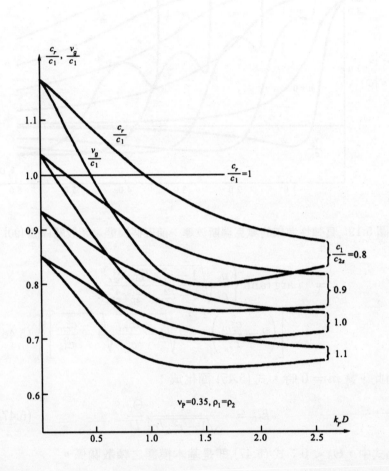

圖 5.20: 具彈性海床的瑞克瑞斯波導之基本模態頻散關係圖 [90]：c_1/c_{2s} = 0.8, 0.9, 1.0, 1.1，Poisson ratio $\nu_P = \frac{\lambda_L}{2(\lambda_L+\mu_L)}$ = 0.35，$\rho_1 = \rho_2$。

　　從圖 5.19 可知，第 m (≥ 1) 個模態的截止頻率，乃對應於
$c_{rm} = c_{2s}$，亦即，

$$\omega_{0m} = \frac{c_{2s}}{\sqrt{c_{2s}^2/c_1^2 - 1}} \left(\frac{m\pi}{D} - \frac{\Upsilon_m|_{c_{rm}=c_{2s}}}{D} \right) \tag{5.48}$$

此乃因為 $c_r > c_{2s}$（相當於 $k_r < k_{2s}$）時，聲波仍可藉由剪力波傳
入海床，因此，無法產生全反射而形成簡正模態。當 c_{2s} 不大時
（例如，$c_{2s} = 200$ m/s），因剪力波所造成的反射損失不大，此
時，海床可視之為流體介質。然而，在剪力波聲速足夠大以致其
效應不可忽略的情況下：若 $c_1 < c_{2s}$，則所有 $m \geq 1$ 的模態，在
高頻時，都趨近 c_1（亦即，$k_r D \to \infty \Rightarrow c_r \to c_1$）。另一方面，
若 $c_1 > c_{2s}$，則除了基本模態外，所有的模態皆是漏能模態。因
此，基本模態乃成為遠距離能量傳播的主要模式。

5.3.3　界面波之頻散傳播

本節探討在具有彈性海床的的珮克瑞斯波導中，寬頻訊號傳播的
特性與應用。從第 5.3.2 節的討論中可知，在考慮海床具有彈性的
情況下，界面波（基本模態）乃是聲波傳播的重要機制，由於該
模式波沒有截止頻率，且不會漏能（除介質吸收外），因此，在
低頻波導的傳播中，尤其重要。

　　為具體說明波導中之波傳現象，茲考慮圖 5.21 所示之實驗結
果 [75]。該實驗乃在 20 m 深的淺海環境中，以爆炸聲源（聲源
強度以黑點註記於圖的右側）產生聲波後，以置於海床的地聽器
(geophone)，在不同距離所接收到的訊號，所疊積而成的結果。
從圖上可以明顯的看出，傳播速度介於 78 m/s 與 133 m/s 的訊
號，乃是 Scholte 界面波所引領的波群，且水平位移似乎呈現較
佳的結果。

　　為了分析圖 5.21 所示的資料，吾人必須建立與實驗現場相近
的環境模式。從第 5.3.2 節的分析可知，影響界面波的參數，除了

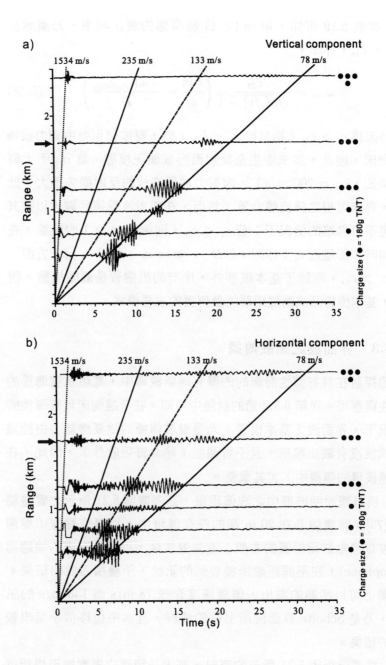

圖 5.21: 具彈性海床的珮克瑞斯波導之頻散傳播 [41]：上圖為垂直位移，下圖為水平位移

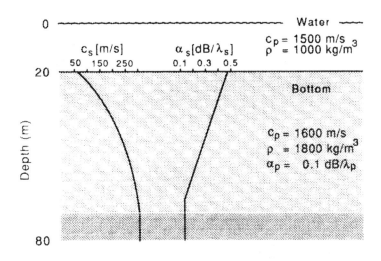

圖 5.22: 分析圖 5.21 所示資料之環境模式

波導幾何外，主要包括壓力波聲速、剪力波聲速、吸收常數等，因此，必須盡可能準確的估算這些參數。這些參數，有的可以現場量測，或查閱相關文獻，但是，有些必須藉由揣測與驗證的過程，而事實上，這也是構成反算問題計算的基礎。

Schmidt 等 [41] 以 FFP 的方法，進行一連串的數值模擬與分析，建立了圖 5.22 所示的環境模式。以該模式所模擬的頻散傳播，如圖 5.23 所示。比較圖 5.21 與圖 5.23 的結果可以發現，兩者十分相近。

圖 5.24 為理論與實驗資料頻散關係之比較；結果顯示，兩者十分吻合，顯示數值模擬的可行性。從結果可以很明顯看出，聲波的能量乃集中在頻率約 2 Hz 的 Scholte 模態以及約 2.8 Hz 的第一個模態，而第二個模態則僅微弱的被激發。

值得注意的，從以上模擬程序所得到的剪力波聲速（介於 100 m/s 與 320 m/s 之間），以及剪力波梯度（約為 4 m/s/m），都與文獻之相關資料吻合 [33]。因此，以界面波特性反算底床剪力波聲速的性質，應屬可行的方法。

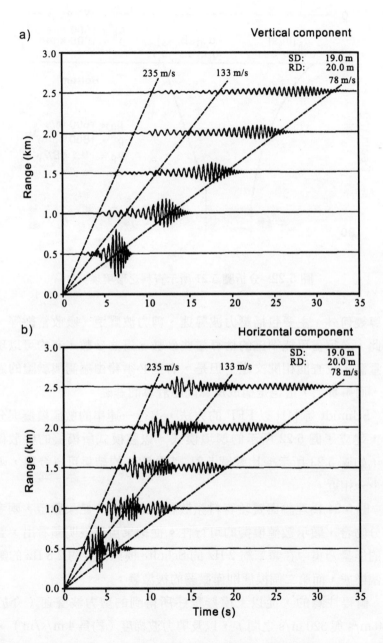

圖 5.23: 具彈性海床的珮克瑞斯波導數值模擬之頻散傳播 [41]：上圖爲
垂直位移，下圖爲水平位移

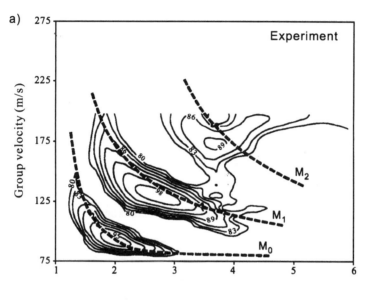

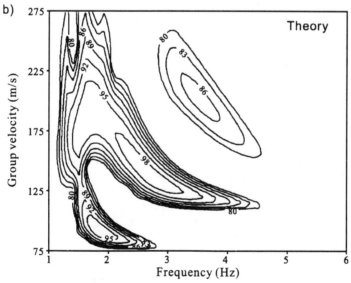

圖 5.24: 理論與實驗資料之水平位移頻散關係之比較 [41]

5.4　連續譜的角色

從以上各節的討論中可知,淺海波導環境中的傳播機制大體由簡
正模態所主導,尤其是遠距離傳播的問題。而當底床具有剪力波
時,則除了簡正模態外,在靠近海床邊界的區域,界面波亦是重
要的波傳機制。至於連續譜區域內的成份波,則因在傳播的過程
當中,連續與海床碰撞並透射入海床而消散能量,因此,一般而
言,在遠距離傳播的問題中,並不重要。

　　然而,以上陳述的一般狀況,仍有特例;亦即,在某些情
況下,連續譜亦不能被忽視。考慮圖 5.25 所示的波導環境;此
一波導模式稱之為 Bucker 波導 [50]。Bucker 波導的特性在於,
在底床上,聲速的對比很小,但密度的對比很大,如圖所示
($m = \rho_2/\rho_1 = 2.1$,$n = c_1/c_2 \sim 1$)。此時,在連續譜區內,可
因較強的反射而產生可觀的漏能模態,而簡正模態區僅佔波譜的
一小部份而已。因此,在計算傳輸損失時,連續譜亦扮演重要的
角色。

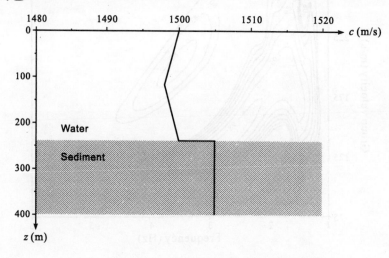

圖 5.25: Bucker 波導環境 [50]

圖 5.26 為 Bucker 波導之波數譜與傳輸損失;相關資料為:頻

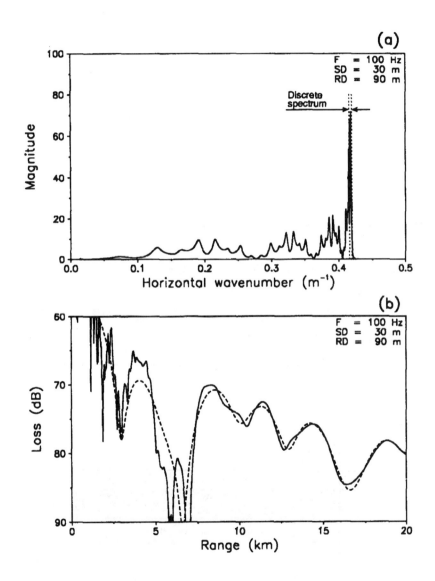

圖 5.26: Bucker 波導之波數譜與傳輸損失 [41]

率 30 Hz、聲源深度 90 m、接收深度 30 m。從波數譜的結構可以
明顯看出，連續譜乃佔了整個波數譜的大部分，且其大小亦近乎
與簡正模態等量級，顯示連續譜的重要性。

　　另一方面，從傳輸損失亦可看出，包含連續譜（實線）與僅
含簡正模態（虛線）所計算的結果，對傳輸損失的影響，可達十
數公里之遠。從計算方法的角度來看，由於波數積分法在計算的
過程當中，乃考慮到波譜中之所有形態的波（包括連續譜、簡正
模態譜、消逝譜等），因此，並無需針對此類問題做特別處理，
此乃波數積分法方便之處。

5.5　聲波於震-聲水平層化介質中之傳播

珮克瑞斯雙層波導，雖然提供了探討淺海環境中聲波傳播模式，
但是，一般而言，實際的海洋環境比起珮克瑞斯波導更加複雜；
其中，海床的結構可能必須模擬成多層的流體或固體介質，方可
符合實際情況，如圖 5.27 所示。

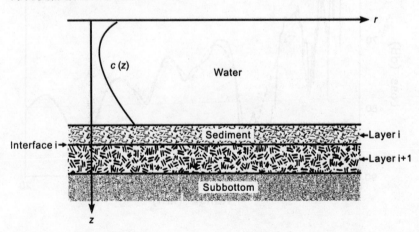

圖 5.27: 多層水平震-聲層化介質

　　從第 3.4 節與本章第 5.1.1 節的討論中可知，波數積分法建構

線性系統的過程與求解的程序，具有相當廣泛的通性，因此，在本節中，將以波數積分法，描述求解多層水平震-聲層化介質中聲波之傳播。

　　考慮含有 N 層（$N-1$ 個界面）的水平層化 (horizontally-stratified) 震-聲介質 (seismo-acoustic media)。假如每層的介質都爲均勻且等向，則從第 2.1 節的討論中可知，存在震-聲介質裡的各種波，可用三個純量的位移勢表示，分別爲：壓力波 (compression wave, P wave) 位移勢 $\phi(\mathbf{r}, z)$、垂直極化剪力波 (vertically-polarized shear wave, SV wave) 位移勢 $\psi(\mathbf{r}, z)$、水平極化剪力波 (horizontally-polarized shear wave, SH wave) 位移勢 $\Lambda(\mathbf{r}, z)$，且各個位移勢能都將符合線性聲波方程式，或赫姆霍茲方程式 (Helmholtz equation)：

$$\nabla^2 \chi_j + k_j^2 \chi_j = 0, \; j = 1, 2, 3, \ldots, N \qquad (5.49)$$

式中，χ_j 可爲第 j 層裡的 P、SV、或 SH 波之位移勢－分別以 ϕ_j、ψ_j、Λ_j 表示，而 $k_j = \omega/c_j$ 爲相對應的波數；其中，當 χ_j 代表 ϕ_j 時，則 $c_j = c_{jp}$（壓力波聲速），而當 χ_j 代表 ψ_j 或 Λ_j 波時，則 $c_j = c_{js}$ (剪力波聲速)。顯然的，假如介質是流體，則將只有壓力波。

　　上述的位移勢 ϕ_j、ψ_j、Λ_j 在邊界上，都必須符合邊界條件 (boundary conditions)，這些條件必須視介質的性質而定。若是界面所分離的介質都是彈性固體，則位移與應力之個別分量在界面上都必須連續，因此，將有六個邊界條件。若界面所分離的介質一邊是流體，一邊是固體，則垂直位移與垂直應力（壓力）必須連續，同時，剪應力在邊界上必須消失，因此，將有三個條件。若是界面所分離的介質都是流體，則垂直位移與壓力必須連續，此時只有兩個邊界條件。以上所陳述之條件，可藉由物性方程式 (constitutive equation)，將位移與應力以位移勢表示【見第

2.1 節】，並可用矩陣的方式，簡潔的表示成：

$$B_j\,\chi_{j;j+1} = 0, \quad j = 1, 2, 3, \ldots, N-1 \qquad (5.50)$$

上式中，B_j 爲一矩陣，其所含元素包括相關的運算子 (operator)【例如，微分】與介質性質，而 $\chi_{j;j+1}$ 爲與第 j 及 $j+1$ 層有關的位移勢爲元素的向量。

　　在水平層化的環境中，式 (5.49) 的解可用傅立葉積分式表示。若取時間因子爲 $e^{-i\omega t}$，則式 (5.49) 的解可表示成：

$$\chi_j(\mathbf{r}, z) = \int d^2\mathbf{k_r} e^{i\mathbf{k_r}\cdot\mathbf{r}} \left[\widetilde{\chi}_j^+(\mathbf{k_r})e^{ik_{z,j}z} + \widetilde{\chi}_j^-(\mathbf{k_r})e^{-ik_{z,j}z}\right] \quad (5.51)$$

上式中，$k_{z,j} = \left(k_j^2 - |\mathbf{k_r}|^2\right)^{1/2}$ 爲垂直波數，而 $\widetilde{\chi}_j^+(\mathbf{k_r})$ 與 $\widetilde{\chi}_j^-(\mathbf{k_r})$ 分別表示傳向正 z【以圖 9.6 所示的座標爲例，此分量波爲下傳播波 (down-going wave)】與負 z【上傳播波 (up-going wave)】$\mathbf{k_r}$ 分量波的振幅，這些振幅乃爲任意常數，而 $\mathbf{k_r}$ 爲參數。

　　顯然的，前述的未知振幅 $\widetilde{\chi}_j^+(\mathbf{k_r})$ 與 $\widetilde{\chi}_j^+(\mathbf{k_r})$，將由邊界條件所決定。若以線性系統表示，則該線性系統實則爲相對於式 (5.50) 邊界條件之傅立葉轉換式，亦即：

$$\widetilde{B}_j(\mathbf{k_r})\widetilde{\chi}_{j;j+1}^{\pm}(\mathbf{k_r}) = 0, \quad j = 1, 2, \ldots, N-1 \qquad (5.52)$$

藉由上述線性系統以及輻射條件 (radiation conditions)，即可求得每一水平波數 $\mathbf{k_r}$ 的未知向量 $\widetilde{\chi}_{j;j+1}^{\pm}(\mathbf{k_r})$，然後再藉由式 (5.51) 的傅立葉積分而得 $\chi(\mathbf{r}, z)$。以上以矩陣及向量表示邊界條件的方式，既有系統且方便。這些看似抽象的符號，實際上乃十分簡潔；第 9.3.3 節中將有建構邊界條件的實例。

　　從以上的求解過程發現，若是以位移勢表示，則求解震-聲波的過程與單純求解聲波，並無差別，而只是介質中增加兩個位移勢而已，因此，處理方式，十分簡便。

第六章

深海環境中聲波之傳播

聲波在深海環境中傳播的典型問題，通常以其聲線在水中折射所形成的循環模式為特徵，如圖 1.3 與圖 1.4 所示。這種特殊的傳播型態，顯然乃是聲速之垂直分佈所造成。雖然在第 5 章的前言提及，對於海洋聲學而言，通常以 $k_r D$ 的大小作為區分淺海與深海聲學環境，例如，$k_r D > 10^2$ 為深海。但是，一般而言，在上千公尺的大洋中，聲速隨深度之變化，已然不能忽略，而聲速的變化對聲波遠距離傳播會造成重大的影響，此乃深海聲波傳播的最主要特徵。

從處理方法的角度來看，一般使用聲線法。此乃因為聲線法之特性適合使用外，且因該法可以呈現聲線的分佈，並展現聲能匯集或無法到達的區域，如收斂區 (convergence zone)、陰影區 (shadow zone) 等，因此，乃是最常使用的方法。不過，第 3 章所討論的方法，如簡正模態法、波數積分法等，亦可使用；本章亦將作分析與討論。

6.1 典型深海環境模式

大體而言，深海環境中聲速剖面 $c(z)$ 有三種模式，如圖 6.1 所

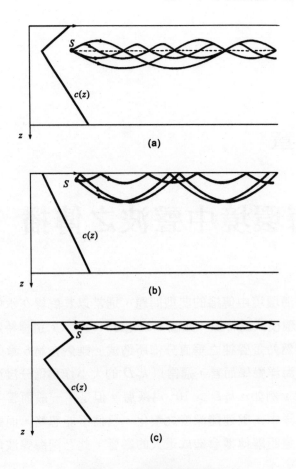

圖 6.1: 典型深海環境模式

示。圖 6.1(a) 顯示整個海洋之聲速分佈可分成兩層：上半層之聲
速隨深度增加而遞減（負梯度），迄某一深度達最小值之後，則
隨深度增加而增加（正梯度）；這種聲速分佈乃是最為典型的
"聲發"(SOFAR) 波導。當聲源置於最小聲速的深度時，稱之為聲
發軸 (SOFAR axis)，則部份的聲線將被鎖住在某一厚度的水層內
而得以遠傳。

　　聲發軸的深度，會隨著緯度的增高（亦即海洋表面溫度的降
低）逐漸變淺，而終至在極地區域到達海洋的表面，如圖 6.1(b)

所示;此時聲速乃隨著深度的增加而增加。這種聲速分佈將導致
聲線往上折射而與海面接觸,此時海面若是平滑狀況,則將因全
反射而造成有效的聲波傳播模式。不過,在極地地區,海面通常
有冰層覆蓋,因此,冰層的性質(包括表面粗糙度)乃是決定聲
波傳播的重要因素。

　　另一種常見的聲速分佈為海洋最上層的混合層 (mixing
layer),因區域的因素而造成聲速分佈呈正梯度變化,稱之為
表層波導 (surface duct)。此時,若是聲源接近海面,則有部份聲
能將會被鎖住在表層波導內。以上三種波導傳播模式,將會在後
續節次探討。

　　有關聲波在深海環境傳播的問題中,一般將海床視之為密度
介於 1500 kg/m^3 與 2500 kg/m^3,聲速比在界面處之水層聲速略
大的流體。由於海床對聲能會產生很大的消散作用,因此,與海
床作用之較陡峭聲線,只會對近距離的傳播造成影響。在遠距離
傳播中(例如 $r > 100 \text{ km}$),與海床碰撞的聲線,幾乎已無能量
到達接收點,而主要的能量都是來自被鎖在水層內的聲線。有鑑
於此,海床的性質對於遠距離傳播,不會有太大的影響。

6.2　射線聲學

從第 2.5 節中可知,當聲速與密度隨深度緩慢變化時,聲波在行
進的過程當中,可不必考慮持續反射的作用而將介質視之為"透
明體"。在第 3.2 中,亦已討論過射線聲學 (ray acoustics) 原理。
在本節中,將考慮二維聲波之傳播,並以射線聲學原理,求解聲
波傳播路徑的幾何形狀,稱之聲線軌跡 (ray trajectory),以及能
量的傳輸。

6.2.1　聲線軌跡

在此考慮聲速隨深度連續變化的環境,亦即 $c = c(z)$。依斯涅耳

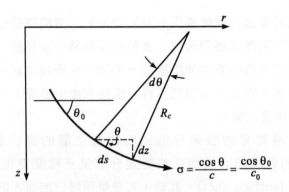

$$\sigma = \frac{\cos \theta}{c} = \frac{\cos \theta_0}{c_0}$$

圖 6.2: 聲線軌跡

定律，聲線改變方向必須符合下式：

$$\frac{\cos \theta(z)}{c(z)} = \sigma \tag{6.1}$$

σ 稱之爲水平慢率 (horizontal slowness)。對於每一條聲線而言，σ
爲常數，因此，σ 可作爲各別聲線的標記，如圖 6.2 所示。在此，
對式 (6.1) 作 z 的微分可得：

$$-\sin \theta \frac{d\theta}{dz} = \sigma \frac{dc}{dz} \tag{6.2}$$

　　另一方面，從圖 6.2 所示之幾何關係可知，聲線軌跡之曲率
半徑 R_c (radius of curvature) 爲：

$$R_c = \frac{ds}{d\theta} = \frac{ds}{dz} \frac{dz}{d\theta} = \frac{1}{\sin \theta} \frac{dz}{d\theta} \tag{6.3}$$

結合式 (6.2) 與式 (6.3) 的關係可得：

$$R_c = -\frac{1}{\sigma} \frac{1}{\frac{dc}{dz}} = -\frac{1}{\sigma} \frac{1}{g_c} \tag{6.4}$$

上式中，g_c 爲聲速隨深度變化之變率，亦即聲速梯度 (sound
speed gradient)，單位爲 s^{-1}。當 $g_c > 0$，則 $R_c < 0$，聲線向上

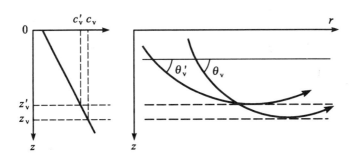

圖 6.3: 轉折深度與轉折聲速

彎曲 (concave upward)，而當 $g_c < 0$，則 $R_c > 0$，聲線向下彎
曲 (concave downward)。由於聲速梯度都很小（$|g_c| < 1\,\mathrm{s}^{-1}$），
且隨深度而變化【$g_c = g_c(z)$】，因此，曲率半徑亦爲深度的
函數【$R_c = R_c(z)$】。從式 (6.4) 可知，只要知道聲速梯度函
數 $g_c(z)$，則標記爲 σ 的聲線在任意深度之曲率半徑，即可用該
式計算而得，然後再藉由式 (6.3) 的關係以及起始條件 (initial
condition)，求得聲線軌跡之幾何形狀。

在此，吾人再對 σ 與其它參數之間的關係稍加說明。在一
已知的聲速變化環境中，假如聲速是往下遞增的分佈，則聲線
將向上彎曲，此時，假如水深足夠大，則聲線將會在某一深度
達到零掠擦角 (zero grazing angle)，此一深度稱之爲轉折深度
(vertexing depth)，以 z_v 表示；在轉折深度之聲速稱之爲轉折聲
速 (vertexing or turning speed)，以 c_v 表示，如圖 6.3 所示。 由
於每一條聲線各有不同的轉折深度及轉折聲速，因此，轉折聲速
亦可作爲聲線的標記。從式 (6.1) 中可知，σ 與 c_v 之關係爲：

$$\sigma = \frac{1}{c(z_\mathrm{v})} = \frac{1}{c_\mathrm{v}} \qquad (6.5)$$

$\sigma = 0$ 爲垂直入射的聲線，因此不會產生折射，此時聲線軌跡即
爲直線。

在已知聲速梯度的條件下，可藉由式 (6.4) 計算二維 (x, z) 或

是三維軸對稱 (r, z) 的聲線軌跡方程式。最簡單且常見的聲速分佈爲線性函數【Linear Sound-Speed Profile, LSSP；亦稱等梯度 (isogradient) g_0 分佈】：

$$c(z) = c_0 + g_0(z - z_0) \qquad (6.6)$$

在這種情況下，聲線之曲率半徑爲 $|R_c| = |1/(\sigma g_0)|$，且爲一常數，因此，聲線軌跡乃爲半徑爲 $|R_c|$、圓心在 $(x_0, z_0 + R_c)$ 之圓形的部份圓弧。若以數學式表示，該圓形方程式爲【爲什麼？】：

$$(z - z_0 - R_c)^2 + (x - x_0)^2 = R_c^2, \quad R_c = -\frac{c_0}{g_0 \cos\theta_0} \qquad (6.7)$$

從上式可推算得知，轉折聲速爲 c_0 的聲線，其圓心的 z 座標（深度座標）位於聲速爲（或延伸至）零的深度，此深度亦爲各條聲線圓心之所在，但各條聲線圓心之 x 座標都不同。

6.2.2　聲線之計算

考慮聲波在海洋中之傳播，如圖 6.4 所示。從式 (6.4) 可知，聲線之曲率半徑 R_c 乃由聲速梯度 g_c 所決定。因此，可藉由簡單的幾何關係，計算聲線軌跡。

考慮聲線上之任意兩點，P_1 與 P_2，則這兩點間之水平距離（以 r_{12} 表示），與垂直距離（以 z_{12} 表示），分別爲：

$$r_{12} = \int_{P_1}^{P_2} \cos\theta \, ds = \int_{\theta_1}^{\theta_2} R_c(\theta) \cos\theta \, d\theta \qquad (6.8)$$

$$z_{12} = \int_{P_1}^{P_2} \sin\theta \, ds = \int_{\theta_1}^{\theta_2} R_c(\theta) \sin\theta \, d\theta \qquad (6.9)$$

另外，聲波從 P_1 傳至 P_2 所需要的時間，稱之爲行進時間【或傳播時間】(travel time) t_{12} 爲：

$$t_{12} = \int_{P_1}^{P_2} \frac{ds}{c} = \int_{\theta_1}^{\theta_2} \frac{\sigma R_c}{\cos\theta} \, d\theta = -\int_{\theta_1}^{\theta_2} \frac{1}{g_c \cos\theta} \, d\theta \qquad (6.10)$$

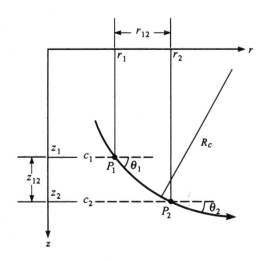

圖 6.4: 描述聲線軌跡之相關參數

以上三式可藉由直接或數值積分，並以聲線上任何一點為起始點
（例如聲源位置），計算出聲線的軌跡。

一般而言，遠距離傳播聲線之掠擦角都很小，例如 $\theta \leq 20°$，
此時，與聲線相關的計算式可做適當的簡化，此種簡化稱之為小
角度近似化 (small angle approximation，或以 saa 稱之)。 在此，
考慮斯涅耳定律：

$$\frac{\cos\theta_v}{c(z)} = \frac{1}{c_v} \tag{6.11}$$

當 θ_v 很小時，$\cos\theta_v \simeq 1 - \theta_v^2/2$，因此，

$$1 - \frac{\theta_v^2}{2} \simeq \frac{c(z)}{c_v} = \frac{c_v - \Delta c}{c_v} = 1 - \frac{\Delta c}{c_v} \tag{6.12}$$

亦即，

$$\theta_v^2 \simeq \frac{2\Delta c}{c_v} \tag{6.13}$$

上式中，θ_v 是轉折深度之聲速為 c_v 之聲線在聲速為 $c_v - \Delta c$ 之深
度的掠擦角，如圖 6.5 所示。 對於聲速相差 Δc 之任何兩深度而

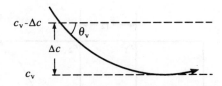

圖 6.5: 轉折聲速與掠擦角

言，聲線之掠擦角在兩深度的關係爲：

$$\theta_1^2 \simeq \theta_2^2 + \frac{2\Delta c}{c_1} \tag{6.14}$$

式 (6.13) 與 (6.14) 之誤差大小約爲：

$$\frac{\eta}{\theta} \simeq -\frac{g_c}{2f} \tag{6.15}$$

以線性聲速變化剖面爲例，若梯度爲 g_0，則聲線軌跡之相關參數爲：

$$R_c = -\frac{c_v}{g_0} \tag{6.16}$$

$$r_{12} = \frac{c_v}{g_0}(\sin\theta_1 - \sin\theta_2) \simeq \frac{c_v}{g_0}(\theta_1 - \theta_2) \tag{6.17}$$

$$z_{12} = \frac{c_v}{g_0}(\cos\theta_2 - \cos\theta_1) \simeq \frac{c_v}{2g_0}(\theta_1^2 - \theta_2^2) \tag{6.18}$$

$$t_{12} = \frac{1}{2g_0}\ln\left[\frac{(1+\sin\theta_1)(1-\sin\theta_2)}{(1-\sin\theta_1)(1+\sin\theta_2)}\right] \simeq \frac{\theta_1 - \theta_2}{g_0} \tag{6.19}$$

若考慮轉折聲線之軌跡，亦即 $\theta_1 = \theta_v$，$\theta_2 = 0$，則相關參數爲：

$$r_{12} \simeq \frac{c_v}{g_0}\theta_v = |R_c|\theta_v \equiv r_v \tag{6.20}$$

$$z_{12} \simeq \frac{c_v\theta_v^2}{2g_0} = \frac{\theta_v}{2}r_v \equiv z_v \tag{6.21}$$

$$t_{12} \simeq \frac{\theta_v}{g_0} = \frac{r_v}{c_v} \equiv t_v \tag{6.22}$$

另外，由於 $\Delta c = g_0 z_{12}$，式 (6.13) 與 (6.14) 亦可表示成：

$$\theta_v^2 \simeq \frac{2g_0 z_v}{c_v} \tag{6.23}$$

$$\theta_1^2 \simeq \theta_2^2 + \frac{2g_0 z_{12}}{c_1} \tag{6.24}$$

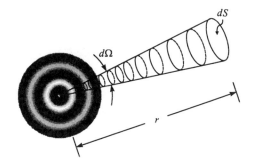

圖 6.6: 均勻介質中之聲線管

且 r_v 與 z_v 之關係為：

$$r_v^2 \simeq 2|R_c|z_v \tag{6.25}$$

6.2.3　傳輸損失之計算

在均勻聲速的環境中，聲能由於幾何擴散而與距離平方成反比。
這種關係，在不均勻介質中將會因為折射的關係而必須作修正。
首先，考慮在均勻介質中之聲線管 (ray tube)，如圖 6.6 所示，
則包含在立體角 $d\Omega$ 聲線管內之聲功率為：

$$dW = \frac{A^2}{\rho c}d\Omega = \frac{1}{\rho c}\frac{A^2}{r^2}dS = \frac{p^2}{\rho c}dS \tag{6.26}$$

假如聲速隨深度變化，則聲線管將隨距離變化而彎曲，如圖
6.7 所示。 考慮在 z_1 深度有一全向性聲源，則在聲源處進入聲線
管之聲功率為：

$$dW_1 = \frac{A^2}{\rho_1 c_1}d\Omega_1 \tag{6.27}$$

而在另外一個深度 z_2 處，聲功率為：

$$dW_2 = \frac{p_2^2}{\rho_2 c_2}dS_2 \tag{6.28}$$

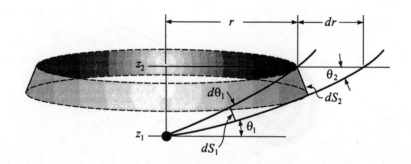

圖 6.7: 不均勻介質中聲線管之剖面圖

在不考慮海水吸收的情況下，$dW_1 = dW_2$，因此，

$$p_2^2 = A^2 \frac{\rho_2 c_2}{\rho_1 c_1} \frac{d\Omega_1}{dS_2} \tag{6.29}$$

藉由 $d\Omega_1 = 2\pi \cos\theta_1 d\theta_1$ 以及 $dS_2 = 2\pi \sin\theta_2 r dr$ 的關係【見圖 6.7】，並假設 $\rho_1 = \rho_2$，且利用斯涅耳定律，可得在 (r, z_2) 的均方壓為：

$$p_2^2(r, z_2; \theta_1) = \frac{A^2}{r \tan\theta_2} \frac{d\theta_1}{dr} \tag{6.30}$$

上式為聲線管內均方壓隨距離與掠擦角變化之間的關係。

接著，考慮在聲源處掠擦角為 θ_1 之微分聲線管 (differential raytube) 在海洋中傳播的情形，如圖 6.8 所示。 假設在波導中任

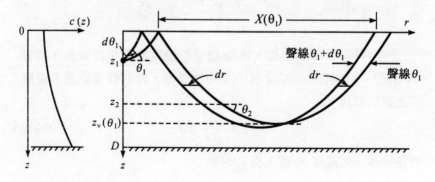

圖 6.8: 微分聲線管傳播模式

何一點的聲波能量（或均方壓）乃由所有可能被接收到的聲線所攜帶之能量累加而成，則從圖 6.8 中可知，每一條聲線管所含能量 dp^2 佔總能量 p^2 的比率為：

$$\frac{dp^2}{p^2} = \begin{cases} \frac{2dr}{X(\theta_1)}, & z_2 < z_v(\theta_1) \\ 0, & z_2 > z_v(\theta_1) \end{cases} \quad (6.31)$$

上式中，$z_v(\theta_1)$ 為 θ_1 聲線之轉折深度，$X(\theta_1)$ 為一次循環的水平距離 (cycle range)，又稱越程 (skip distance)，而 $2\,dr/X(\theta_1)$ 表示當接收深度小於轉折深度時所能攔截到 θ_1 聲線管能量的比率；顯然的，接收深度比轉折深度還大時，無法攔截到 θ_1 聲線。

據此，在水平距離為 r、深度為 z_2 的位置，均方壓為：

$$p^2(r, z_2) = \frac{4A^2}{r} \int_{\theta_m}^{\theta_t} \frac{d\theta_1}{X(\theta_1)\tan\theta_2} \quad (6.32)$$

上式中，θ_t 為被 "陷住 (trapped)" 於波導中之最陡峭聲線（亦即與波導邊緣相切的聲線）在聲源處之掠擦角，而 θ_m 為位於 z_2 處所能攔截到之最水平聲線在聲源處之掠擦角。θ_t 與 θ_m 分別為：

$$\theta_t^2 = \frac{2[c(D) - c(z_1)]}{c(D)} \quad (6.33)$$

$$\theta_m^2 = \begin{cases} \frac{2[c(z_2) - c(z_1)]}{c(D)}, & z_2 > z_1 \\ 0, & z_2 < z_1 \end{cases} \quad (6.34)$$

在一般條件下，式 (6.32) 並非簡易的積分式，而必須藉由數值積分計算。

若將式 (6.32) 作深度平均，即可得平均均方壓如下：

$$\begin{aligned} \langle p^2(r)\rangle_D = p_{avg}^2 &= \frac{4A^2}{r}\frac{1}{D}\int_0^D dz_2 \int_{\theta_m}^{\theta_t} \frac{d\theta_1}{X(\theta_1)\tan\theta_2} \\ &= \frac{4A^2}{rD}\int_0^{\theta_t} \frac{d\theta_1}{X(\theta_1)}\int_0^{z_v(\theta_1)} \frac{dz_2}{\tan\theta_2} \\ &= \frac{4A^2}{rD}\int_0^{\theta_t} \frac{d\theta_1}{X(\theta_1)}\frac{X(\theta_1)}{2} \\ &= \frac{A^2}{rD}2\theta_t \end{aligned} \quad (6.35)$$

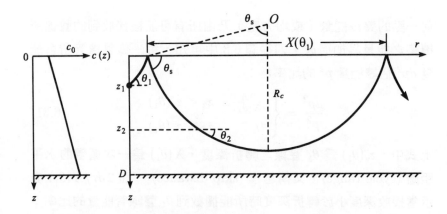

圖 6.9: 向上折射線性聲速變化之波導

因此,平均傳輸損失為:

$$\mathrm{TL_{avg}} = 10\log\frac{A^2}{p_{avg}^2} = 10\log r + 10\log D - 10\log(2\theta_t) \qquad (6.36)$$

上式顯示,在折射波導環境中,傳輸損失將因水深的限制以及
折射的緣故,而比球面自由擴散小。當 $r > D$ 之後,上式乃比
$20\log r$ 少了 $[10\log(r/D) + 10\log(2\theta_t)]$ dB。

6.2.4　線性聲速變化環境中聲波之傳播

本節與下一節將利用以上各節所推導的公式,討論 LSSP 波導之
傳播,並考慮其他可能影響傳輸損失之因素。

　　考慮一向上折射 (upward refracting) 之線性聲速變化波導,
如圖 6.9 所示。此種聲速分佈常見於天候較冷的淺海環境區域。
在這種情況下,聲線經由折射後與海面產生反射作用,然後
再折射行進,此種傳播路徑稱之為「折射 - 表面反射 (RSR)」
(Refracted-Surface-Reflected) 聲線。由於海洋界面幾乎是一個全
反射界面,因此,在晴朗無風的平靜海況下,RSR 為十分有效的
傳播途徑。

在線性聲速變化的波導中，聲線之循環距離為 $X(\theta_1) = 2R_c \sin\theta_s \simeq 2R_c\theta_s$（見圖 6.9），而 $|R_c| = |1/(\sigma g_0)|$，因此，從式 (6.32) 中可得均方壓為：

$$p^2(r, z_2) \simeq \frac{2A^2}{rR_c} \int_{\theta_m}^{\theta_t} \frac{d\theta_1}{\theta_s\theta_2} \qquad (6.37)$$

上式中，θ_s 為聲線與海洋表面接觸之掠擦角。θ_s，θ_2 與 θ_1 的關係如下：

$$\theta_s^2 = \theta_1^2 + \alpha^2, \quad \left(\alpha^2 \equiv \frac{2g_0 z_1}{c_1}\right) \qquad (6.38)$$

$$\theta_2^2 = \theta_1^2 + (\alpha^2 - \beta^2), \quad \left(\beta^2 \equiv \frac{2g_0 z_2}{c_1}\right)$$

$$= \theta_1^2 - \theta_m^2 \qquad (6.39)$$

$$\theta_m^2 = \begin{cases} \beta^2 - \alpha^2, & z_2 > z_1 \\ 0, & z_2 < z_1 \end{cases} \qquad (6.40)$$

若將上列式子代入式 (6.37)，則可得到：

$$p^2(r, z_2) = \begin{cases} \frac{2A^2}{rR_c}\frac{1}{\beta}F(\phi, K), & z_2 > z_1 \\ \frac{2A^2}{rR_c}\frac{1}{\alpha}F(\phi', K'), & z_2 < z_1 \end{cases} \qquad (6.41)$$

$F(\phi, K)$ 稱之為第一類橢圓積分 (elliptic integral of first kind)，其定義為[1]：

$$F(x, y) = \int_0^x \frac{dt}{\sqrt{1 - \sin^2 y \sin^2 t}}$$

與式 (6.41) 相關參數之定義如下：

$$\cos\phi = \sqrt{\frac{z_2 - z_1}{D - z_1}} = \frac{\theta_m}{\theta_t} \qquad (6.42)$$

$$K = \sqrt{\frac{z_1}{z_2}} = \frac{\alpha}{\beta} \qquad (6.43)$$

$$\tan\phi' = \sqrt{\frac{D - z_1}{z_1 - z_2}} = \frac{\theta_t}{\alpha^2 - \beta^2} \qquad (6.44)$$

$$K' = \sqrt{\frac{z_2}{z_1}} = \frac{\beta}{\alpha} \qquad (6.45)$$

---

[1]此類積分乃因在求解橢圓圓周長時產生，故稱之為橢圓積分。

$F(\phi, K)$ 可以從標準的數學手冊查得，如 [1]。

最後，可利用式 (6.35) 將式 (6.41) 表示成：

$$p^2(r, z_2) = \begin{cases} p_{\mathrm{avg}}^2 \dfrac{F(\phi,K)D}{R_c\theta_t\beta} = p_{\mathrm{avg}}^2 \dfrac{F(\phi,K)}{\beta X(\theta_t)/(2D)}, & z_2 > z_1 \\[2ex] p_{\mathrm{avg}}^2 \dfrac{F(\phi',K')D}{R_c\theta_t\alpha} = p_{\mathrm{avg}}^2 \dfrac{F(\phi',K')}{\alpha X(\theta_t)/(2D)}, & z_2 < z_1 \end{cases} \qquad (6.46)$$

式中，$X(\theta_t)$ 為最陡峭受限聲線之越程。因此傳輸損失為：

$$\mathrm{TL} = \mathrm{TL}_{\mathrm{avg}} - \mathcal{L}(z_2, z_1) \qquad (6.47)$$

上式中，$\mathrm{TL}_{\mathrm{avg}}$ 如式 (6.36) 所示，而 $\mathcal{L}$ 為：

$$\mathcal{L} = \begin{cases} 10\log\left[\dfrac{F(\phi,K)}{\beta X(\theta_t)/(2D)}\right], & z_2 > z_1 \\[2ex] 10\log\left[\dfrac{F(\phi',K')}{\alpha X(\theta_t)/(2D)}\right], & z_2 < z_1 \end{cases} \qquad (6.48)$$

6.2.5 海水吸收與界面效應的影響

在以上的討論中，並未考慮海水的吸收及界面的效應。在此，首先考慮海水吸收所造成的影響，並以線性聲速分佈為例。由於吸收對於聲能造成指數遞減，因此，可將式 (6.37) 修正為：

$$p^2 = \frac{4A^2}{r}\int_{\theta_m}^{\theta_t}\frac{d\theta_1}{2R_c\theta_s\theta_2}e^{-\frac{aP(\theta_1)r}{X(\theta_1)}} \qquad (6.49)$$

上式中，$P(\theta_1) = 2R_c\theta_s$ 為路徑長度 (path length)。當 θ_s 很小時，例如 $\theta_s^2 \le 0.1$，則 $P/X \simeq 1$，因此，指數項可簡化成 e^{-ar}。此時，吸收對式 (6.37) 所造成的影響，僅需要在積分式外乘以 e^{-ar}，亦即，

$$p^2 = \frac{2A^2}{rR_c}e^{-ar}\int_{\theta_m}^{\theta_t}\frac{d\theta_1}{\theta_s\theta_2} \qquad (6.50)$$

在什麼條件下，式 (6.50) 方不至於產生太大誤差呢？在此作一簡易分析。為了瞭解高階項的影響，考慮下列的展開式：

$$\frac{P}{X} = \frac{2R_c\theta_s}{2R_c\sin\theta_s} = \frac{\theta_s}{\sin\theta_s} = 1 + \frac{\theta_s^2}{6} + \dots \qquad (6.51)$$

因此，積分式 (6.49) 內的指數項可表示成：

$$e^{-ar\frac{P}{X}} = e^{-ar}e^{-ar\theta_s^2/6} \qquad (6.52)$$

將上式代入式 (6.49) 中可得：

$$p^2 = \frac{2A^2}{rR_c}\, e^{-ar} \int_{\theta_m}^{\theta_t} \frac{d\theta_1}{\theta_s\theta_2}\, e^{-ar\theta_s^2/6} \qquad (6.53)$$

上式中，若要省略積分式內之指數項而獲得式 (6.50) 的結果，則必要的條件乃是 $ar\theta_s^2/6 \ll 1$，此亦相當於 $\alpha^\star r\theta_s^2 \ll 4.34 \times 6$；而若取 $\alpha^\star r < 20$ dB，則 $\theta_s^2 \ll 4.34 \times 6/20 = 1.3$，亦即，$\theta_s \ll 65°$，此乃構成將式 (6.53) 有效簡化成式 (6.50) 的基本條件。

再者，考慮與海面作用因散射所造成的損失。假如 b 表示每一次與海面碰撞所造成聲能損失之係數，則類似於前述考量海水吸收的觀念，均方壓可表示成：

$$p^2 = \frac{4A^2}{r} \int_{\theta_m}^{\theta_t} \frac{d\theta_1}{2R_c\theta_s\theta_2}\, e^{-\frac{br}{X(\theta_1)}} \qquad (6.54)$$

若以最簡單的模式描述散射效應，則散射係數與入射掠擦角成正比，亦即，$b = b_s\theta_s$，b_s 為常數（例如，根據 Fresnel 散射原理，$b_s = 1.15k\zeta$；ζ 為均方根粗糙度）。 因此，在考量海面散射的情況下，式 (6.54) 成為：

$$p^2 = \frac{2A^2}{rR_c}\, e^{-\frac{b_sr}{2R_c}} \int_{\theta_m}^{\theta_t} \frac{d\theta_1}{\theta_s\theta_2} \qquad (6.55)$$

同樣的道理，若是考量與海床碰撞所造成的損失（此種情況通常在向下折射的環境中產生），則 $b = b_b\theta_s$（此時，θ_s 為與海床碰撞的掠擦角），因此，將式 (6.55) 中之 b_s 以 b_b 取代即可。

最後，若將上述各種因素一併考量，則平均傳輸損失為：

$$\text{TL}_{\text{avg}} = 10\log r + 10\log D - 10\log(2\theta_t) + \alpha_\text{T} r \qquad (6.56)$$

上式中，α_T 爲總體吸收係數：

$$\begin{aligned} \alpha_T &= \alpha^\star + \alpha_s \; (\text{或 } \alpha_b) \text{, dB}/1 \text{ m} \qquad\qquad (6.57)\\ &= \alpha^\star + 4.34\frac{b_s}{2R_c} \; (\text{或 } 4.34\frac{b_b}{2R_c}) \text{, dB}/1 \text{ m} \end{aligned}$$

6.3　混合層波導

本節與下一節中將以兩個例子說明聲波在海洋波導中傳播之模式。一種是接近海洋表面混合層 (mixed layer) 內聲波之傳播，如圖 6.1(c) 所示；此種波導稱之爲混合層波導 (mixed-layer channel)，或表層波導 (surface duct)。另一種是典型的深海波導，又稱聲發波導 (SOFAR channel)，如圖 6.1(a) 所示。此兩種波導都是海洋中典型的波導環境。

在此考慮聲速如圖 6.10 左側所示之分佈；這種分佈通常發生在中低緯度，中午之前的海洋中近海面混合層內，由於此時混合層內聲速梯度爲正，因此造成部份聲線上折後與海面反射而受限於上層海水內，此時若無特殊海況，則海面成爲無散射的強反射面，因此，構成良好的傳播環境，此種波導又稱之爲半波導 (half channel)。本節中，將探討半波導環境中聲波傳播模式。

首先考慮聲源位於混合層半波導內 $(0 < z_0 < D)$ 的典型情況。從折射原理可知，當混合層內聲速隨深度增加時，則在該層內的聲源所發射之聲線，若保持在該水層內，都因爲折射而產生上凹彎曲，而穿過混合層的聲線則會下凹彎曲，致使在混合層以下某一區域內，所有聲線都無法直接到達，此區稱之爲陰影區 (shadow zone)。因此，假如有目標物出現在陰影區內，則很難被近海面的聲納偵測到。雖然如此，在該陰影區內聲波仍然可藉由其他機制，如海底反射、散射 (scattering)、繞射 (diffraction) 等，進入陰影區內。典型的情況下，陰影區內之聲壓比波導內小數十 dB（通常可用 10 dB 作爲代表值）。

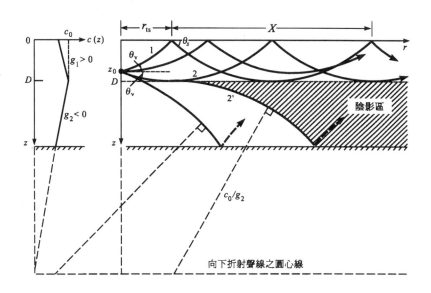

圖 6.10: 混合層波導中聲波傳播之模式

　　當混合層形成半波導之後，整個海洋中的上層聲速分佈可模擬成兩層，亦即，具正梯度 (以 $g_1 > 0$ 表示) 線性分佈之混合層，以及具負梯度 (以 $g_2 < 0$ 表示) 分佈之季節性溫躍層。一般而言，混合層之正梯度鮮少超過 0.016 s^{-1}。由前面相關章節中可知，在混合層內聲線的路徑為半徑為 $R_1 = -c_v/g_1$ 的圓弧；圖 6.10 中標示出某些代表性的聲線。從圖上可以看出，標號為 1 與 2 之聲線，分別為在聲源處向上與向下傳播之最大掠擦角聲線，其軌跡正好（或在經由海面反射後）與波導下緣相切。因此，任何從聲源發出，其角度介於聲線 1 與 2 者，都將維持在該混合層內，此種形態的聲線即為先前所提到「折射–表面反射 (RSR)」聲線。另外，所有發射角大於聲線 1 或聲線 2 發射角之聲線，都將折射進入下層，而終究與海床相撞。聲線 2′ 為臨界聲線 (critical ray)，其乃半徑為 $|c_v/g_2|$ 且發射角正好比聲線 2 之發射角稍微大一點。

　　有關於聲線之幾何參數，在此可以依典型的聲速分佈作一估算。假如 $g_1 = 0.016\ \text{s}^{-1}$，且取 $1500\ \text{m/s}$ 爲聲速代表值，則圓弧半徑約爲 $R_1 = 1500/0.016 = 9.4 \times 10^4\ \text{m}$，亦即約爲 $94\ \text{km}$。有關循環距離 $X = 2R_1\theta_s$，可如下估算：在微小角度的假設下，斯涅耳定律爲 $1/c(D) = \left(1 - \frac{1}{2}\theta_s^2\right)/c(0) = \left(1 - \frac{1}{2}\theta_\text{v}^2\right)/c(z_0)$，而聲速分佈約爲 $c(z) \simeq c(0)(1 + z/R_1)$，因此，藉由上列式子，可以求得循環距離爲 $X = 2\sqrt{2R_1 D}$。若以 $D = 100\ \text{m}$ 爲例，且將 R_1 代入，則可得 $X \simeq 8.7\ \text{km}$。另外，陰影區的距離爲 $r_\text{sz} = R_1\theta_\text{v}$ 則必須視實際聲速分佈與聲源深度而定。

至於波導中的傳播損耗，首先在聲源附近先以球形擴散方式傳播，然後經歷過渡區後，因受限於波導邊界，便以柱形擴散的方式傳播，聲能消散因而降低。這段從球形擴散轉移至柱形擴散的距離稱之爲過渡區距離 (transition range)，以 r_ts 表示。從圖 6.10 可知，r_ts 約爲【爲什麼？】：

$$r_\text{ts} \simeq \frac{D}{2\theta_\text{v}} = \frac{1}{8}X\sqrt{\frac{D}{D - z^\star}},\ z^\star = \begin{cases} z_0, & 0 < z < z_0 \\ z, & z_0 < z < D \end{cases} \quad (6.58)$$

上式中，z 爲接收深度。因此，在混合層波導中之（深度）平均傳播損失約爲：

$$\text{TL}_\text{avg} = \begin{cases} 20\log r + \alpha_\text{T} r, & r < r_\text{ts} \\ 10\log r + 10\log r_\text{ts} + \alpha_\text{T} r, & r > r_\text{ts} \end{cases} \quad (6.59)$$

另一方面，逃離波導而傳入下層的聲線，則視海洋環境而定。假如是在大洋深海中，則這些聲線在進入深海聲增層之後，會再往上折射，或者因海床的反射而再往上傳遞，而終究再回到表面來，如圖 6.11 所示，此種傳播路徑稱之爲 RBR (Refracted-Bottom-Reflected)。因此，在表面上會有聲能加強 (sound energy enhancement) 的現象，這種因深海折射而回到表面的聲線聚集區，稱之爲收斂區 (convergence zone)。

收斂區的距離 (以 r_cz 表示) 須視實際的聲速分佈與聲源深度而定【參見第 188 頁之範例說明】。一般而言，第一個收斂區距

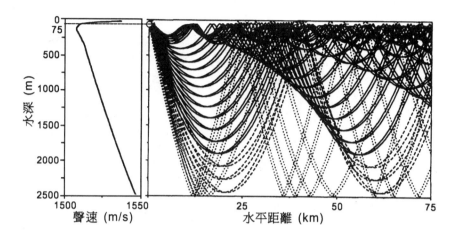

圖 6.11: 聲波在深海中之傳播模式 [41]

離 (first convergence-zone range) 大約介於 15 km 至 70 km，而收
斂區的範圍大約為收斂區距離的 10%。例如，收斂區距離為 60
km 時，則收斂區範圍約 6 km。第二收斂區約在一倍的距離處產
生，且範圍亦增大一倍，不過，此時聲能已經減弱很多而變得不
明顯了。

　　圖 6.12 為混合層波導聲波傳播之實例 [41]：此乃挪威海 (Nor-
wegian Sea) 之混合層波導；波導深度約為 150 m，聲源位於 40
m。在聲源處，發射角小於 ±3° 之聲線，都被陷入波導中；該圖
顯示循環距離約為 10 km。在此必須強調，圖 6.12 為高頻聲波的
傳播模式，假如聲波頻率太低，則聲線路徑將完全改變。

混合層波導之典型傳輸損失

有關於混合層波導之傳輸損失，在 1953–1954 期間，美國海軍曾
執行一個名之為 AMOS (Acoustic, Meterological and Oceanographic
Survey) 的計畫中做了廣泛的資料收集，之後由 Marsh 與 Schulkin
等合力完成報告 [58]。茲將該文獻中所整理出有關混合層之典型
傳輸損失，摘錄於此，以方便應用參考。

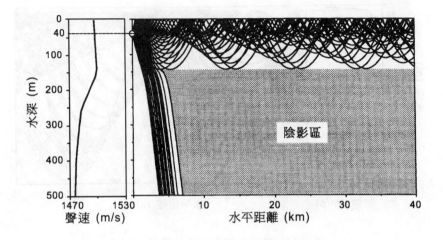

圖 6.12: 挪威海之混合層波導之傳播模式 [41]

　　圖 6.13 與圖 6.14 分別為頻率 2 kHz 與 8 kHz 之傳輸損失。各個分圖為各種不同聲源深度與接收深度的組合，並且以混合層厚度為參數；這些結果方便在相當之條件下查詢傳輸損失之用。

　　有關於公式方面的推導，比較近期的研究中，Baker [5] 提供下列的估算公式：

$$\mathrm{TL}_{\text{short range}} = 20 \log r$$
$$+(\alpha^* + \alpha_L)\, r \times 10^{-3}, \; (r < 350\sqrt{D}) \quad (6.60)$$

$$\mathrm{TL}_{\text{long range}} = 20.9 + 5 \log D + 10 \log r$$
$$+(\alpha^* + \alpha_L)\, r \times 10^{-3}, \; (r > 350\sqrt{D}) \quad (6.61)$$

$$\alpha_L = \frac{26.6\, f\, (1.4)^S}{\sqrt{(1452 + 3.5\, T)D}}, \; \mathrm{dB/kyd} \quad (6.62)$$

上列式子之相關參數與適用範圍為：f 為頻率 (3.25 kHz – 7 kHz)，D 為混合層厚度 (80 ft – 220 ft)，r 為距離 (1,000 yd – 51,000 yd)，S 為海況 (sea-state, 2 – 5)，T 為溫度 (°C)。另外，在一實際量測的資料中亦顯示，當聲波傳播 6 km 後，混合層內與混合層

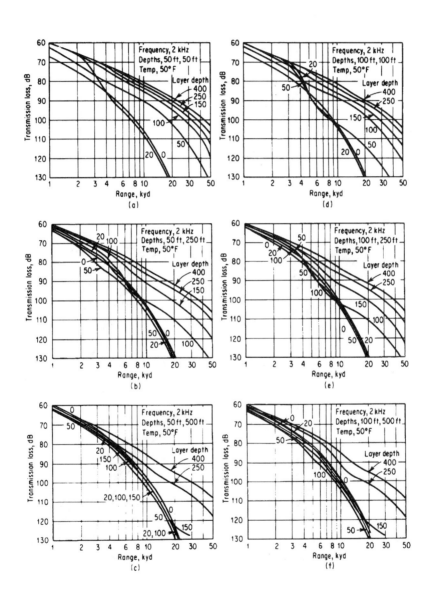

圖 6.13: 混合層傳輸損失：頻率 2 kHz，混合層厚度單位為 ft [58]

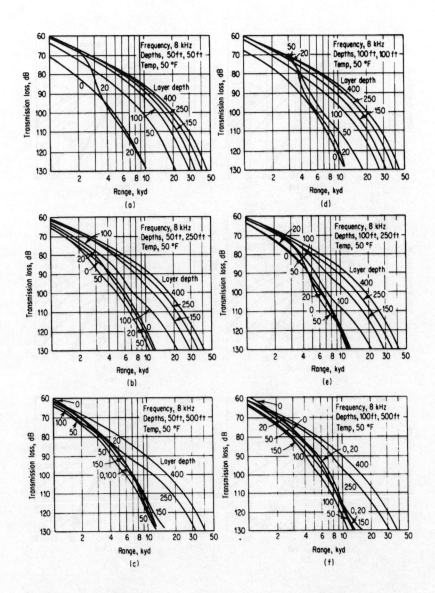

圖 6.14: 混合層傳輸損失：頻率 8 kHz，混合層厚度單位爲 ft [58]

底下（溫/聲躍層）之傳輸損失相差：

$$\Delta = -25 + 25 \log \left(\frac{H_{1/3}}{\lambda} \right) \pm 7, \text{ dB} \qquad (6.63)$$

上式中，$H_{1/3}$ 代表「有義波高 (significant wave height)」，亦即所有前三分之一的波高之平均值，其與風速之間的關係為 $H_{1/3} = 0.0182\,U^2$（$H_{1/3}$ 的單位為 ft，而 U 為 kt）；上式適用範圍為：$0 < D < 150\,\text{m}$，$0 < U < 15\,\text{m/s}$，$0.3\,\text{m} < H_{1/3} < 4.5\,\text{m}$。

最後值得注意的，雖然有上述的結果與公式以及文獻上所提供之各種模式可供應用，但是，Hall [32] 在一連串的實驗中證實，上述的結果與模式皆無法滿意的描述大洋中混合層波導的傳輸損失；其中，最差的乃是假設海面為平滑界面，而最好的是經由修正後有包含粗糙海面作用的 AMOS 結果；然而，整體而言，各種模式的預測皆仍然無法令人滿意，而僅可當作參考或粗估之用，若要得到較為可靠的結果，仍須經由實際量測獲得。

6.4　聲發波導

聲發波導傳播乃是海洋中遠距離聲波傳播最獨特的現象之一。考慮一簡化的深海聲速分佈，如圖 6.15 之左圖所示；整個聲速分佈分成二層：聲躍層、深海聲增層。假如於聲速最小的深度（稱之為波導軸）附近置放一聲源，則具代表性的兩條聲線軌跡如圖中所示。該圖顯示，聲發波導層 (SOFAR layer) 乃是從波導軸深度（以 z_a 表示）算起，分別向上及向下延伸至上下聲速剖面上最大相等聲速之深度間的厚度。當位於波導軸附近的聲源輻射聲能後，涵蓋在某小傾斜角度內的聲線，都將因折射而保持在聲發波導層內而不與海面或海床接觸。這種完全被 "鎖住" 在波導層內的聲線，除了幾何擴散及海水的吸收外，沒有因界面散射或透射的現象而損耗能量，因此，在理想條件下可以傳達數千公里，甚至半個地球。不過，如果水層內有內波 (internal wave) 或亂流

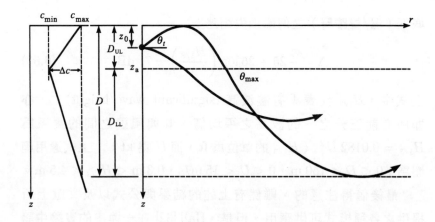

圖 6.15: 深海波導中聲線之幾何模式

(turbulence)，亦將削減聲能而降低傳播效率。

　　在此考慮以線性聲速分佈模擬聲發波導層中上下層聲速，如圖 6.15 所示；其中 c_{max}、c_{min} 分別是波導中最大與最小的聲速，且兩者相差 Δc，而 θ_{max} 表示被波導 "陷住" 之最陡峭聲線在波導軸深度處之掠擦角。從斯涅耳定律可知：

$$\frac{\cos \theta_{max}}{c_{max} - \Delta c} = \frac{1}{c_{max}} \tag{6.64}$$

若以小角度近似化表示，則可得 θ_{max} 為：

$$\theta_{max} = \sqrt{\frac{2\Delta c}{c_{max}}} \tag{6.65}$$

假如聲源位於聲躍層，則與波導層邊界相切的聲線在聲源處的發射角 (emanating angle) θ_t 為：

$$\theta_t = \theta_{max} \sqrt{\frac{z_0}{D_{UL}}} \tag{6.66}$$

上式中，z_0 為聲源的深度，D_{UL} 為上半層波導的厚度。另外，過渡區距離約為【為什麼？】：

$$r_{ts} \simeq \frac{D}{2\theta_t} = \frac{D}{2} \sqrt{\frac{c_{max}}{2\Delta c}} \sqrt{\frac{D^\star}{z^\star}} \tag{6.67}$$

上式中，D 為整體波導層厚度，而 $D^\star$ 與 $z^\star$ 則須視接收深度 z 與聲源深度 z_0 的相對關係而定：

$$\frac{D^\star}{z^\star} = \begin{cases} \frac{D_{\mathrm{UL}}}{\min\{z_0,z\}}, & 0 < z_0 < z_a,\ 0 < z < D \\ \frac{D_{\mathrm{LL}}}{\max\{z_0,z\}}, & z_a < z_0 < D,\ 0 < z < D \end{cases} \quad (6.68)$$

上式中，D_{LL} 為下半層波導的厚度。

至於深海波導之循環距離 X 可藉由圖 6.15 所示之聲線路徑圖形，並假以簡單的幾何演算而得【為什麼？】：

$$X = 2\sqrt{2}D\sqrt{\frac{c_{\max}}{\Delta c}} \quad (6.69)$$

以典型的深海環境為例，$D = 3000$ m，$c_{\max} = 1540$ m/s，$\Delta c = 30$ m/s，可得 $X = 60.8$ km。換句話說，每一循環距離約為 60 km【見第 188 頁之範例說明】。假如表面混合層不存在，則收斂區之距離為循環距離；但若存在混合層，則 $r_{\mathrm{cz}} = X_{\text{surface duct}} + X_{\text{SOFAR}}$。

有關傳輸損失之計算，其公式與式 (6.59) 相類似。在聲源附近，聲能以類似球體擴散方式消散，而在超越過渡區遠離聲源之後，部份聲線則因折射而被封鎖在波導內，此時聲能即以近似柱面方式擴散。因此，當距離大於過渡區之後，平均傳輸損失為：

$$\mathrm{TL}_{\mathrm{avg}} = 10\log r + 10\log r_{\mathrm{ts}} + \alpha_{\mathrm{T}}r \quad (6.70)$$

另外，若要計算聲能從聲源至第一個收斂區之傳輸損失，則可利用下式計算：

$$\mathrm{TL} = 20\log r_{\mathrm{cz}} + \alpha_{\mathrm{T}}r_{\mathrm{cz}} - G \quad (6.71)$$

上式中，G 稱之為收斂區增益 (convergence zone gain)，也就是因為聲束管聚集所增加的聲強。若要精確的計算收斂區增益，則必須經由複雜的計算方可求得。一般而言，收斂區增益約為十數 dB，在沒有更好方法的估計下，可用 10 dB 作為代表值。

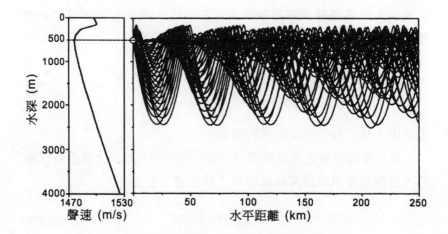

圖 6.16: 挪威海之聲發波導傳播圖 [41]

　　圖 6.16 為聲發波導傳播之一實例 [41]；該圖乃為挪威海聲發
波導傳播之模式。此乃將聲源置於水深約 500 m 處之波導軸所得
之聲線圖，從計算結果可以得知，所有介於 ±10° 之聲線，都將
被封鎖在波導內。一般而言，在中緯度該角度可達 ±15°；該圖顯
示循環距離約 60 km。

收斂區計算之範例說明

為明確說明收斂區距離之計算，在此以一簡例說明。考慮一簡化
的深海環境聲速分佈，如圖 6.17 所示（此聲速分佈實與圖 6.15 相
同），則收斂區內徑（從聲源水平發射經折射再回到表面的水平
距離）與外徑（與海底相切之最陡峭的聲線經折射再回到表面的
水平距離）分別為：

$$r_{\min} \simeq 2c\,\theta_2\left(\frac{1}{|g_1|}+\frac{1}{|g_2|}\right) \tag{6.72}$$

$$r_{\max} \simeq 2c\,\theta_3\left(\frac{1}{|g_1|}+\frac{1}{|g_2|}\right)-2R_1\theta_{\mathrm{v}}' \tag{6.73}$$

上式中，c 為波導中具代表性之聲速（或平均聲速）。因此，收

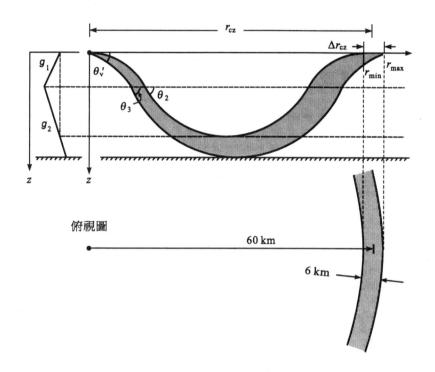

圖 6.17: 收斂區距離與相關幾何參數

斂區距離與範圍分別為:

$$r_{cz} = \frac{r_{max} + r_{min}}{2} \qquad (6.74)$$

$$\Delta r_{cz} = r_{max} - r_{min} \qquad (6.75)$$

若以典型的深海環境與聲速梯度計算,則可得 $r_{cz} \simeq 60\,\mathrm{km}$,$\Delta r_{cz} \simeq 6\,\mathrm{km}$。收斂區聲場俯視圖如圖 6.17 下圖所示。

6.5　深海波導之簡正模態解

本章至此主要都以射線聲學的方法,探討聲波在深海波導之傳播。在本節中,將以 WKB 的近似分析,探討波導中之簡正模態。由於表層波導 (surface duct) 與 SOFAR 波導為深海中主要的

波導環境,因此,本節將以聲波在上述兩種環境中傳播爲考量;
茲分述並定義相關參數如下:

1. 表層波導:波導層介於 $0 < z < z'_m$ 之間,亦即,上界面爲
   海面(聲壓釋放),下界面爲轉折深度【參見圖 6.1(b) 與
   (c)】,亦即,$k_{zm}(z'_m) = 0$ 之處;z'_m 爲形成第 m 個模態之
   聲線的轉折深度。

2. SOFAR 波導:波導層介於 $z''_m < z < z'_m$ 之間;z''_m、z'_m 分
   別爲形成第 m 個模態之聲線的上、下轉折深度【參見圖
   6.1(a)】,亦即,$k_{zm}(z''_m) = k_{zm}(z'_m) = 0$。

在此考慮 SOFAR 波導之情況,並以 WKB 近似法表示聲壓
之深度相關方程式的解:

$$\tilde{p}_\omega(z) = \begin{cases} \frac{1}{\sqrt{k_z(z)}}\left(C_1 e^{i\int_{z'}^z k_z(s)ds} + C_2 e^{-i\int_{z'}^z k_z(s)ds} \right), & z'' < z < z' \\ \frac{1}{\sqrt{|k_z(z)|}} C_3 e^{-\int_{z'}^z |k_z(s)|ds}, & z > z' \end{cases} \tag{6.76}$$

上式中,C_1、C_2、C_3 爲任意常數,而 $k_z(z)$ 爲:

$$k_z(z) = \sqrt{k^2(z) - k_r^2} = \sqrt{\frac{\omega^2}{c^2(z)} - k_r^2} \tag{6.77}$$

式 (6.76) 之第一式之第一項與第二項,分別表示傳向 $+z$ 與 $-z$ 方
向的波(時間因子爲 $e^{-i\omega t}$),爲波導內之波傳型態,而第二式波
導外之波傳型態。上式中的積分下限不一定是要 z' 開始,而可取
該區間內之任意深度;此一改變僅會造成任意常數的改變而已。
另外,若令 $z'' = 0$,則爲表層波導之聲壓解。

式 (6.76) 中的常數 C_1、C_2,可透過聲場在 $z = z'$ 必須連續的
條件,以 C_3 表示。例如,吾人可在 $z = z'$ 之附近區域,加入一
僞線性聲速分佈的薄層,然後建立求解未知數的系統,之後再令
薄層爲零,而得常數之間的關係;此一步驟,與第 4.1.2 節求解過

程類似。據此，可得 C_1、C_2、C_3 的關係爲（爲什麼？）：

$$C_1 = C_3 e^{i\pi/4} \tag{6.78}$$

$$C_2 = C_3 e^{-i\pi/4} \tag{6.79}$$

將上列關係代入式 (6.76) 之第一式可得：

$$\tilde{p}_\omega(z) = \frac{2C_3}{\sqrt{k_z(z)}} \cos\left(\int_z^{z'} k_z(s)ds - \frac{\pi}{4}\right) \tag{6.80}$$

上式中，C_3 仍爲一任意常數。

為求得簡正模態，在此將應用邊界條件。對於表層波導而言，式 (6.80) 在 $z = 0$ 必須符合聲壓釋放條件，亦即，$\tilde{p}_\omega(0) = 0$，因此，

$$\frac{2C_3}{\sqrt{k_z(0)}} \cos\left(\int_0^{z'} k_z(s)ds - \frac{\pi}{4}\right) = 0 \tag{6.81}$$

若欲獲得非零解，則必須符合下列方程式：

$$\int_0^{z'_m} k_{zm}(s)ds - \frac{\pi}{4} = \left(m - \frac{1}{2}\right)\pi, \; m = 1, 2, \ldots \tag{6.82}$$

上式相當於：

$$\int_0^{z'_m} k_{zm}(s)ds = \int_0^{z'_m} \sqrt{k^2(s) - k_{rm}^2}ds = \left(m - \frac{1}{4}\right)\pi, \; m = 1, 2, \ldots \tag{6.83}$$

此式即是求解表層波導之第 m 個模態特徵值 k_{rm} 之特徵方程式；而左項之積分稱之爲相位積分 (phase integral)。相對於特徵值之特徵函數（簡正模態）爲：

$$\tilde{p}_{\omega,m}(z) = \frac{2C_3}{\sqrt{k_{zm}(z)}} \cos\left(\int_z^{z'_m} k_{zm}(s)ds - \frac{\pi}{4}\right) \tag{6.84}$$

另一方面，對於 SOFAR 波導而言，式 (6.80) 在 $z = z''$ 必須符合爲：聲線在繞過轉折點之後，反射波與入射波相位相差 $\pi/2$

【見第 61 頁有關聲波在連續層化介質全反射的說明】。因此，若將式 (6.80) 表示成：

$$\tilde{p}_\omega(z) = \frac{C_3}{\sqrt{k_z(z)}} \left[e^{i\left(\int_z^{z'} k_z(s)ds - \frac{\pi}{4}\right)} + e^{-i\left(\int_z^{z'} k_z(s)ds - \frac{\pi}{4}\right)} \right] \qquad (6.85)$$

則在 $z = z''$ 處，第一項（傳向 $+z$ 方向）比上第二項（傳向 $-z$ 方向）的比值應爲 $e^{i\frac{\pi}{2}} = e^{i\left(\frac{\pi}{2} + 2m\pi\right)}$, $(m = 0, 1, 2, \ldots)$。因此，求解 SOFAR 波導特徵值之特徵方程式爲：

$$\int_{z''_m}^{z'_m} k_{zm}(s)ds = \int_{z''_m}^{z'_m} \sqrt{k^2(s) - k_{rm}^2} ds$$

$$= \left(m + \frac{1}{2}\right)\pi, \; m = 0, 1, 2, \ldots \qquad (6.86)$$

相對之特徵函數，亦如式 (6.84) 所示。

有關特徵函數中所含的任意常數 C_3，可藉由常態化 (normalization) 求得，亦即，令 $\int_0^D \tilde{p}_{\omega,m}^2(z)dz = 1$（$D$ 爲海水深度）。在此，吾人將以海面或/與聲線轉折之深度，作爲積分上、下限，以求得近似積分；以表層波導爲例：

$$4C_3^2 \int_0^{z'_m} \frac{1}{k_{zm}(z)} \cos^2 \left(\int_z^{z'_m} k_{zm}(s)ds - \frac{\pi}{4}\right) dz = 1 \qquad (6.87)$$

假設在一個循環週期內 $k_{zm}(z)$ 的變化不大，則餘弦函數之平方項大約等於平均值，亦即，

$$\cos^2 \left(\int_z^{z'_m} k_{zm}(s)ds - \frac{\pi}{4}\right) \simeq \frac{1}{2} \qquad (6.88)$$

則式 (6.87) 可簡化成：

$$2C_3^2 \int_0^{z'_m} \frac{dz}{\sqrt{k^2(z) - k_{rm}^2}} = 1 \qquad (6.89)$$

由於 $k_{rm} = k(z)\cos\vartheta_m(z) = k(0)\cos\vartheta_m(0)$，因此，式 (6.89) 可表示成：

$$\frac{2C_3^2}{k(0)} \int_0^{z'_m} \frac{dz}{\sqrt{n^2(z) - \cos^2\vartheta_m(0)}} = 1 \qquad (6.90)$$

$k(0)$ 表示在 $z = 0$ 之波數，而 $n(z)$ 爲折射指數。

另一方面，從簡易的幾何關係可得，在海面處，以 $\vartheta_m(0)$ 發射的聲線，其循環距離 $X_{\vartheta_m(0)}$ 可表示成：

$$X_{\vartheta_m(0)} = 2 \int_0^{z_m'} \frac{dz}{\tan \vartheta_m(z)} \tag{6.91}$$

藉由 $\tan x = \sqrt{\sec^2 x - 1}$ 的關係，以及斯涅耳定律 (Snell's law)（爲什麼？）：

$$\sec \vartheta_m(z) = \frac{n(z)}{\cos \vartheta_m(0)} \tag{6.92}$$

式 (6.91) 可表示成：

$$X_{\vartheta_m(0)} = 2 \cos \vartheta_m(0) \int_0^{z_m'} \frac{dz}{\sqrt{n^2(z) - \cos \vartheta_m(z)}} \tag{6.93}$$

比較式 (6.90) 與式 (6.93) 可得：

$$C_3^2 = \frac{k(0) \cos \vartheta_m(0)}{X_{\vartheta_m(0)}} = \frac{k_{rm}}{X_{\vartheta_m(0)}} \tag{6.94}$$

將上式代入式 (6.84)，可得常態化之簡正模態，再藉由簡正模態解的一般式【見式 (3.89)】，即可得表層波導之簡正模態解爲：

$$
\begin{aligned}
p(r, z) =\ & 4\pi i \sum_{m=1}^{\infty} \frac{k_{rm}}{X_{\vartheta_m(0)} \sqrt{k_{zm}(z_s) k_{zm}(z)}} \\
& \times \cos \left(\int_z^{z_m'} k_{zm}(s) ds - \frac{\pi}{4} \right) \\
& \times \cos \left(\int_{z_s}^{z_m'} k_{zm}(s) ds - \frac{\pi}{4} \right)
\end{aligned}
\tag{6.95}
$$

只要將以上相關積分式下限由 0 改成 z_m''，則式 (6.95) 仍可適用於 SOFAR 波導。

6.6　Munk 波導

本節中，將討論一個常被引述的理想化深海波導模式，稱之爲
Munk 波導 (Munk waveguide) [62]，並以該波導探討深海波導之
模態特性。

　　Munk 聲速分佈如下：

$$c(z) = 1500.0 \left[1.0 + \varepsilon \left(\bar{z} - 1 + e^{-\bar{z}} \right) \right] \tag{6.96}$$

上式中，ε 決定聲速變率，而 $\bar{z}$ 爲無因次化之深度座標：

$$\bar{z} = \frac{2(z - z_a)}{z_a} \tag{6.97}$$

z_a 爲波導軸深度；Munk 聲速剖面範例如圖 6.18 所示。

　　圖 6.19 爲以圖 6.18 實線爲聲速分佈，頻率 50 Hz，底床密度
爲 1000 kg/m³、聲速爲 1600 m/s 之數個模態之形式。從圖上可
以看出，這些模態已不全然是正弦振動之模式，但是，第 m 個模
態，保有 m 個交會點的形式，仍然不變。另一方面，從圖上亦可
看出，在靠近波導軸的區域，模態呈震盪變化，而在近海面與海
床的區域，則呈現指數遞減的形式。

　　爲了瞭解上述模態之特性，在此考慮以 WKB 法表示的模態
函數：

$$\widetilde{\phi}_\omega(z) = \frac{A}{\sqrt{k_z(z)}} e^{i \int_0^z k_z(s)ds} + \frac{B}{\sqrt{k_z(z)}} e^{-i \int_0^z k_z(s)ds} \tag{6.98}$$

上式中，$k_z(z)$ 爲：

$$k_z(z) = \sqrt{\frac{\omega^2}{c^2(z)} - k_r^2} \tag{6.99}$$

從上式可知，在靠近波導軸的區域，由於 $c(z)$ 或/與 k_r 較小，
以致 $k_z(z)$ 爲實數。因此，$\widetilde{\phi}_\omega(z)$ 呈現正/餘弦干擾模式。除此之
外，由於越接近波導軸，$k_z(z)$ 越大，因此，從式 (6.98) 的振幅項

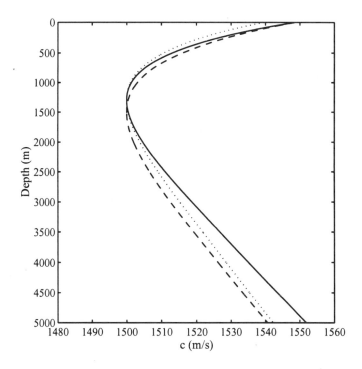

圖 6.18: Munk 聲速剖面範例：實線為 $\varepsilon = 0.00737$、$z_a = 1300$；虛線為 $\varepsilon = 0.00737$、$z_a = 1500$；點線為 $\varepsilon = 0.006$、$z_a = 1300$。

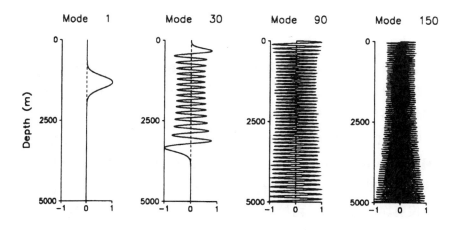

圖 6.19: Munk 波導之部份簡正模態

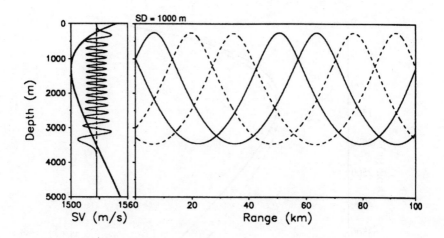

圖 6.20: Munk 聲速分佈與第 30 個模態：波導之底邊界面處之聲速爲
1525.9 m/s

可知，靠近波導軸之模態振幅較小，如圖 6.19 所示。另一方面，
在靠近表面或底床的區域，$k_z(z)$ 爲虛數，以致 $\tilde{\phi}_\omega(z)$ 呈現指數遞
減的形式。

　　若是將模態圖型與聲速分佈相互疊置在一起，如圖 6.20
所示，則可明顯的看出，震盪模式乃在波導層內，而在波導
層外則迅速遞減，而兩區域的界限，則在轉折點的深度，亦
即，$k_z(z) = 0$ 之深度。

　　最後，考慮 Munk 波導傳輸損耗的問題。圖 6.21 所示爲聲源
位於 100 m 處、頻率 50 Hz 之傳播模式；圖中 (a)、(b)、(c) 分別
爲包含各種不同模態的傳輸損失圖。

　　圖 6.21(a) 爲僅包含聲發水層內的聲線所形成的模態，又稱水
體模態 (waterborne mode)；包括第 1 個至第 63 個模態。這些模
態在轉折點以下，都呈現指數遞減的形式，因此，所對應的聲線
都沒有與海床碰撞。由於在此只限定水體模態，此乃相當於限制
了聲源的輻射角寬度，亦即輻射聲束。從圖上可以看出收斂區與
陰影區的分佈情況；這些陰影區乃因爲徑向上相位之破壞性干擾

所造成。

圖 6.21(b) 爲除了水體模態外，尚包括與海床碰撞的部份聲線，惟入射角掠擦角仍低於海床之臨界角，因此，爲全反射之情況。此時，除了水體模態外，還會因反射波而形成另一束狀傳播。圖 6.21(c) 爲再包含與海床碰撞，且高於臨界角的部份；此部份聲線因與海床碰撞後，能量因透射海床而消散，因此，僅產生極爲微弱的反射波。

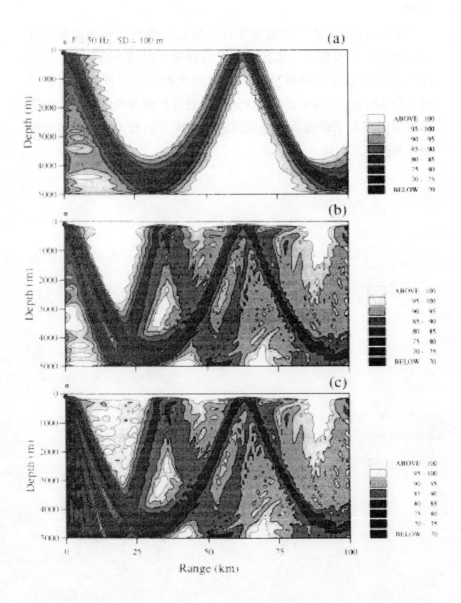

圖 6.21: Munk 波導之傳輸損失：(a) 僅含受鎖住模態；(b) 包含與底床
作用模態；(c) 包含漏能模態

第七章

隨距離變化的問題

第 5 章與第 6 章所探討的問題,都假設海洋環境不隨距離(水平方向)變化。雖然這個假設可以廣泛的適用於聲波在海洋中傳播的問題,但是,由於海洋的多變性【參見第 1.4 節】,海洋環境隨距離的變化,例如,聲學性質、海底地形隨距離而改變,亦是一個不可避免的因素。因此,在海洋聲學中,另一個重要的問題即是隨距離變化的問題 (range-dependent problem)。

本章將討論聲波在隨距離變化的環境中傳播的問題與求解的方法;主要探討內容包括耦合模態 (coupled mode) 與絕熱近似法 (adiabatic approximation)、拋物型方程式法 (parabolic equation method)。

7.1 耦合模態與絕熱法

考慮聲波在隨距離變化之軸對稱傳播問題[1],亦即,$\rho = \rho(r, z)$、$c = c(r, z)$,則赫姆霍茲方程式可表示成:

$$\frac{\rho}{r}\frac{\partial}{\partial r}\left(\frac{r}{\rho}\frac{\partial p}{\partial r}\right) + \rho\frac{\partial}{\partial z}\left(\frac{1}{\rho}\frac{\partial p}{\partial z}\right) + \frac{\omega^2}{c^2}p = -\frac{1}{2\pi r}\delta(r)\delta(z - z_s) \quad (7.1)$$

---

[1]在此,地形若隨距離變化,亦必須假設為軸對稱。

199

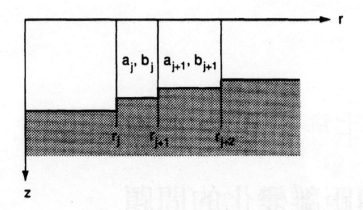

圖 7.1: 隨距離軸對稱變化的波導

在此，以簡正模態法的觀念，將聲壓表示成：

$$p(r,z) = \sum_m \Phi_m(r)\Psi_m(r,z) \tag{7.2}$$

上式中，$\Psi_m(r,z)$ 表示以距離 r 處之當地區域環境 (local environment) 所求得之深度相依方程式的解，因此，$\Psi_m(r,z)$ 符合下列方程式：

$$\rho\frac{\partial}{\partial z}\left(\frac{1}{\rho}\frac{\partial\Psi_m}{\partial z}\right) + \left(\frac{\omega^2}{c^2} - k_{rm}^2\right)\Psi_m = 0 \tag{7.3}$$

上式中，$k_{rm} = k_{rm}(r)$ 乃為 r 的函數。

　　由於聲學性質隨距離連續變化，因此，$\Psi_m(r,z)$ 亦隨 r 連續變化。雖然如此，一般在求解過程當中，都將環境分割成有限個區域，如圖 7.1 所示。在個別區域內，則以該區域之平均性質作為當地的波導 (local waveguide) 性質，而視為不隨距離變化的問題，求解簡正模態 $\Psi_m(r,z)$；此一方法又稱參考波導法 (reference waveguide) [11]。

　　將式 (7.2) 代入式 (7.1)，並利用式 (7.3) 可得（為什麼？）：

$$\sum_m\left[\frac{\rho}{r}\frac{\partial}{\partial r}\left(\frac{r}{\rho}\frac{\partial\Phi_m}{\partial z}\right)\Psi_m + 2\frac{\partial\Phi_m}{\partial r}\frac{\partial\Psi_m}{\partial r} + \frac{\rho}{r}\frac{\partial}{\partial r}\left(\frac{r}{\rho}\frac{\partial\Psi_m}{\partial z}\right)\Phi_m\right]$$

$$+ \sum_m k_{rm}^2 \Phi_m \Psi_m = -\frac{1}{2\pi r}\delta(r)\delta(z-z_s) \quad (7.4)$$

爲了方便討論，在此將假設密度僅隨深度而不隨距離變化，亦即，$\rho = \rho(z)$。將式 (7.4) 兩邊乘以 Ψ_n/ρ，並作深度積分，則可藉由 Ψ_m 的正交性質而得（爲什麼？）：

$$\frac{1}{r}\frac{d}{dr}\left(r\frac{d\Phi_n}{dr}\right) + \sum_m 2B_{mn}\frac{d\Phi_m}{dr} + \sum_m A_{mn}\Phi_m$$

$$+ k_{rn}^2(r)\Phi_n = -\frac{1}{2\pi r}\delta(r)\Psi_n(z_s) \quad (7.5)$$

上式中，A_{mn}、B_{mn} 分別爲：

$$A_{mn} = \int \frac{1}{r}\frac{\partial}{\partial r}\left(r\frac{\partial \Psi_m}{\partial r}\right)\frac{\Psi_n}{\rho}dz \quad (7.6)$$

$$B_{mn} = \int \frac{\partial \Psi_m}{\partial r}\frac{\Psi_n}{\rho}dz \quad (7.7)$$

值得注意的，$B_{mn} = -B_{nm}$（爲什麼？）。式 (7.5) 即是求解隨距離變化問題之耦合模態 (coupled mode) 模式，其可藉由求解微分方程的數值方法（如有限差分法），求解 $\Phi_n(r)$。

從式 (7.5) 的結構可以看出，包含 A_{mn} 與 B_{mn} 的項，乃導致整個系統相互耦合的因素。這些項次在物理意義上，乃是表示隨著距離的變化，模態之間能量相互耦合與轉換的情況，因此，稱之爲耦合模態模式。從數值運算的角度來看，耦合項次乃是造成耗時運算的主要因素。

假如波導環境隨著距離的變化很小，則式 (7.5) 中的第二、三項將很小，此時，可令矩陣 A_{mn} 與 B_{mn} 爲零（或是僅保留對角線上的項），則式 (7.5) 即可分離耦合關係而得（不含對角線上的項）：

$$\frac{1}{r}\frac{d}{dr}\left(r\frac{d\Phi_n}{dr}\right) + k_{rn}^2(r)\Phi_n = -\frac{1}{2\pi r}\delta(r)\Psi_n(z_s) \quad (7.8)$$

此乃稱之爲絕熱近似 (adiabatic approximation) 模式；此乃表示，在傳播過程中，各個模態乃獨立傳播，而與其他模態無關，且隨著距離的變化，獨自調適而符合當地環境。

當 $k_{rn}(r)$ 隨 r 的變化和緩時，則可利用 WKB 法求解式 (7.8)
而得：

$$\Phi_n(r) \simeq \frac{A}{\sqrt{k_{rn}(r)}} e^{i \int_0^r k_{rn}(s)ds} \qquad (7.9)$$

上式中，A 的表示式，可藉由與不隨距離變化波導之簡正模態解
【見式 (3.90)】相互匹配而求得：

$$A = \frac{ie^{-i\pi/4}}{\rho(z_s)\sqrt{8\pi r}} \Psi_n(z_s) \qquad (7.10)$$

因此，絕熱近似解爲：

$$p(r,z) \simeq \frac{ie^{-i\pi/4}}{\rho(z_s)\sqrt{8\pi r}} \sum_{m=1}^{\infty} \Psi_m(z_s)\Psi_m(r,z) \frac{e^{i \int_0^r k_{rn}(s)ds}}{\sqrt{k_{rm}(r)}} \qquad (7.11)$$

如前所述，在實際運算上，都僅計算一組有限個距離處
$r_1, r_2, \ldots, r_N$ 之簡正模態 $\Psi_m(r_j, z)$, $(j = 1, 2, \ldots, N)$，而介於兩
距離之簡正模態，則以內插 (interpolation) 的方式求得。另外，
必須注意的是，式 (7.11) 所表示的壓力解與簡正模態所取的符號
有關，因此，在各個距離處所取的模態形式必須一致。

範例說明：聲波經過暖核區之傳播

在此考慮聲速剖面隨著距離變化的問題，如圖 7.2 所示；此種聲
速分佈，可能因尺度約數百公里的暖核渦流 (warm-core eddy) 所
導致。圖 7.2 所示的聲速分佈，顯示暖核中心約在水深 1000 m，
因此，除了傳統之深海 SOFAR 波導外，在暖核區附近，聲速因
溫度增加而增大，而形成一近表面之波導。由於海底之地形爲平
坦，因此，若令水平座標原點通過暖核中心，則整個問題爲軸對
的問題。

圖 7.3 之上、中、下圖，分別以不隨距離變化（以在暖核區
之第一組聲速剖面作爲聲速分佈）、單向耦合模態法、絕熱近似
法計算所得的結果；此結果乃是以頻率 50 Hz、聲源深度 300 m

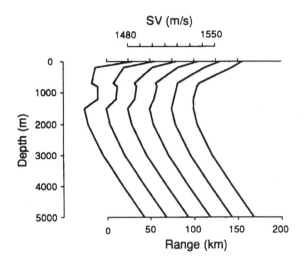

圖 7.2: 聲速隨距離之變化

計算而得。比較三個圖可以看出,三個方法所計算的主要 SOFAR
波導的傳播模式,大致相同。但是,在近海面處,則有差異。以
不隨距離變化方式所得的結果(上圖),顯示在近海面處有一能
量集中的水層,此乃因為近海面波導(波導軸心約在 300 m)所
致,此與單向耦合模態法所得(中圖),十分不同;該圖顯示,
當近表面波導消失時,則能量集中情形即不復存在。另外,由絕
熱近似法所得的結果(下圖),則介乎兩者之間。

　　從以上結果可知,若以不隨距離變化的方式模擬聲波經過暖
核區,則對於近海面之傳輸損耗預測,十分不準確。另外,由於
絕熱近似法在數值運算上較耦合模態法快很多,因此,雖然所得
的結果,不若耦合模態法的正確,但在權衡之下,對於傳輸損耗
的預測,仍然具有相當的價值。

7.2　聲線不變量

從第 7.1 節的討論可知,當介質隨著距離僅呈現和緩的變化時,

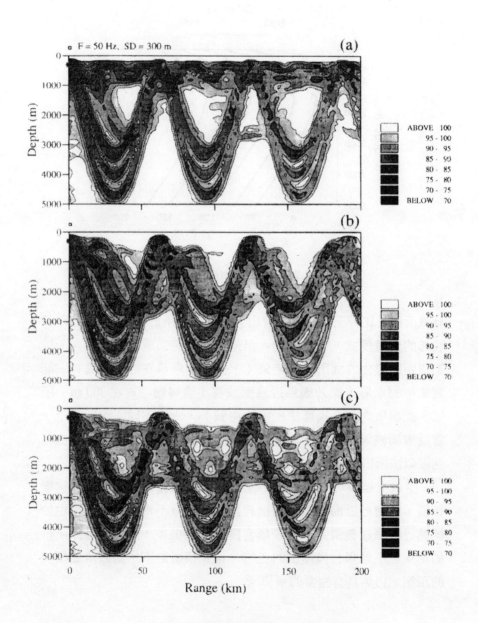

圖 7.3: 隨距離變化波導中之傳輸損耗

則依絕熱近似的假設，在傳播過程當中，各個模態之間的能量，互不轉換而保持不變，而模態的形式，則依當地的聲學環境而調適。這種能量守恆的原理，若以聲線的觀念表示，即是聲線不變量 (ray invariant) 的原理。

在此，考量 SOFAR 波導傳播的問題。當環境隨距離變化和緩時，則式 (6.86) 可修正成：

$$\int_{z'_m}^{z''_m} \sqrt{k^2(z,r) - k_{rm}^2(r)} \, dz = \left(m + \frac{1}{2}\right) \pi, \; m = 0, 1, 2, \ldots \quad (7.12)$$

上式乃決定模態的特徵方程式；其中，r 為距離參數。

式 (7.12) 的被積分項，實為在 r 處之垂直波數 $k_{zm}(z,r) = k(z,r) \sin \vartheta_m(z,r)$；$\vartheta_m(z,r)$ 為聲線掠擦角，其在隨距離變化的環境中，仍然符合斯涅耳定律：

$$\frac{\cos \vartheta_m(z,r)}{c(z,r)} = \frac{\cos \vartheta_m(r)}{c(r)} \quad (7.13)$$

因此，若以聲線傳播的觀念表示，則式 (7.12) 可表示成：

$$\int_{z'_m}^{z''_m} \frac{\sin \vartheta_m(z,r)}{c(z,r)} \, dz = \left(m + \frac{1}{2}\right) \frac{\pi}{\omega}, \; m = 0, 1, 2, \ldots \quad (7.14)$$

顯然的，$\vartheta_m(z;r)$ 隨著模態 m 呈離散式的變化，但是，當模態的數目很多時，模態的變化可視之為連續式，因此，式 (7.14) 中的下標 m 即可省略。由於每一個模態乃由某一條聲線所組成聲線族所形成【見圖 6.20】，因此，對每一條聲線而言，式 (7.14) 的右邊為常數。若以 $\oint$ 表示沿著聲線一次循環的積分，則式 (7.14) 可表示成：

$$I = \oint \frac{\sin \vartheta_m(z,r)}{c(z,r)} \, dz = \text{const.} \quad (7.15)$$

上列之積分即稱之為聲線不變量 (ray invariant)。

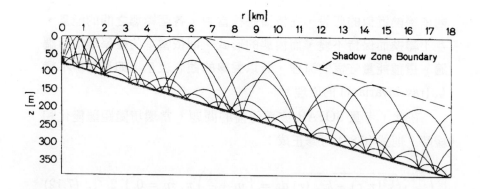

圖 7.4: 聲波在楔形海床傳播的模式：$z_s = 75$ m、$\varphi = 30'$、$\alpha = 1.2 \times 10^{-4}$ m^{-1}。

聲線不變量的應用

為說明聲線不變量應用在隨距離變化的問題，在此考慮聲波自岸區傳往外海的情況，如圖 7.4 所示；此種環境稱之為岸區楔形 (coastal wedge) 海床。有關聲波在楔形海床環境之傳播問題，在第 7.3 節將會有較詳細的探討，而在本節中，將僅就應用聲線不變量，得以探討該問題的部份，作一說明。

在此，假設海床為剛性，且其深度 $h(r)$ 隨著距離逐漸變深，而聲速隨深度呈線性遞減的變化，亦即，

$$c(z;r) = c_s(1 - \alpha z),\ 0 \leq z \leq h(r) \tag{7.16}$$

c_s、α 分別表示在表面上的聲速以及聲速隨深度變化的變率。圖 7.4 為 $z_s = 75$ m、$\alpha = 1.2 \times 10^{-4}$ m^{-1}、楔形斜角 $\varphi = 30'$ 的情況下，聲線的傳播模式。從圖上可以看出，從某距離以外，會形成陰影區，且陰影區的寬度，隨著距離增加而增加。在此，將利用聲線不變量的原理，探討陰影區的變化。

考慮向下折射波導中，完整循環之傳播聲線，如圖 7.5 所示，

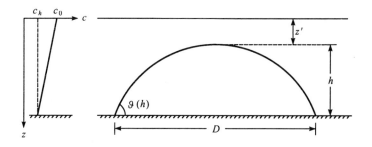

圖 7.5: 向下折射波導之聲線循環

則聲線不變量爲：

$$I = 2 \int_{z'}^{h(r)} \frac{\sin \vartheta(z)}{c(z)} dz \tag{7.17}$$

另一方面，根據斯涅耳定律：

$$\frac{\cos \vartheta(z)}{c(z)} = \frac{\cos \vartheta(h)}{c(h)} \tag{7.18}$$

上式微分後可得：

$$\sin \vartheta \, d\vartheta = -\frac{\cos \vartheta(h)}{c(h)} \frac{dc}{dz} dz = \frac{\cos \vartheta(h)}{c(h)} \alpha c_s dz \tag{7.19}$$

將式 (7.18) 與式 (7.19) 代入式 (7.17)，即可得：

$$I = \frac{2}{\alpha c_s} \int_0^{\vartheta(h)} \tan \vartheta \sin \vartheta d\vartheta \tag{7.20}$$

在一般情況下，$\vartheta \ll 1$，$\tan \vartheta$, $\sin \vartheta \sim \vartheta$。因此，利用此近似關係，式 (7.20) 可積分而得：

$$I \sim \frac{2}{3\alpha c_s} \vartheta^3(h) = \text{const.} \tag{7.21}$$

從以上的結果可知，對於某一固定聲線而言，在任何距離 r，聲線與海床碰撞後，在當地與水平方向的夾角 $\vartheta(h(r))$ 保持不變。

再者，由於 $\vartheta(z') = 0$、$c(z') = c_s(1 - \alpha z')$、$c(h) = c_s(1 - \alpha h)$，則在考慮 $\vartheta(h)$、$\alpha z'$、αh 皆是很小的情況下，式 (7.18) 可簡化成（爲什麼？）：

$$\vartheta^2(h) = 2\alpha(h - z') \tag{7.22}$$

從上式可知，對於高掠擦角的聲線而言【$\vartheta(h)$ 較大】，則聲線到達某一特定距離時 r_0，其轉折點的深度將到達海面，亦即，$z' = 0$；若以 $h_0 = h(r_0)$ 表示在該距離的深度時，則聲線在海床之掠擦角爲：

$$\vartheta^2(h_0) = 2\alpha h_0 \tag{7.23}$$

由於式 (7.22) 與式 (7.23) 的左式相等，因此，可以求解 z' 而得：

$$z'(r) = h(r) - h_0 \tag{7.24}$$

從上式可知，陰影區的下緣，將跟隨海底地形變化。式 (7.24) 乃假設 α、c_s 皆爲常數的情況，假如該兩參數隨距離變化，則 $z'(r)$ 將成爲（爲什麼？）：

$$z'(r) = h(r) - h_0 \sqrt[3]{\frac{\alpha_0}{\alpha(r)} \left[\frac{c_s(r)}{c_{s0}}\right]^2} \tag{7.25}$$

上式中，$\alpha_0 = \alpha(r_0)$，$c_{s0} = c_s(r_0)$。

另外，式 (7.23) 中之 h_0，可藉由 $h < h_0$ 區域中之聲線不變量求得；此時，在給定聲源的深度與輻射張角的情況下，輻射張角的最外圍（最高掠擦角）聲線，即是決定陰影區範圍的因素。

7.3　聲波在楔形海床上之傳播：解析解

海底地形隨傳播距離的變化，乃是聲波在近岸傳播所必須面臨的問題。第 7.2 節中，以聲線不變量原理，探討部份聲線傳播問題。本節中，將探討聲波在楔形剛性海床上傳播的聲場。

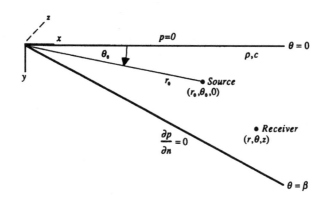

圖 7.6: 聲波在楔形海床上之傳播

考慮等聲速海水於楔形海床之幾何環境，如圖 7.6 所示；在此，以柱形座標 (r, θ, z) 表示，$\theta = 0$、$\theta = \beta$ 分別爲海面與海床，而 z 座標爲沿著錐形角的方向。若以該座標表示，且令聲源位置爲 $(r_s, \theta_s, 0)$，則赫姆霍茲方程式可表示成：

$$\frac{1}{r}\frac{\partial}{\partial r}\left(r\frac{\partial p}{\partial r}\right) + \frac{1}{r^2}\frac{\partial^2 p}{\partial \theta^2} + \frac{\partial^2 p}{\partial z^2} + k^2 = -S_\omega \frac{\delta(r - r_s)}{r}\delta(\theta - \theta_s)\delta(z) \tag{7.26}$$

在此，僅考慮海面與海床分別爲聲壓釋放與剛體界面的情況，因此，邊界條件爲：

$$p(r, 0, z) = 0 \tag{7.27}$$

$$\frac{\partial p}{\partial n}(r, \beta, z) = 0 \tag{7.28}$$

接著，以傅立葉分解表示聲壓如下：

$$p(r, \theta, z) = \int_{-\infty}^{\infty} \tilde{p}(r, \theta, k_z)e^{ik_z z}dk_z \tag{7.29}$$

將上式代入式 (7.26) 可得：

$$\frac{1}{r}\left(r\frac{\partial \tilde{p}}{\partial r}\right) + \frac{1}{r^2}\frac{\partial^2 \tilde{p}}{\partial \theta^2} + k_r^2\tilde{p} = -\frac{S_\omega}{2\pi}\frac{\delta(r)}{r}\delta(\theta - \theta_s) \tag{7.30}$$

上式中，$k_r = \sqrt{k^2 - k_z^2}$。

茲以特徵函數展開 (eigenfunction expansion) 的方式求解，因此，$\tilde{p}(r, \theta, k_z)$ 可表示成：

$$\tilde{p}(r, \theta, k_z) = \sum_{n=1}^{\infty} a_n(\theta_s) R_n(r) \Theta_n(\theta) \qquad (7.31)$$

將上式代入式 (7.30)，並以 $\{\Theta_n\}_{n=1}^{\infty}$ 對 $\delta(\theta - \theta_s)$ 展開，則可得：

$$\sum_{n=1}^{\infty} a_n(\theta_s) \left[\frac{\Theta_n}{r} \frac{d}{dr} \left(r \frac{dR_n}{dr} \right) + \frac{R_n}{r^2} \frac{d^2 \Theta_n}{d\theta^2} + k_r^2 \Theta_n R_n \right] \qquad (7.32)$$

$$= \sum_{n=1}^{\infty} \left[-\frac{S_\omega}{2\pi} \frac{\delta(r - r_s)}{r} \Theta_n(\theta_s) \Theta_n \right] \qquad (7.33)$$

由於上式中，r、θ、θ_0 為任意變/參數，因此，式 (7.33) 中相互對應的函數，必須相等，且再藉由變數分離的程序可得：

$$a_n(\theta_s) = \Theta_n(\theta_s) \qquad (7.34)$$

$$\frac{d^2 \Theta_n}{d\theta^2} + \gamma^2 \Theta_n = 0 \qquad (7.35)$$

$$\frac{1}{r} \frac{d}{dr} \left(r \frac{dR_n}{dr} \right) + \left(k_r^2 - \frac{\gamma^2}{r^2} \right) R_n = -\frac{S_\omega}{2\pi} \frac{\delta(r - r_s)}{r} \qquad (7.36)$$

另一方面，從邊界條件【式 (7.27) 與式 (7.28)】可得：

$$\Theta_n(0) = 0 \qquad (7.37)$$

$$\frac{d\Theta_n}{d\theta}(\beta) = 0 \qquad (7.38)$$

式 (7.35)、式 (7.37)、式 (7.38) 為正規的 Sturm-Liouville 邊界值問題。從簡易的分析可得特徵函數與特徵值分別為：

$$\Theta_n = \sqrt{\frac{2}{\beta}} \sin(\gamma_n \theta), \text{ (normalized)} \qquad (7.39)$$

$$\gamma_n = \left(n - \frac{1}{2} \right) \frac{\pi}{\beta}, \ n = 1, 2, \ldots \qquad (7.40)$$

有關 $R_n(r)$ 的解，除了必須符合式 (7.33) 外，尚須受制於 $|R_n(0)| < \infty$，以及 $r \to \infty$ 時，聲波外傳的輻射條件。在此，令 $\xi = k_r r$、$\xi_0 = k_r r_0$，且利用 $\delta(a(x - x_0)) = \frac{1}{a}\delta(x - x_0)$ 的性質，則式 (7.36) 可表示成：

$$\frac{2\pi\xi}{S_\omega}\left[\frac{d^2 R_n}{d\xi^2} + \frac{1}{\xi}\frac{dR_n}{d\xi} + \left(1 - \frac{\gamma_n^2}{\xi^2}\right)R_n\right] = -\delta(\xi - \xi_0) \qquad (7.41)$$

在此，將使用端點法 (end-point method) [26]，求解式 (7.41)。此一方法如下：令 $R_{n,0}(\xi)$、$R_{n,\infty}(\xi)$ 為式 (7.41) 的齊性解 (homogeneous solution)，並分別為符合 $\xi = 0$、$\xi \to \infty$ 之邊界條件，則式 (7.41) 的解可表示成（為什麼？）：

$$R_n(\xi) = \begin{cases} -\frac{1}{C}R_{n,0}(\xi)R_{n,\infty}(\xi_0), & 0 \le \xi \le \xi_0 \\ -\frac{1}{C}R_{n,0}(\xi_0)R_{n,\infty}(\xi), & \xi_0 \le \xi \le \infty \end{cases} \qquad (7.42)$$

上式中，C 為下列常數：

$$\begin{aligned} C &= \frac{2\pi\xi}{S_\omega}\mathcal{W}\left[R_{n,0}(\xi_0), R_{n,\infty}(\xi_0)\right] \\ &= \frac{2\pi\xi}{S_\omega}\left[R_{n,0}(\xi_0)R'_{n,\infty}(\xi_0) - R'_{n,0}(\xi_0)R_{n,\infty}(\xi_0)\right] \end{aligned} \qquad (7.43)$$

上式中，$\mathcal{W}$ 為朗斯基行列式 (Wronskian)。

從式 (7.41) 可知，若令右邊項為零，此式實為齊性貝索方程式 (Bessel's equation)，因此，在符合 $|R_n(0)| < \infty$、且 $r \to \infty$ 時，聲波外傳的輻射條件下，$R_{n,0}(\xi)$、$R_{n,\infty}(\xi)$ 分別為：

$$R_{n,0}(\xi) = J_{\gamma_n}(\xi) \qquad (7.44)$$

$$R_{n,\infty}(\xi) = H_{\gamma_n}^{(1)}(\xi) \qquad (7.45)$$

且常數 C 為（為什麼？）：

$$C = \frac{iS_\omega}{\pi^2} \qquad (7.46)$$

將上列式子代入式 (7.42)，可得 $R_n(r)$ 爲：

$$R_n(r) = i\frac{\pi^2}{S_\omega} J_{\gamma_n}(k_r r_{\min}) H_{\gamma_n}^{(1)}(k_r r_{\max}) \tag{7.47}$$

上式中，$r_{\min}$、$r_{\max}$ 分別表示 $\min\{r, r_s\}$、$\max\{r, r_s\}$。將以上相關式代入式 (7.31)，可得聲壓爲：

$$\begin{aligned} p(r, \theta, z) &= \frac{iS_\omega}{2\beta} \sum_{n=1}^\infty \sin(\gamma_n \theta_s) \sin(\gamma_n \theta) \\ &\times \int_{-\infty}^\infty J_{\gamma_n}(k_r r_{\min}) H_{\gamma_n}^{(1)}(k_r r_{\max}) e^{ik_z z} dk_z \end{aligned} \tag{7.48}$$

7.4　拋物型方程式法

本節中，將介紹處理隨距離變化問題之最爲廣用的方法之一，稱之爲拋物型方程式法 (parabolic equation method)。拋物型方程式法，乃在 1940 年代，由 Leontovich 與 Fock [51] 所開創，並應用在無線電傳播的問題上；之後，即被延伸到光學、電漿物理、地震學等不同領域。及至 1970 年代，Hardin 與 Tappert [34] 將此方法引進水中聲學領域後，乃成爲水中聲學中重要的研究主題之一。本節僅就拋物型方程式法的基本原理，作一簡要的說明。

考慮密度爲常數的介質中，軸對稱之赫姆霍茲方程式爲：

$$\frac{\partial^2 p}{\partial r^2} + \frac{1}{r}\frac{\partial p}{\partial r} + \frac{\partial^2 p}{\partial z^2} + k_0^2 n^2 p = 0 \tag{7.49}$$

上式中，p 爲聲壓，$k_0 = \omega/c_0$ 爲參考波數，$n(r, z) = c_0/c(r, z)$ 爲折射指數。依 Tappert [84] 的假設，將式 (7.49) 的解表示成：

$$p(r, z) = \psi(r, z) H_0^{(1)}(k_0 r) \tag{7.50}$$

將上式代入式 (7.49)，並使用漢克函數的性質：

$$\left(\frac{\partial^2}{\partial r^2} + \frac{1}{r}\frac{\partial}{\partial r} + k_0^2\right) H_0^{(1)}(k_0 r) = 0 \tag{7.51}$$

即可得：

$$\frac{\partial^2 \psi}{\partial r^2} + \left[\frac{2}{H_0^{(1)}(k_0 r)} \frac{H_0^{(1)}(k_0 r)}{\partial r} + \frac{1}{r} \right] \frac{\partial \psi}{\partial r}$$

$$+ \frac{\partial^2 \psi}{\partial z^2} + k_0^2 \left(n^2 - 1 \right) \psi = 0 \tag{7.52}$$

接下來，考慮 $k_0 r \gg 1$ 的情況。此時，利用漢克函數的近似關係【式 (2.71)】，將式 (7.52) 中括號內的項簡化後，可得簡化的橢圓型方程式 (elliptic equation)：

$$\frac{\partial^2 \psi}{\partial r^2} + 2ik_0 \frac{\partial \psi}{\partial r} + \frac{\partial^2 \psi}{\partial z^2} + k_0^2 \left(n^2 - 1 \right) \psi = 0 \tag{7.53}$$

最後，再引用關鍵性的傍軸近似 (paraxial approximation) 假設：

$$\left| \frac{\partial^2 \psi}{\partial r^2} \right| \ll \left| 2ik_0 \frac{\partial \psi}{\partial r} \right| \tag{7.54}$$

則式 (7.53) 即可簡化成：

$$2ik_0 \frac{\partial \psi}{\partial r} + \frac{\partial^2 \psi}{\partial z^2} + k_0^2 \left(n^2 - 1 \right) \psi = 0 \tag{7.55}$$

上式即是由 Hardin 與 Tappert 所引進水中聲學之標準拋物型方程式 (standard parabolic equation)。

式 (7.54) 所表示的傍軸近似，基本上乃假設 $\psi(r, z)$ 隨 r 為緩慢的變化，此可從式 (7.50) 的形式中看出。在此，$p(r, z)$ 隨 r 的變化，基本上乃取決於 $H_0^{(1)}(k_0 r) \sim \frac{1}{\sqrt{k_0 r}} e^{ik_0 r}$，而包絡函數 $\psi(r, z)$ 僅隨 r 呈微弱的變化。若以數學式表示，在一個波長之尺度內，上述的關係可表示成：$\partial \psi / \partial r \ll \psi / \lambda \sim ik_0 \psi$，此乃相當於式 (7.54) 的關係。

有關於拋物型方程式不同於橢圓型方程式之處，乃在於前者為單向 (one-way) 的聲波方程式。換句話說，在距離方向，只要提供聲源附近的聲場【稱之為起始聲場 (starting field)】，即可用逐步推進 (marching) 的方式求解聲波方程式，而不似橢圓方程式

表 7.1: 三種近似化的拋物型方程式

	a_0	a_1	b_0	b_1	Notes
Tappert	1	0.5	1	0	narrow angle
Claerbout	1	0.75	1	0.25	wide angle
Greene	0.99987	0.79624	1	0.30102	high angle

必須符合另一端的邊界條件，因此，降低了問題的複雜性；此乃拋物型方程式的特性。

式 (7.55) 僅是很多種用來簡化（近似化）式 (7.53) 的一種，並且僅是用於聲線掠擦角小於 $10° - 15°$ 的情況。一般的拋物型方程式 (general parabolic equation) 可表示成 [41]：

$$A_1 \frac{\partial \psi}{\partial r} + A_2 \frac{\partial^3 \psi}{\partial z^2 \partial r} = A_3 \psi + A_4 \frac{\partial^2 \psi}{\partial z^2} \tag{7.56}$$

上式中，

$$A_1 = b_0 + b_1(n^2 - 1) \tag{7.57}$$

$$A_2 = b_1/k_0^2 \tag{7.58}$$

$$A_3 = ik_0 \left[(a_0 - b_0) + (a_1 - b_1)(n^2 - 1) \right] \tag{7.59}$$

$$A_4 = i(a_1 - b_1)/k_0 \tag{7.60}$$

式中，a_0、a_1、b_0、b_1 皆為常數。這些常數可依近似化過程當中，在某掠擦角範圍內，以極小化誤差的方式而決定。常見的近似化拋物型方程式，除了 Tappert 之標準型外，尚有 Claerbout [15]、Greene [31] 等拋物型方程式，如表 7.1 所示；各方程式所適用的聲線角範圍皆不同，其中以 Greene 可適用 $0° - 40°$ 為最大。

有關求解式 (7.56) 的數值方法，可用傳統的有限差分法 (finite difference) 或有限元素法 (finite element)，惟僅 Tappert 方程式可使用 split-step 傅立葉法。由於求解的數值方法牽涉十分廣泛，在此不多論述，惟讀者可參考計算海洋聲學專門文獻，例如，文獻 [41]，以進一步瞭解。

第三部份：粗糙界面之散射

第八章

海洋環境中粗糙面之描述

本章與第 9 章在於討論聲波遇到不規則界面 (irregular surfaces) 之後，所產生相互作用的現象。這個問題對於聲波在海洋環境中的傳播，顯然不可忽視，最主要的原因乃是海洋環境中主要的兩個界面－海面 (sea surface) 與海床 (seabed)－都是不規則界面。任何以聲波作為傳遞能量、以海洋作為導波環境的問題，都必然要考慮到界面之不規則性所導致聲能在空間的分佈、聲場的隨機特性、以及因能量分散所造成的衰減；這些問題乃是這兩章所要探討的主題。

由於聲波的散射乃因粗糙界面所引起，因此，粗糙界面的性質，明顯的影響著聲波散射的性質。在探討聲波自粗糙界面散射的主題之前，首先對於隨機粗糙界面 (randomly rough surface/interface)、粗糙界面的特性與描述方式、海洋環境中所常見的粗糙界面模式等，應有一基本的認知與瞭解，此乃本章的目的。

8.1 粗糙界面

在本節中將針對前述有關粗糙界面的性質與描述方法，作一說

明。另一方面，也藉由本節的討論，建立研究散射問題所需要用
到的一些統計學上的基本觀念與專有名詞。有關本節的內容，若
要更詳細的說明與探討，可配合文獻 [64] 第二章，參考閱讀。

8.1.1 何謂粗糙界面？

在本章中所指的不規則界面，乃是指無法或不需要以確切的
(exact) 數學式描述，而僅能（需）以統計的方式描述的曲面；換
句話說，曲面的高低起伏具有不可預測的 (unpredictable) 隨機特
性 (random characteristics)，因此，稱之為隨機粗糙界面，或僅
稱粗糙界面。

　　嚴格來說，任何表面都可視之為粗糙面，只是程度及相對的
尺度差異而已。例如，沙灘表面，對於數十赫茲的聲波而言，可
說是十分平坦，但是對百萬赫茲的聲波，卻是極其粗糙。因此，
每一個表面，在某區段頻率範圍，都可算是粗糙面[1]。有鑑於此，
界面的粗糙度 (roughness) 對聲波所造成的作用，一直是聲學的重
要課題。

　　若以前段的觀點審視，任何界面在某種程度上都可視之為粗
糙面，蓋無疑義。然而，將粗糙面視之具有 "不可預測的隨機" 性
質，可能引起爭議。例如，在短程時間內所觀察到的海床地形，
其形狀或許崎嶇，然而卻是具有完好定義 (well-defined) 的單一曲
面函數，且可藉由測深儀器【例如，多波束測深系統 (multibeam
sonar)】掃描，並以確定性 (deterministic) 的方式繪製，此乃常
見的海底地形圖 (bathymetry)，因此，並無所謂的隨機性質。然
而，在本章的探討中，吾人會將海床視之為隨機粗糙面，而探討
與聲波作用的問題。

　　上述問題的癥結，乃在於不同學門所觀察的角度不同，而產
生的差異而已。對於海洋地質學家 (marine geologist) 而言，地

---

[1]相對於頻率（波長）而言，衡量粗糙界面之粗糙程度的參數稱之為瑞利參
數 (Rayleigh parameter)，見第 9.2 節。

形的起伏以及確切的形態 (morphology) 特徵，對於板塊構造學
(plate tectonic)，也許十分重要。但是，對於海洋聲學家 (ocean
acoustician) 而言，聲波與海床作用所產生的效應，卻只需要知道
海床地形的系集特徵 (ensemble characteristics)，例如，平均的粗
糙度、粗糙形態在空間分佈情形等，而海床確切的崎嶇位置，卻
不是很重要。因此，只要地形的總體形貌相似，所產生的效應即
相當，也因此只需要海床的統計性質即可。如此一來，以統計的
方式描述海床地形，不僅提供一個方便的描述方式，而且對於探
討聲波散射【acoustic wave scattering，見第 9.1 節】，也是一個
必要的步驟[2]。

8.1.2　隨機過程與隨機場

自然界中許多界面的幾何形狀，都具有隨機分佈的特性，換句話
說，在表面上的某一點的高低，無法以確切的方式去描述，而僅
能以統計的方式描述其分佈情形，最明顯例子乃是海洋表面。

　　假如在某一刹那，以照相機掠取海面的照片，則很顯然的，
海面的高低起伏乃呈現隨機變化的性質。更重要的，單單憑藉一
次的照相，並無法真正瞭解海面的分佈性質，而是應該累積數
張、數十張、乃至數萬張海面樣本 (sample)，方可一窺全貌。這
些樣本所形成的集合，稱之為海面隨機場 (random field) 的系集
場 (ensemble)；圖 8.1 為海面隨機場之三個樣本。理論上而言，系
集場所包含的樣本應有無窮多個，且每一個皆無窮寬廣 (infinite
extent)。然而，實際上顯然不可能。因此，系集場乃是一可意會
(conceivable)，但難以實踐 (non-realizable) 的物件 (object)。

　　由於描述隨機場必須藉由機率 (probabilty) 與統計 (statistics)
的理論，吾人在此就所需的基本觀念與原理，作一簡潔的說明。

---

[2]近年來，也有海洋地質學家以統計模式的方式描述海底地形，而且獲致相
當不錯的結果，例如文獻 [30]，並參見 [99] 第 2.3.2 節之討論。

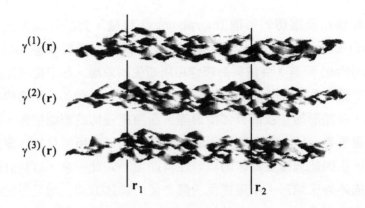

圖 8.1: 海面隨機場之三個樣本

令 $\left\{\gamma^{(k)}(\mathbf{r})\right\}$ 表示一隨機場之系集場，其中，$\gamma^{(k)}(\mathbf{r})$ 代表第 k 個樣本，$\mathbf{r}$ 爲水平面上的位置向量 (position vector)，而變數 γ 乃是表示界面遠離平均面的起伏高度 (deviation from mean surface)，亦即粗糙高度 (roughness height)。由於 γ 具不可預測的性質，因此實乃爲一隨機變數 (random variable)。從圖 8.1 可以看出，γ 顯然是 $\mathbf{r}$ 的函數，因此，對於每一點 $\mathbf{r}$ 而言，都將導引出一隨機變數 $\gamma(\mathbf{r})$，而這些隨機變數隨著 $\mathbf{r}$ 變化的過程，稱之爲隨機過程 (random process)。

爲考慮隨機變數的統計性質，茲考慮在某一點 $\mathbf{r}_1$ 處之 $\gamma(\mathbf{r}_1)$ 的性質。在所有統計中，最基本的性質爲系集平均值 (ensemble average)，以 $\langle\gamma(\mathbf{r}_1)\rangle$，其定義爲：

$$\langle\gamma(\mathbf{r}_1)\rangle = \lim_{N\to\infty} \frac{1}{N}\sum_{k=1}^{N}\gamma^{(k)}(\mathbf{r}_1) = E[\gamma(\mathbf{r}_1)] \qquad (8.1)$$

系集平均值又稱統計平均值 (statistical avergae)、簡稱平均值 (mean)，或稱之爲期望值 (expectation) E。在此特別強調，系集

平均值並不是空間 (spatial)[3] 或時間 (time) 平均，且一般而言，
會隨著位置而變化，亦即，

$$\langle \gamma(\mathbf{r}_1) \rangle \neq \langle \gamma(\mathbf{r}_2) \rangle \tag{8.3}$$

平均值僅僅描述隨機過程最低階的性質，而實際上更重要的
是不同點間，隨機變數的相互關係，描述此種關係的函數稱之為
相關函數 (correlation function)。若以兩點之間的相關函數為例，
其定義為：

$$\begin{aligned}
E[\gamma(\mathbf{r}_1)\gamma^*(\mathbf{r}_2)] &= \lim_{N\to\infty} \frac{1}{N} \sum_{k=1}^{N} \left\{ \gamma^{(k)}(\mathbf{r}_1)\gamma^{(k)^*}(\mathbf{r}_2) \right\} \\
&= \mathcal{C}_\gamma(\mathbf{r}_1,\mathbf{r}_2)
\end{aligned} \tag{8.4}$$

上式中，上標 * 表示共軛複數 (complex conjugate)，而 $\mathcal{C}_\gamma(\mathbf{r}_1,\mathbf{r}_2)$
稱之為自相關函數 (auto-correlation function)[4]，或簡稱為相關函
數，此乃二階的統計平均性質。以此類推，可以計算更高階的統
計平均值，例如，$E[\gamma(\mathbf{r}_1)\gamma(\mathbf{r}_2)\gamma(\mathbf{r}_3)]$。

從式 (8.4) 的定義可以想像得到，對於任一具有相互關聯性質
的隨機過程而言，當 $\mathbf{r}_1$ 與 $\mathbf{r}_2$ 越靠近時，則 $\mathcal{C}_\gamma(\mathbf{r}_1,\mathbf{r}_2)$ 值越大[5]，而
當兩者距離增大時，則 $\mathcal{C}_\gamma(\mathbf{r}_1,\mathbf{r}_2)$ 值漸次變小，而終至趨於零，且
當隨機過程 "越亂" 時，則趨近零的過程越快。因此，相關函數乃
表示任何兩點之間，彼此相互關聯的程度。

在沒有特殊條件的限制下，隨機過程之各階統計平均值與所
在的位置有關（亦即，隨 $\mathbf{r}$ 而變），如式 (8.3) 所示，此種隨機過

---

[3]空間平均值的定義為：

$$\langle \gamma^{(k)} \rangle_s = \lim_{R\to\infty} \frac{1}{2R} \int_{-R}^{R} \gamma^{(k)}(\mathbf{r}) d\mathbf{r} \tag{8.2}$$

下標 s 表示空間平均。

[4]假如相互關聯的變數代表不同的物理量，則稱之為交互相關函數 (cross-correlation function)。

[5]當兩個點距離為零時，則 $\mathcal{C}_\gamma$ 最大，因為此時不分彼此而為 "完全相關"。當
兩點稍有距離時，彼此的相互關係減弱，以致彼此乘積的平均值將減小。

程稱之爲非穩態隨機過程 (non-stationary random process)。在這種情況下，隨機過程的性質只可從整個（含無窮多個樣本）系集場中求得，因此，實際上無法獲得。

爲了紓解上述的困難，在處理隨機過程時，都假設各階的系集平均值與所在位置無關，亦即，對所有的 $\Delta \mathbf{r}$ 而言，

$$\langle \gamma(\mathbf{r}_1) \rangle = \langle \gamma(\mathbf{r}_1 + \Delta \mathbf{r}) \rangle \tag{8.5}$$

$$\langle \gamma(\mathbf{r}_1) \gamma^*(\mathbf{r}_2) \rangle = \langle \gamma(\mathbf{r}_1 + \Delta \mathbf{r}) \gamma^*(\mathbf{r}_2 + \Delta \mathbf{r}) \rangle \tag{8.6}$$

同理，三階以上的系集平均，亦應符合類似條件；符合上述條件的隨機過程稱之爲穩態 (stationary) 隨機過程。式 (8.5) 與式 (8.6) 亦分別相當於：

$$E[\gamma] = \text{constant} \tag{8.7}$$

$$E[\gamma(\mathbf{r}_1) \gamma^*(\mathbf{r}_2)] = \mathcal{C}_\gamma(\bar{\mathbf{r}}) \tag{8.8}$$

式中，$\bar{\mathbf{r}} = \mathbf{r}_1 - \mathbf{r}_2$ 代表兩點之間的距離向量；換言之，平均值爲常數，而兩點（二階）相關函數只與兩點間的距離向量有關，而與絕對位置無關。由於穩態的假設過於嚴苛，因此，一般隨機過程難以符合。但是，假如只要求第一、二階的系集平均符合穩態假設，亦即式 (8.5) 與式 (8.6) 【相當於式 (8.7) 與式 (8.8)】，則實際上較爲可能，此種隨機過程稱之爲弱穩態 (weakly stationary) 隨機過程，或廣義穩態 (wide-sense stationary) 隨機過程。

弱穩態的假設雖然簡化了許多，但是，在實際應用上仍然有困難；最主要的原因乃在於許多隨機過程的樣本，或因取得不易、或因實驗過程昂貴而難以重複等因素，而都僅有一次的結果（亦即，只有單一樣本），此時若要使用一次的樣本作統計分析，則需要再作進一步的假設。

利用單一樣本作統計分析，必須假設系集平均等於沿座標變數的平均，亦即，空間或時間平均；以粗糙界面之第一階平均爲

例，即是

$$\langle \gamma^{(k)} \rangle_s = \langle \gamma(\mathbf{r}) \rangle \tag{8.9}$$

符合此種假設的隨機過程稱之為遍歷 (ergodic) 隨機過程。遍歷隨
機過程乃是一個相當嚴苛的假設，因為該假設所隱含的意義乃是
表示，單一樣本已經包含系集場內所有（無窮多個）樣本的統計
特性。以此觀之，遍歷隨機過程必然是穩態隨機過程，但是，反
之則不然！（為什麼？）

　　對於海洋環境而言，重複取得海洋粗糙表面樣本，可能不是
困難的事；但是，鑑於操作成本的昂貴，對於重複量測海底地形
（尤其是深海地形）以期計算系集平均，應該不可寄予厚望。因
此，在應用上，吾人經常視狀況所需而作必要的假設（不論假設
之嚴苛性如何），而由於各種因素的限制，以致遍歷隨機的假設
經常成為終究的應用需求。

8.2　粗糙高度概率密度函數與分佈

在本節與第 8.3 節中，將討論描述粗糙界面的數學函數，這些包
括高度概率密度函數 (height probability density function, p.d.f)
與高度概率分佈函數 (height probability distribution function)、
空間相關函數 (spatial correlation function)【簡稱相關函數】、
波數功率譜 (wavenumber power spectrum)【簡稱波數譜】。由
於本書主題為海洋聲學，因此，將以海面與海床為主要考量。

　　對於任一連續隨機變數 (continuous random variable) x 而
言[6]，描述該變數可能出現某一特定數值的可能性 (likelihood)，
可用概率密度函數 $\mathcal{P}(x)$ 來表示。概率密度函數之定義乃代表隨
機變數出現在 x 與 $x + dx$ 之間數值的可能性為 $\mathcal{P}(x)dx$。在本章

----

[6]由於本章所討論的粗糙面高度 γ 乃為連續隨機變數，因此，將以此為考
量。相對於連續隨機變數為離散隨機變數 (discrete random variable)。

中，吾人所關心的乃是粗糙面高度，因此，描述粗糙面高度的概率密度函數爲 $\mathcal{P}_\gamma(\gamma)$。

粗糙面高度的概率密度函數 $\mathcal{P}_\gamma(\gamma)$（應該說，任何概率密度函數）必須符合下列基本性質：

1. $\mathcal{P}_\gamma(\gamma) \geq 0$；

2. $\int_{-\infty}^{\infty} \mathcal{P}_\gamma(\gamma)d\gamma = 1$；

3. $\mathcal{P}_\gamma(\gamma)d\gamma$ 表示高度介於 γ 與 $\gamma + d\gamma$ 之間的概率；

4. 函數 $P(\gamma) = \int_{-\infty}^{\gamma} \mathcal{P}_\gamma(\eta)d\eta$ 稱之爲概率分佈函數，其乃表示從 $-\infty$ 至 γ 之間的累積概率 (accumulative probability)，且其與概率密度函數爲微分的關係：$\mathcal{P}_\gamma(\gamma) = dP(\gamma)/d\gamma$。

有鑑於概率密度函數的性質，吾人可知，若將概率密度函數乘以隨機變數後，再作積分，即可得到平均值，亦即，

$$\langle\gamma\rangle = \int_{-\infty}^{\infty} \gamma\mathcal{P}_\gamma(\gamma)d\gamma \tag{8.10}$$

通常在處理隨機過程時，都先將平均值萃取出來，以致整個隨機過程爲零平均 (zero mean)，此時，均方根高 (root-mean-square height, RMS height) 即是標準差 (standard deviation) σ，亦即，

$$\sigma = \sqrt{\langle\gamma^2\rangle} \tag{8.11}$$

而 σ^2 爲方差 (variance)。

在現有有關粗糙界面的文獻上，大都將粗糙面之高度概率函數假設爲高辛分佈 (Gaussian distribution)，換句話說，粗糙面出現高度 γ 的概率符合下列公式：

$$\mathcal{P}_\gamma(\gamma) = \frac{1}{\sigma\sqrt{2\pi}} \exp\left[-\frac{(\gamma-\mu)^2}{2\sigma^2}\right] \tag{8.12}$$

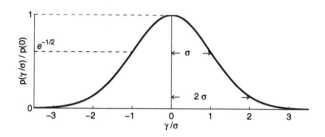

圖 8.2: 零平均之高辛函數

上式中，μ 為平均值，其在處理過程中通常令之為零。零平均之高辛函數如圖 8.2 所示，此乃有名的 "鐘形 (bell-shaped)" 分佈函數；符合此種高度分佈的粗糙界面稱之為高辛粗糙面 (Gaussian rough surface)。從統計的計算中可以得知，在高辛粗糙面中，96% 高度分佈都集中在兩倍的標準差內 (within 2 standard deviation)，顯示絕大部份的高度都集中在平均值附近。一般而言，人為所造成的粗糙面（例如，利用工程器械研磨的表面），並非高辛粗糙面，但天然所形成的表面，如地形山脈，則較能符合高辛分佈。

以上所討論的僅止於單點分佈。雖然單點的分佈乃為最常被使用的統計性質，但是，僅憑藉單點的統計並無法真正量化粗糙面的性質，其它更詳細的特性乃隱含在高階的統計分佈中，其中，兩點間的聯合概率密度函數 (two-point joint probability density function) 乃為第二階的統計分佈性質。

若以 $\mathcal{P}_\gamma(\gamma_1, \gamma_2)$ 表示兩點聯合概率密度函數【註：$\gamma_1 = \gamma(\mathbf{r}_1)$，$\gamma_2 = \gamma(\mathbf{r}_2)$】，則 $\mathcal{P}_\gamma(\gamma_1, \gamma_2)d\gamma_1 d\gamma_2$ 表示 γ_1 介於 γ_1 與 $\gamma_1 + d\gamma_1$ 之間，且同時 γ_2 介於 γ_2 與 $\gamma_2 + d\gamma_2$ 之間的概率。此時，統計分佈如果符合高辛分佈函數，則兩點聯合概率密度函數為：

$$\mathcal{P}_\gamma(\gamma_1, \gamma_2) = \frac{1}{2\pi\sigma^2\sqrt{1 - \mathcal{C}_\gamma^2(\mathbf{R})}} \exp\left\{-\frac{\gamma_1^2 + \gamma_2^2 - 2\gamma_1\gamma_2\mathcal{C}_\gamma(\mathbf{R})}{2\sigma^2[1 - \mathcal{C}_\gamma^2(\mathbf{R})]}\right\}$$

(8.13)

上式中，$\mathcal{C}_\gamma(\mathbf{R})$ 為相關函數【見第 8.3 節所示】。

從統計學上可以證實，假如每一單點（亦即第一階）都符合高辛概率密度函數，則兩點或更高階的概率密度函數亦將是（聯合）高辛概率密度函數。另一方面，更高階的相關函數【見第 8.3 節】亦可從兩點（二階）的相關函數中導得。換句話說，對高辛粗糙面而言，單點高度概率密度函數以及兩點相關函數，完全決定了各高階的高度概率密度函數以及相關函數；此乃高辛分佈方便於應用與數學描述的特性。

8.3 粗糙面相關函數與波數譜模式

高度概率密度函數僅提供粗糙面在每一點可能呈現高度的概率與統計（例如，平均高度），然而，整個粗糙界面（隨機場）很重要的特徵乃隱含在點與點之間的關係，稱之為相關函數 (correlation function)，其定義如式 (8.4) 所示，而若粗糙面為廣義穩態隨機過程，則定義簡化成式 (8.8)。更進一步而言，假如粗糙面為遍歷隨機過程，則相關函數的定義更簡化成空間平均：

$$\mathcal{C}_\gamma(\bar{\mathbf{r}}) = \langle \gamma(\mathbf{r})\gamma^*(\mathbf{r}+\bar{\mathbf{r}}) \rangle_s = \lim_{S \to \infty} \frac{1}{S} \int_S \gamma(\mathbf{r})\gamma^*(\mathbf{r}+\bar{\mathbf{r}})d\mathbf{r} \qquad (8.14)$$

上式中，S 為平均面 (mean surface) 的面積，而 $\bar{\mathbf{r}}$ 為任意兩點間的距離。從該定義很容易可以看出，$\mathcal{C}_\gamma(0) = \sigma^2$，且可證實 $\mathcal{C}_\gamma$ 為對稱函數。

為瞭解相關函數所能表達隨機過程的特性，茲考慮具相同均方高，但不同相關長度 (correlation length)【見後段說明】所造成的影響，如圖 8.3 所示；該圖乃以具相同均方高 (5 m) 但不同相關長度 (10 m、17 m、30 m) 的高辛相關函數 (Gaussian correlation function)【見後段說明】，並藉由合成的程序所繪製的隨機過程。從圖上可以看出，雖然均方高相同，但當相關長度越小時，粗糙面所展現的變化越崎嶇，顯示相關長度乃是隨機過

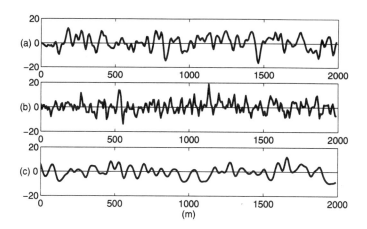

圖 8.3: 相同均方高的高辛粗糙面，但因相關函數不同而具不同的特性：RMS 爲 5 m，相關長度由上而下分別爲 17 m、10 m、30 m。

程中相當重要的參數。

在此，吾人定義相關函數與波數譜之間的關係[7]，並定義相關長度。從式 (8.8) 可知，廣義穩態隨機過程之二階相關函數，乃是表示隨機過程中任意兩點間在空間上的相關性，同時，該函數亦隱含著隨機過程之 "能量" 在空間的分佈狀況；此點可從 $\bar{\mathbf{r}} = \mathbf{0}$ 時，$E[\gamma_1 \gamma_2^*] = E[\gamma^2]$ 看出。因此，隨機過程的能量內涵，稱之爲功率譜 (power spectrum)，即是二階相關函數的傅立葉轉換：

$$P_\gamma(\mathbf{k}) = \frac{1}{(2\pi)^2} \int_{-\infty}^{\infty} \mathcal{C}_\gamma(\bar{\mathbf{r}}) e^{i\mathbf{k}\cdot\bar{\mathbf{r}}} d\bar{\mathbf{r}} \qquad (8.15)$$

由於此定義僅當 $\mathcal{C}_\gamma(\bar{\mathbf{r}})$ 存在時方有意義，因此，隨機過程至少必須屬廣義穩態，方能以功率譜描述。藉由傅立葉反轉換 (inverse Fourier transform) 的關係，相關函數爲：

$$\mathcal{C}_\gamma(\bar{\mathbf{r}}) = \int_{-\infty}^{\infty} P_\gamma(\mathbf{k}) e^{-i\mathbf{k}\cdot\bar{\mathbf{r}}} d\mathbf{k} \qquad (8.16)$$

---

[7]在波譜分析 (spectral analysis) 中，所討論的波譜 (spectrum) 包括頻率功率譜 (frequency power spectrum) 與波數功率譜 (wavenumber power spectrum)；前者簡稱頻譜，而後者簡稱波數譜。

因此，令 $\bar{\mathbf{r}} = \mathbf{0}$ 可得：

$$\int_{-\infty}^{\infty} P_\gamma(\mathbf{k})d\mathbf{k} = \sigma^2 \tag{8.17}$$

此式明顯的顯示出，功率譜的積分乃是隨機過程的總體能量。

相關函數與功率譜是描述粗糙面一體的兩面，前者描述粗糙面在空域 (spatial domain) 的分佈，而後者描述在波數域 (wavenumber domain) 的分佈，兩者互爲傅立葉轉換，且分別相當於時間序列 (time series) 在時域 (time domian) 與頻域 (frequency domain) 的分佈。在此，僅就海洋中粗糙界面（海面或海床）所常使用的相關函數與功率譜模式，作一說明。

首先考慮一維的高辛相關函數 (Gaussian correlation function)，其定義爲：

$$\mathcal{C}_\gamma(r) = \sigma^2 \exp\left(-\frac{r^2}{\ell_0^2}\right) \tag{8.18}$$

式中，ℓ_0 稱之爲相關長度，其乃表示相關函數自最大值 $(r = 0)$ 降至 e^{-1} 處的距離，如圖 8.4 所示。很顯然的，相對於高辛相關函數之功率譜爲高辛波數譜[8]：

$$P_\gamma(k) = \frac{\sigma^2 \ell_0^2}{4\pi} \exp\left(-\frac{k^2 \ell_0^2}{4}\right) \tag{8.19}$$

從上式可知，高辛波數譜呈指數遞減，因此，衰減很快。

高辛波數譜由於十分簡單且數學上易於處理，因此，在研究中廣爲應用。然而，在海洋環境中，海面與海床皆非具有高辛波數譜。從文獻中發現，最能表達海洋粗糙面的波數譜爲皮爾生-莫斯考維茲 (Pierson-Moskovitz) 模式 [67]，簡稱皮-莫氏波數譜。另一方面，最近的研究顯示，符合以隨機過程描述的海底地形（如海底山丘地形），則爲高夫-喬登 (Goff-Jordan) 模式 [30]，簡稱爲高-喬氏波數譜。茲就此兩波數譜模式作一說明。

---

[8]高辛函數的傅立葉轉換亦爲高辛函數，此乃高辛函數的特性，並非一般函數的性質。

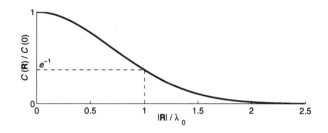

圖 8.4: 以高辛相關函數定義之相關長度

8.3.1　高夫-喬登波數譜模式

高夫-喬登從研究中發現 [30]，深海海底地形可由大尺度形體特徵
（如 plate subsidence, major volcanoes, aseismic ridges, oceanic
plateaus, abyssal plains, large fracture zones 等）與小尺度形體
特徵（如 abyssal hills, small vocanic cones, lava flows, sediment
ponds 等），疊加而成。由於前者規模較大（特徵尺度通常大於
數十公里）且數目較少，因此可以用確定性模型 (deterministic
model) 描述，而後者由於規模較小（通常小於數公里）且數目衆
多，以致可用隨機場 (random field) 來描述。因此，海底地形之
函數爲：

$$b(\mathbf{x}) = b_0(\mathbf{x}) + \gamma(\mathbf{x}) \tag{8.20}$$

其中，$b_0(\mathbf{x})$ 爲決定性函數（亦即平均場），而 $\gamma(\mathbf{x})$ 爲隨機場；
所謂高-喬氏模式，即是用於描述 $\gamma(\mathbf{x})$ 之模式。

　　高夫-喬登提出一個具有五個參數模式，此模式適於描述非等
向 (non-isotropic)、且在 "橢圓視窗 (ellipitic window)" 下爲穩態
之成群的山脈地形，如圖 8.5 所示。這五個參數分別描述均方根
高度 H、粗糙度 (roughness) ν、兩軸向特徵波數 (characteristic
wavenumber) k_s 與 k_n、方向 (orientation) ζ_s，且隱含在下列的
高-喬氏相關函數當中：

$$\mathcal{C}_\gamma(\mathbf{x}) = H^2 \frac{G_\nu(r(\mathbf{x}))}{G_\nu(0)} \tag{8.21}$$

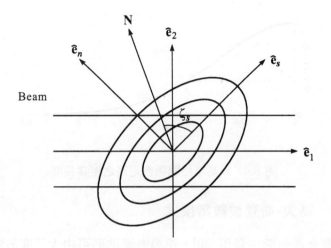

圖 8.5: 非等向 (non-isotropic)、且在 "橢圓視窗 (ellipitic window)" 下
為穩態之成群的山脈地形

上式中，$G_\nu(r)$ 與 $r(\mathbf{x})$ 之定義爲：

$$G_\nu(r) = r^\nu K_\nu(r) \tag{8.22}$$

$$r(\mathbf{x}) = \left[\mathbf{x}^T Q \mathbf{x}\right]^{1/2}$$

$$= \sqrt{q_{11}x_1^2 + 2q_{12}x_1x_2 + q_{22}x_2^2} \tag{8.23}$$

其中，K_ν 爲第 ν 階修正貝索函數 (modified Bessel function of
order ν)，而 Q 爲一個以 q_{ij} 爲元素之 positive-definite 對稱矩
陣，其特徵值爲 k_n 與 k_s ($k_n^2 \geq k_s^2$)，因此可表示成：

$$Q = k_n^2 \hat{\mathbf{e}}_n \hat{\mathbf{e}}_n^T + k_s^2 \hat{\mathbf{e}}_s \hat{\mathbf{e}}_s^T \tag{8.24}$$

$\hat{\mathbf{e}}_n$ 與 $\hat{\mathbf{e}}_s$ 分別爲 Q 之副軸 (minor) 與主軸 (major) 方向之單位特徵
向量，因此，$2\pi/k_n$ 與 $2\pi/k_s$ 分別爲副軸與主軸方向之特徵相關
長度。至於參數 ζ_s 乃在於描述山脈走向的方向，其可方便的定義
爲：由 x_2 方向逆時針算起，主軸方向與 x_2 的夾角【見圖 8.5】。
另外，參數 ν 的大小乃介於 0 與 1 之間，其數值取決於 $r \to 0$

時，自相關函數的行為，此乃相當於波數譜在高波數區域的遞減率 (roll-off rate)【見下段】；在物理含意上，ν 決定了粗糙面的粗糙行為與粗糙度。

相對於高-喬氏相關函數即是高-喬氏波數譜 (Goff-Jordan wavenumber spectrum)。藉由式 (8.21) 的傅立葉轉換可得：

$$P_\gamma(\mathbf{k}) = 4\pi\nu H^2|Q|^{-1/2}[u^2(\mathbf{k}) + 1]^{-(\nu+1)} \tag{8.25}$$

式中，$u(\mathbf{k})$ 的定義為：

$$\begin{aligned}
u(\mathbf{k}) &= [\mathbf{k}^T Q^{-1} \mathbf{k}]^{1/2} \\
&= \left[\left(\frac{k}{k_s}\right)^2 \cos^2(\zeta - \zeta_s) + \left(\frac{k}{k_n}\right)^2 \sin^2(\zeta - \zeta_s)\right]^{1/2}
\end{aligned} \tag{8.26}$$

假如地形為等向 (isotropic)，則可令 $k_s = k_n = k_0$ 而得：

$$P_\gamma(k) = \frac{4\pi\nu H^2}{k_0^2}\left[\left(\frac{k}{k_0}\right)^2 + 1\right]^{-(\nu+1)} \tag{8.27}$$

從上式可以看出，在高波數區域，高-喬氏波數譜以 $k^{-2(\nu+1)}$ 冪級方式遞減。

圖 8.6 為高-喬氏相關函數與相對應的波數譜；相關參數為：$H = 5\,\mathrm{m}$、$k_s = 0.86\,\mathrm{m}^{-1}$、$k_n = 2.14\,\mathrm{m}^{-1}$、$\zeta_s = 109.3°$、$\nu = 0.5$。圖 8.6 展示出相關函數與波數譜形成互為正交 (orthogonal) 的關係，此乃傅立葉轉換的特性，同時在物理意義上也說明，在空間上較為均致 (coherence) 的隨機場，在波數域上波數寬 (wavenumber band) 則較窄；反之則較寬。

最後，吾人比較高辛波數譜與高-喬氏波數譜的特性。圖 8.7 之上半圖乃是高辛與高-喬氏波數譜；高辛波數譜乃是以式 (8.19) 並取 $\ell_0 = 25\,\mathrm{m}$、$\sigma = 0.5\,\mathrm{m}$ 所繪製，而高-喬氏則以式 (8.27) 並取參數 $k_0 = 0.135\,\mathrm{m}^{-1}$、$H = 0.5\,\mathrm{m}$、$\nu = 1.0$。從圖上可以看出，高-喬氏波數譜比高辛波數譜遞減較慢，且在高波數的區域比高辛

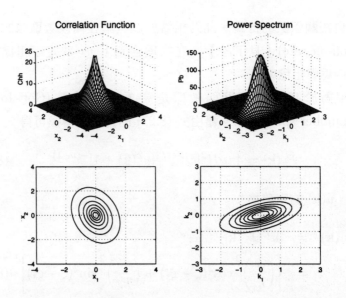

圖 8.6: 高-喬氏相關函數與相對應的波數譜；相關參數為：$H = 5$ m、$k_s = 0.86 \, \text{m}^{-1}$、$k_n = 2.14 \, \text{m}^{-1}$、$\zeta_s = 109.3°$、$\nu = 0.5$。

波數譜含較多能量。此一差異，亦反應在合成的實體 (realization) 隨機過程上。從下兩圖可以容易的辨認出，相對於高-喬氏波數譜之隨機過程較為崎嶇，兩者特性不盡相同。另外，圖 8.8 與圖 8.9 分別為二維的高辛與高-喬氏波數譜及其相對應的合成隨機場。比較兩圖亦可發現，兩個波數譜所描述的隨機場之 "細膩" 程度亦不盡相同，且高-喬氏波數譜所展現的山脈走向、地形變化與結構等，與實際的群山分佈的情形，似乎較為吻合。

8.3.2 皮爾生-莫斯考維茲波譜模式

海洋界面也是海洋環境中另一個重要的粗糙面，且其組成比起海底地形更加複雜。海面是一個動態的隨機場，因此，在時間與空間上，皆屬隨機過程【在時間上稱之為時間序列 (time series)，在空間上可稱之為空間序列 (spatial series)】。

在傳統海面隨機過程的分析上，大都強調自某特定點所量

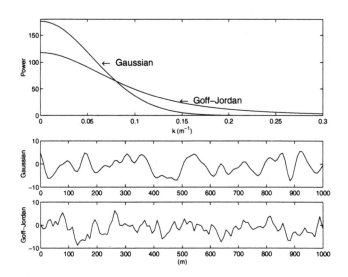

圖 8.7: 上圖：高辛波數譜，相關參數爲 $\ell_0 = 25$ m、$\sigma = 0.5$ m；高-喬氏波數譜，相關參數爲 $k_0 = 0.135$ m^{-1}。中圖與下圖爲合成的實體隨機過程。

測到之波高時間序列的分析。在這一方面，皮爾生-莫斯考維茲 (Pierson-Moskovitz) [67] 所提出，用於描述完全發展海況 (fully-developed sea) 之海面的頻譜，乃最廣爲接受並使用，此一頻譜模式稱之爲皮爾生-莫斯考維茲頻譜【簡稱皮-莫氏頻譜 (P-M spectrum)】，其數學模式可表示成[9]：

$$S(\Omega) = \frac{\alpha g^2}{\Omega^5} \exp\left[-\beta\left(\frac{g}{\Omega U}\right)^4\right] \tag{8.30}$$

$$\alpha = 8.1 \times 10^{-3} \tag{8.31}$$

---

[9]另一個亦常被引述的模式爲皮爾生-紐曼 (Pierson-Neumann) 頻譜【簡稱皮-紐氏頻譜 (P-N spectrum)】[66]：

$$S(\Omega) = \frac{a}{\Omega^6} \exp\left[-2\left(\frac{g}{\Omega U}\right)^2\right] \tag{8.28}$$

$$a = 2.4 \text{ m}^2/\text{s}^5 \tag{8.29}$$

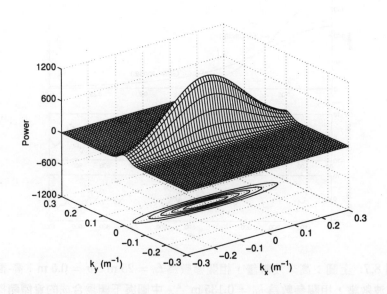

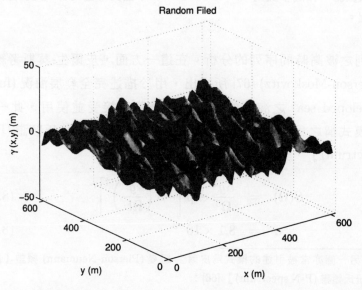

圖 8.8: 非等向高辛波數譜及其合成隨機場，相關參數爲：$\lambda_1 = 10$ m、$\lambda_2 = 60$ m、$\sigma = 5$ m。

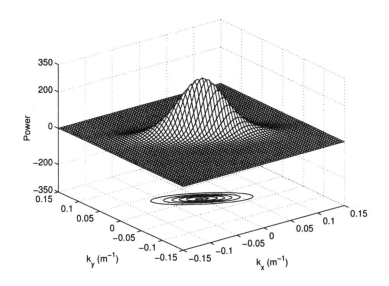

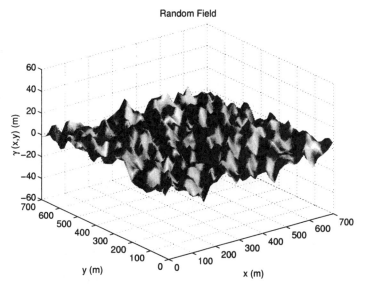

圖 8.9: 高-喬氏波數譜及其合成隨機場，相關參數爲：$k_s = 0.03\,\mathrm{m}^{-1}$、$k_n = 0.1\,\mathrm{m}^{-1}$、$\zeta_s = 30°$、$H = 5\,\mathrm{m}$、$\nu = 1.0$。

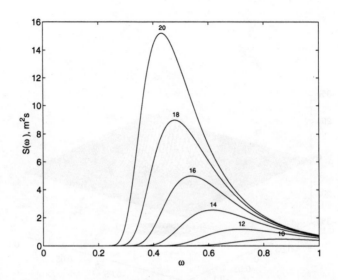

圖 8.10: 皮-莫氏頻譜隨風速變化的關係

$$\beta \;=\; 0.74 \tag{8.32}$$

$$g \;=\; 9.81 \text{ m/s} \tag{8.33}$$

$$U \;=\; 風速 \text{ (wind speed)}【單位 \text{ m/s}】 \tag{8.34}$$

上列式子中，Ω 為表面重力波 (surface gravity wave) 之頻率（ω 為聲波的頻率）。皮-莫氏頻譜為風速的函數，其適用風速範圍為 20 kt 至 40 kt（約 10 m/s 至 20 m/s）。圖 8.10 為皮-莫氏頻譜隨風速變化的關係。從圖上可以看出，當風速逐漸增大時，頻譜的峰值乃逐漸增大且趨於低頻，顯示在較大風速時，海波乃由長波所主導。

皮-莫氏頻譜與高辛頻譜乃為特性上十分不同的頻譜，其主要的差異在於前者乃用於描述多粗糙尺度 (multiple roughness scale) 的粗糙面，而後者僅是用於單一粗糙尺度 (single roughness scale)。

皮-莫氏模式為頻譜，然而，在散射問題的應用上，吾人所需要的是波數譜 (wavenumber spectrum)。有關這一點，在現有的

文獻上，由海面直接量測隨機場而分析海面波數譜的資料，仍然
十分缺乏，取而代之的，乃藉由式 (8.30) 並藉由深水波之頻散關
係：$\Omega^2 = gk$，並利用變數轉換以及能量在空間分佈的實驗式而得
波數譜函數 [43]：

$$P_\gamma(k, \alpha) = \sqrt{\frac{g}{4k^3}} S(\sqrt{gk}) \mathcal{K}(k, \alpha) \qquad (8.35)$$

上式中，$S(\sqrt{gk}) = S(\Omega)$ 為頻譜函數，而 $\mathcal{K}(k, \alpha)$ 為正規化之能
量分佈函數，亦即，

$$\int_{-\pi}^{\pi} \mathcal{K}(k, \alpha) d\alpha = 1 \qquad (8.36)$$

式中，α 為平均風向 (average wind direction) 與波數為 k 的分量
波之方向間的夾角。從實驗中證實，函數 $\mathcal{K}$ 之空間分佈可用下式
表示 [6]：

$$\mathcal{K}(k, \alpha) = \begin{cases} b \cos^{\nu(k)} \alpha, & |\alpha| \leq \pi/2 \\ 0, & |\alpha| > \pi/2 \end{cases} \qquad (8.37)$$

上式中，2 (高波數) $< \nu(k) <$ 10 (低波數)，而 b 依正規化 (normal-
ization) 而定；有時為方便使用，對所有的 k，ν 可取 2 或 4。將
上列相關式子代入式 (8.35)，可得波數譜函數為：

$$P_\gamma(k, \alpha) = \begin{cases} \frac{a \cos^2 \alpha}{k^4} \exp\left[-\beta\left(\frac{g^2}{U^4 k^2}\right)\right], & |\alpha| \leq \pi/2 \\ 0, & |\alpha| > \pi/2 \end{cases} \qquad (8.38)$$

$$a = 1.29 \times 10^{-3} \qquad (8.39)$$

　　圖 8.11 上下圖分別為風速 10 m/s 與 12 m/s 之皮-莫氏波數
譜。該圖顯示，所有的波數譜都在 $-\pi/2 < \alpha < \pi/2$ 的範圍內，
且當風速增強時，波數譜越集中在低波數區域，且能量亦增加很
多。最後，圖 8.12 之上下圖分別為風速 12 m/s 與 20 m/s 時，以
皮-莫氏波數譜所合成的海波圖；這些合成圖與真實海況，確實十
分相似。

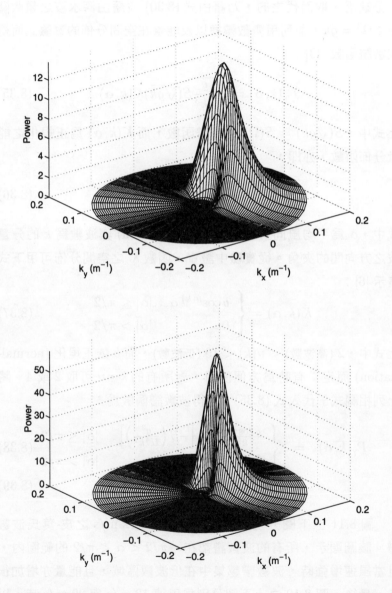

圖 8.11: 風速爲 10 m/s（上圖）與 12m/s（下圖）之皮-莫氏波數譜

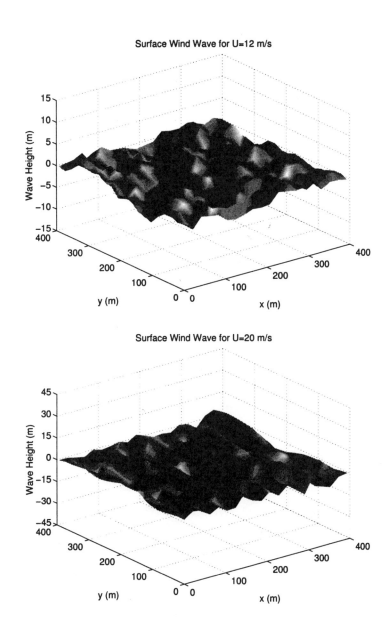

圖 8.12: 風速為 12 m/s（上圖）與 20m/s（下圖）之皮-莫氏波數譜所合成的海波圖

第九章

聲波自粗糙界面之散射

本章探討聲波入射粗糙界面之後所產生的散射問題。首先將討論一些基本觀念，然後再依粗糙界面之特性，以不同的方法，處理不同尺度之粗糙面散射問題。

　　有關本章之主要參考文獻，在此作一說明。雖然文獻上有關粗糙面散射的書籍與論文十分豐富，但是，在基本學理的闡述上，與海洋粗糙面散射相關的文獻，仍以 Brekhovskikh 所著之文獻 [11] 最爲適切，因此，該文獻爲本章之主要參考依據。另外，有關處理微小粗糙攝動 (small roughness perturbation) 之散射問題，則以 Kuperman 與 Schmidt [47] 所發展之模式，最方便且適用於海洋環境，因此，亦爲本章之主要參考論文之一。

9.1　基本觀念

在探討本章主題之前，首先吾人在此先說明一些基本觀念，包括：何謂粗糙面散射 (rough surface scattering)、量化散射重要性的指標參數、處理散射問題的方法等。

　　圖 9.1 的四格示意圖乃是表示當聲波入射界面之後，隨著界面粗糙度的逐漸增大，聲波分散到各個方向的情形。圖 9.1(a)

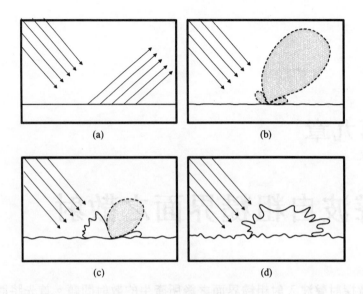

圖 9.1: 粗糙面散射示意圖

顯示，當界面爲光滑平面時，則聲波乃往鏡面反射 (specular reflection) 的方向傳播，且保持聲場的同調性 (coherence)，此乃所謂的反射 (reflection)，而當界面稍微粗糙時，如圖 9.1(b) 所示，則有少部份的聲波將偏離鏡面反射而往其它方向傳播，但是，主要的聲波仍然往鏡面反射的方向傳播。假如界面的粗糙度再度增大，則有越多的聲波分散到非鏡面反射的方向，且分散的角度，比起先前還廣，且鏡面反射的聲能變少【圖 9.1(c)】。最後，當粗糙度增大到某一程度以後，則聲波漫射 (diffuse) 到空間各個方向，而此時，鏡面反射再也不復存在【圖 9.1(d)】。這種因粗糙面因素，致使鏡面反射方向的部份（或全部）聲能被 "抽取 (extract)" 後，再分散到空間中其它方向的過程，稱之爲粗糙面散射。

從以上的說明可知，散射的重要性顯然與粗糙面的粗糙度 (roughness) 有關，而量化散射機制的重要性之參數稱之爲瑞利參

數 (Rayleigh parameter)，其定義爲：

$$\mathcal{R} \equiv 2k\gamma_{\mathrm{rms}}\cos\theta \tag{9.1}$$

上式中，$k = 2\pi/\lambda$ 爲波數，γ_{rms} 爲粗糙面之均方根高，θ 爲入射角 (angle of incidence)[1]。若以 $k_z = 2\pi/\lambda_z = k\cos\theta$ 表示垂直方向的波數，並以 λ_z 表示聲波在垂直方向投影的長度（亦即垂直波長），則式 (9.1) 可表示成：

$$\mathcal{R} \equiv 4\pi\frac{\gamma_{\mathrm{rms}}}{\lambda_z} \tag{9.2}$$

因此，瑞利參數實則表示均方根高與垂直方向聲波波長的比值。當 $\mathcal{R} \ll 1$ 時，則聲波無法感受到粗糙度的存在，因此，散射機制並不重要；反之，若 $\mathcal{R} \gg 1$ 時，則散射機制將很重要。在此必須強調，散射是否重要，不單只是均方根高之大小而已，而是與聲波的入射方向有關；更具體而言，是均方根高與聲波在垂直方向波長的比值，決定了散射的重要性。因此，當聲波波長遠大於均方根高，或是聲波水平入射界面時，將不會產生散射。

　　爲探究瑞利參數所隱含的意義，茲考慮聲波入射粗糙界面的詳細情形，如圖 9.2 所示。從圖上可以看出，當一波峰遇到粗糙面之後，從平均面 (mean surface) 反射的波（D 點）與粗糙面反射的波（C 點），彼此的空間相位 (spatial phase) 相差：

$$\Delta\phi = k(BC + CD) = k(2CD - AB) \tag{9.3}$$

然而，從簡易的幾何關係可知：

$$CD = \frac{\gamma}{\cos\theta} \tag{9.4}$$

$$AB = 2\gamma\tan\theta\sin\theta \tag{9.5}$$

---

[1] 若 θ 爲入射掠擦角 (grazing angle of incidence)，亦即與水平方向的夾角，則式 (9.1) 中的 $\cos\theta$ 應改成 $\sin\theta$。

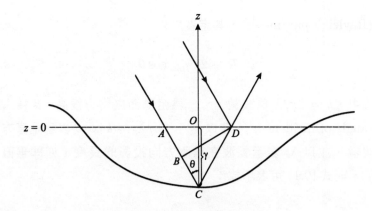

圖 9.2: 聲波入射粗糙界面

若將以上兩式代入式 (9.3) 可得：

$$\Delta\phi = 2k\gamma \cos\theta \tag{9.6}$$

因此，均方根相位差爲：

$$\Delta\phi_{\mathrm{rms}} = 2k\gamma_{\mathrm{rms}} \cos\theta = \mathcal{R} \tag{9.7}$$

換句話說，瑞利參數乃是表示因粗糙面而導致反射聲波均方根相位差之大小的指標參數；當 $\mathcal{R}$ 越大時，均方根相位差亦越大，此乃意味著散射越強而聲場越紊亂【或越不同調 (incoherent)】。

分析方法

有關於分析粗糙面散射的方法有兩種：微小擾動法 (method of small perturbation, MSP)【或簡稱微擾法，亦稱攝動法】及基爾霍夫法 (Kirchhoff's method)【或稱切面法 (tangent plane method)】。微擾法適用於瑞利參數 $\mathcal{R}$ 較小的情況，且 $\mathcal{R}$ 越小則越準確，而當瑞利參數 $\mathcal{R}$ 較大而不適宜使用微擾法時，則應使用基爾霍夫法；而兩個方法皆需求粗糙面斜率 $|\nabla_\perp\gamma|$ 必須小於 1，

亦即"溫和"變化的粗糙面[2]。

　　對於同一粗糙界面或（與）相同的入射角而言，瑞利參數的大小乃由頻率所決定，且頻率越低，瑞利參數越小。因此，微擾法乃適用於低頻聲波散射的問題，而高頻聲波之散射較易符合基爾霍夫法的基本假設。這兩方法的原理與應用乃是本章的主題，將分別在下列節次中詳細探討。

9.2　微擾法：單一全反射粗糙界面之散射

本節將以全反射粗糙界面散射為主題，並應用微擾法，求解聲壓場及其相關性質，這些性質包括：散射係數 (scattering coefficient)、散射場相關長度 (correlation length)、鏡面反射 (specular reflection) 等。

9.2.1　微擾法與散射場

微擾法的觀念很簡單：從示意圖 9.1 中可以看出，聲場在空間分佈的角度寬與疏度【可稱之為受擾動程度】，乃是隨著粗糙面之均方根高的增長而漸次增大。因此，整個聲場受粗糙面的影響，可依受擾階次分析表示成：

$$p(\mathbf{R}, t) = p_0(\mathbf{R}, t) + p_1(\mathbf{R}, t) + p_2(\mathbf{R}, t) + \ldots \qquad (9.8)$$

其中，假設

$$|p_{i+1}(\mathbf{R}, t)| \ll |p_i(\mathbf{R}, t)| , \ i = 0, 1, 2, \ldots \qquad (9.9)$$

---

[2]由於 γ 為水平座標 $\mathbf{r}$ 的函數，因此，此處之梯度運算結果，實則僅為曲面 $z = \gamma(\mathbf{r})$ 之梯度向量在 $\mathbf{r}$ 平面上之分量，故以 $\boldsymbol{\nabla}_\perp$ 表示。以卡氏座標為例：

$$\boldsymbol{\nabla}_\perp \gamma = \boldsymbol{\nabla}_\mathbf{r} \gamma = \frac{\partial \gamma}{\partial x}\mathbf{i} + \frac{\partial \gamma}{\partial y}\mathbf{j}$$

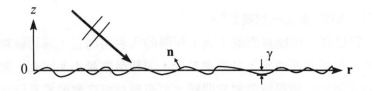

圖 9.3: 平面波入射一全反射粗糙界面

上列式子中，$\mathbf{R} = (\mathbf{r}, z)$ 為位置向量（$\mathbf{r}$ 為水平面上之位置向量），p_i 稱之為第 i 階次解 (ith-order solution)。

在本節的討論中，將僅侷限於第一階次分析 (first-order analysis)，而將聲場表示成：

$$p(\mathbf{r}, t) = p_0(\mathbf{r}, t) + p_s(\mathbf{r}, t), \quad |p_s(\mathbf{r}, t)| \ll |p_0(\mathbf{r}, t)| \qquad (9.10)$$

上式中，p_0 表示未受擾時的聲場，為平滑界面解，或稱之為零階次解 (zeroth-order solution)；而 p_s 乃是因粗糙界面所引起，稱之為散射場 (scattered field)，或第一階次解 (first-order solution)。很顯然的，由於粗糙面 γ 為隨機變數，因此，p_s 亦為隨機變數，而整個聲場亦為一隨機場。

有關微擾法應用在粗糙界面散射的文獻，相當豐富。從二十世紀初，瑞利 (Rayleigh) 以此方法探究聲波自不規則週期界面散射起 [68, 69]，迄該世紀中葉，Feinberg [20]、Bass and Fuks [7] 等人，作出卓著的貢獻，及至該世紀末，仍然是一個十分受到重視的研究課題 [87]；相關的文獻回顧，可參考文獻 [64] 的說明。

基於散射場乃因界面微小擾動所引起的觀念，吾人可藉由泰勒展開式 (Taylor's series expansion)，將攝動的效應，以等效的方式，表達在平滑界面上。為具體探討上述原理，本節將以最簡易的問題，亦即，聲波自單一全反射界面之散射 (scattering from single total-reflection surface)，闡述散射基本原理。

考慮時間因素為 e^{-iwt} 的單頻平面波入射一全反射粗糙界面 $z = \gamma(\mathbf{r})$，如海面或海床；在此，吾人假設海面為聲壓釋

放粗糙面 (pressure-released rough surface)，而海床為剛性粗糙面 (absolutely rigid rough surface)，如圖 9.3 所示，則聲場必須符合赫姆霍茲方程式 (Helmholtz equation) 與相關的邊界條件 (boundary condition)：

$$\nabla^2 p + k^2 p \;\; = \;\; 0 \tag{9.11}$$

$$p|_{(\mathbf{r}, \gamma(\mathbf{r}))} \;\; = \;\; 0, \;\; 聲壓釋放 \tag{9.12}$$

$$或$$

$$\nabla p \cdot \mathbf{n}|_{(\mathbf{r}, \gamma(\mathbf{r}))} \;\; = \;\; 0, \;\; 剛性 \tag{9.13}$$

上式中，$\mathbf{n} = (\mathbf{n_r}, n_z)$ 為粗糙面之內向法線方向 (inner normal direction) 的單位向量；因此，$\mathbf{n}$ 與 γ 的關係為：

$$\frac{1}{n_z}\mathbf{n_r} = -\nabla_\perp \gamma \tag{9.14}$$

若以卡氏座標表示則為：

$$\left(\frac{n_x}{n_z}, \frac{n_y}{n_z}\right) = \left(-\frac{\partial \gamma}{\partial x}, -\frac{\partial \gamma}{\partial y}\right) \tag{9.15}$$

從式 (9.12) 與式 (9.13) 可知，由於 γ 為隨機變數且隨著水平位置而改變，因此，若要直接使用這些邊界條件，實際上並不可能。再者，由於 γ 只是微小攝動，因此，將邊界條件運用在 $z = \gamma$ 所得的結果，應該與運用在 $z = 0$（平均面）的結果，不會造成太大的偏差。有鑑於此，吾人遂可利用泰勒展開法，將邊界條件對 γ 展開，而將應用點由 $z = \gamma$ 移回 $z = 0$；此乃所謂邊界攝動法 (boundary perturbation method)。根據上述原理，並以卡氏座標表示，則式 (9.12) 與式 (9.13) 可分別展開成【僅保留至 γ 的一階次，而捨棄高於 $\mathcal{O}(\gamma^2)$ 的項】：

$$p|_{z=0} + \gamma \left.\frac{\partial p}{\partial z}\right|_{z=0} \;\; = \;\; 0 \tag{9.16}$$

$$\left.\frac{\partial p}{\partial z}\right|_{z=0} + \gamma \left.\frac{\partial^2 p}{\partial z^2}\right|_{z=0} - \left(\frac{\partial p}{\partial x}\frac{\partial \gamma}{\partial x} + \frac{\partial p}{\partial y}\frac{\partial \gamma}{\partial y}\right)\bigg|_{z=0} \;\; = \;\; 0 \tag{9.17}$$

式 (9.17) 顯示，對於剛性粗糙面而言，擾動場除了與 γ 有關外，亦與 $\nabla_\perp \gamma$ 有關，因此，$|\nabla_\perp \gamma|$ 亦必須符合微小擾動的假設。

接著，將式 (9.10) 代入式 (9.11)、式 (9.16) 與式 (9.17)，並依尺度大小 (order of magnitude) 將同階次的項分離，可得：

聲壓釋放粗糙面

零階次解（未受擾聲場）：

$$\nabla^2 p_0 + k^2 p_0 \;=\; 0 \tag{9.18}$$

$$p_0|_{z=0} \;=\; 0 \tag{9.19}$$

一階次解（散射場）：

$$\nabla^2 p_s + k^2 p_s \;=\; 0 \tag{9.20}$$

$$p_s|_{z=0} \;=\; -\gamma \frac{\partial p_0}{\partial z}\bigg|_{z=0} \tag{9.21}$$

剛性粗糙面

零階次解（未受擾聲場）：

$$\nabla^2 p_0 + k^2 p_0 \;=\; 0 \tag{9.22}$$

$$\frac{\partial p_0}{\partial z}\bigg|_{z=0} \;=\; 0 \tag{9.23}$$

一階次解（散射場）：

$$\nabla^2 p_s + k^2 p_s \;=\; 0 \tag{9.24}$$

$$\frac{\partial p_s}{\partial z}\bigg|_{z=0} \;=\; -\gamma \frac{\partial^2 p_0}{\partial z^2}\bigg|_{z=0} + \left(\frac{\partial p_0}{\partial x}\frac{\partial \gamma}{\partial x} + \frac{\partial p_0}{\partial y}\frac{\partial \gamma}{\partial y} \right)\bigg|_{z=0} \tag{9.25}$$

從邊界條件，式 (9.21) 與式 (9.25)，可以看出，若要獲得散射場的解，必須先求得未受擾聲場的解，同時，該兩邊界條件亦顯示出，散射場乃因為邊界上所置放的 "等效分佈聲源 (effectively distributive sources)" 所驅使而產生。因此，粗糙界面的作用，乃相當於平滑界面上存在有分佈聲源，稱之爲次【第二】聲源 (secondary source)。

接下來，吾人求解符合壓力釋放邊界條件的散射場。從式 (9.18) 與式 (9.19) 可推導得知，零階次聲壓解 p_0 爲：

$$
\begin{aligned}
p_0(\mathbf{r}, z) &= (e^{-ik_z z} - e^{ik_z z})e^{i\mathbf{k_r} \cdot \mathbf{r}} \\
&= -2i \sin(k_z z)e^{i\mathbf{k_r} \cdot \mathbf{r}}
\end{aligned}
\tag{9.26}
$$

上式中，$\mathbf{k_r}$ 爲入射波的水平波數向量 (horizontal wavenumber vector)，而 k_z 爲垂直波數 (vertical wavenumber)，因此，

$$
|\mathbf{k_r}|^2 + k_z^2 = |\mathbf{k}|^2 = k^2 = \left(\frac{\omega}{c}\right)^2
\tag{9.27}
$$

式中，$\mathbf{k}$ 爲入射波之波數向量。將式 (9.26) 代入式 (9.21) 可得：

$$
p_s(\mathbf{r}, 0) = 2ik_z \gamma(\mathbf{r})e^{i\mathbf{k_r} \cdot \mathbf{r}}
\tag{9.28}
$$

此乃在平均面上，散射聲壓的解。由於散射波皆往遠離界面的方向傳播，因此，令 q_z 表示散射波的垂直波數，且爲符合輻射條件 (radiation condition)，q_z 之虛部必須大於零【亦即，$\Im\{q_z\} > 0$】，則散射聲場爲：

$$
p_s(\mathbf{r}, z) = 2ik_z \gamma(\mathbf{r})e^{i\mathbf{k_r} \cdot \mathbf{r} + iq_z z}
\tag{9.29}
$$

爲能瞭解粗糙面的組成成份對散射波所扮演的角色，在此，將粗糙面函數以傅利葉積分式表示：

$$
\gamma(\mathbf{r}) = \int A(\boldsymbol{\kappa})e^{i\boldsymbol{\kappa} \cdot \mathbf{r}}d\boldsymbol{\kappa}
\tag{9.30}
$$

將式 (9.30) 代入式 (9.29)，則可得散射場聲壓爲：

$$
p_s(\mathbf{r}, z) = 2ik_z \int A(\boldsymbol{\kappa})e^{i(\mathbf{k_r} + \boldsymbol{\kappa}) \cdot \mathbf{r} + iq_z z}d\boldsymbol{\kappa}
\tag{9.31}
$$

上式中，爲符合赫姆霍茲方程式【亦即波動方程式】，q_z 必須符合下列條件：

$$q_z^2 = k^2 - |\mathbf{k_r} + \boldsymbol{\kappa}|^2 \qquad (9.32)$$

因此，若以 $\mathbf{q_r}$ 表示散射波的水平波數向量，而 $\mathbf{q}$ 表示散射波的波數向量，則從式 (9.32) 可知：

$$\mathbf{q_r} = \mathbf{k_r} + \boldsymbol{\kappa}, \ \left(|\mathbf{q_r}|^2 + q_z^2 = |\mathbf{q}|^2 = q^2 = k^2 \right) \qquad (9.33)$$

上式乃是表示，$\mathbf{q_r}$ 方向的散射波乃是經由粗糙面 $\boldsymbol{\kappa}$ 的成份波 $A(\boldsymbol{\kappa})$，將入射波 $\mathbf{k_r}$ 導引至 $\mathbf{q_r}$ 方向，此乃稱之爲布拉格散射定律 (Bragg's law of scattering)。

式 (9.31) 亦可重寫成：

$$p_s(\mathbf{r}, z) = 2ik_z \int A(\mathbf{q_r} - \mathbf{k_r})e^{i\mathbf{q_r} \cdot \mathbf{r} + iq_z z}d\mathbf{q_r} \qquad (9.34)$$

此式更能顯示出散射機制，亦即，在 $(\mathbf{r}, z)$ 處的散射場聲壓，乃由所有各個方向的散射波傳播至該點後所疊加而成，而各散射波的振幅（或重要性），乃取決於粗糙面內用於補償入射波 $\mathbf{k_r}$ "轉向" 至 $\mathbf{q_r}$ 方向所需的粗糙面成份波之振幅，亦即，$A(\mathbf{q_r} - \mathbf{k_r}) = A(\boldsymbol{\kappa})$。

同樣的程序亦可求解剛性粗糙面的問題，由於過程相似，在此不贅述，茲將結果陳述於下（爲什麼？）：

$$p_s(\mathbf{r}, z) = 2ik_z \int \left(-\frac{k_z^2 - \mathbf{k_r} \cdot \boldsymbol{\kappa}}{k_z q_z} \right) A(\boldsymbol{\kappa})e^{i(\mathbf{k_r} + \boldsymbol{\kappa}) \cdot \mathbf{r} + iq_z z}d\boldsymbol{\kappa} \qquad (9.35)$$

抑或，

$$p_s(\mathbf{r}, z) = 2ik_z \int \left[-\frac{k_z^2 - \mathbf{k_r} \cdot (\mathbf{q_r} - \mathbf{k_r})}{k_z q_z} \right] A(\mathbf{q_r} - \mathbf{k_r})e^{i\mathbf{q_r} \cdot \mathbf{r} + iq_z z}d\mathbf{q_r}$$
$$(9.36)$$

比較式 (9.31) 與式 (9.35)、或式 (9.34) 與式 (9.36) 可知，剛性粗糙面的解比起聲壓釋放粗糙面的解多了一個波數相關因子，此乃顯然與粗糙面之梯度 (gradient) 因素有關。

9.2.2　散射場之相關函數

由於隱含在式 (9.31) 與式 (9.35)【或式 (9.34) 與式 (9.36)】中的
參數 A 為隨機變數，因此，散射場 p_s 顯然亦為隨機場。從第 8
章的討論中可知，量化隨機場基本特性的統計參數包括平均值
(mean) 與相關函數 (correlation)。然而，由於吾人所考慮的粗糙
面皆已去除平均值【亦即，$\langle \gamma \rangle = 0$】，因此，$\langle A \rangle = 0$，隨之而得
$\langle p_s \rangle = 0$，此乃顯示，散射場之平均值並不適宜作為指標參數，而
是均方壓 (mean-square pressure) $\langle p_s^2(\mathbf{r}, z) \rangle = \langle p_s(\mathbf{r}, z) p_s^*(\mathbf{r}, z) \rangle$ 才
是。不過，從式 (8.8) 可知，對於廣義隨機過程而言，相關函數在
零距離時的數值即是均方壓，因此，吾人僅需推導相關函數後即
可獲得均方壓。

在此，將以第 9.2 節所獲得的散射場為例，推導散射聲壓場
的相關函數。為方便表示，茲定義如下：

$$
\begin{aligned}
p_s(\mathbf{r}, z) &= 2ik_z \int d\mathbf{q_r} \mathcal{F}(\mathbf{q_r}, q_z; \mathbf{k_r}, k_z) \\
&\quad \times A(\mathbf{q_r} - \mathbf{k_r}) e^{i\mathbf{q_r} \cdot \mathbf{r} + iq_z z} \tag{9.37} \\
\mathcal{F}(\mathbf{q_r}, q_z; \mathbf{k_r}, k_z) &=
\begin{cases}
1, & \text{聲壓釋放粗糙面} \\
-\frac{k_z^2 - \mathbf{k_r} \cdot (\mathbf{q_r} - \mathbf{k_r})}{k_z q_z}, & \text{剛性粗糙面}
\end{cases} \tag{9.38}
\end{aligned}
$$

$\mathcal{F}$ 表示因邊界條件不同而與聲壓釋放解相差的因子。

依相關函數的定義，散射場相關函數為：

$$
\mathcal{C}_{p_s}(\mathbf{r}_1, \mathbf{r}_2; z_1, z_2) = \langle p_s(\mathbf{r}_1, z_1) p_s^*(\mathbf{r}_2, z_2) \rangle \tag{9.39}
$$

將式 (9.37) 代入式 (9.39) 可得【為簡化符號，因素 $\mathcal{F}$ 之僅列出部
份相關變數】：

$$
\begin{aligned}
\mathcal{C}_{p_s}(\mathbf{r}_1, \mathbf{r}_2; \bar{z}) &= 4k_z^2 \iint d\mathbf{q_r}' d\mathbf{q_r}'' \mathcal{F}(\mathbf{q_r}', q_z') \mathcal{F}^*(\mathbf{q_r}'', q_z'') \\
&\quad \times \langle A(\mathbf{q_r}' - \mathbf{k_r}) A^*(\mathbf{q_r}'' - \mathbf{k_r}) \rangle \\
&\quad \times e^{i\mathbf{q_r}' \cdot \mathbf{r}_1} e^{-i\mathbf{q_r}'' \cdot \mathbf{r}_2} e^{-iq_z' z_1} e^{iq_z'' z_2} \tag{9.40}
\end{aligned}
$$

$$= 4k_z^2 \iint d\boldsymbol{\kappa}' d\boldsymbol{\kappa}'' \mathcal{F}(\mathbf{k_r} + \boldsymbol{\kappa}') \mathcal{F}^*(\mathbf{k_r} + \boldsymbol{\kappa}'')$$
$$\times \langle A(\boldsymbol{\kappa}') A^*(\boldsymbol{\kappa}'') \rangle$$
$$\times e^{i(\mathbf{k_r}+\boldsymbol{\kappa}')\cdot \mathbf{r}_1} e^{-i(\mathbf{k_r}+\boldsymbol{\kappa}'')\cdot \mathbf{r}_2}$$
$$\times e^{-iq_z' z_1} e^{iq_z'' z_2} \tag{9.41}$$

式中，q_z'、q_z'' 與 $\mathbf{q_r}'$、$\mathbf{q_r}''$ 須符合式 (9.32) 與式 (9.33) 的關係。

為簡化上式，茲考慮粗糙界面之振幅函數 A。從式 (9.30) 可知，A 為 γ 之傅立葉轉換 (Fourier transform)：

$$A(\boldsymbol{\kappa}) = \frac{1}{(2\pi)^2} \int \gamma(\mathbf{r}) e^{-i\boldsymbol{\kappa}\cdot\mathbf{r}} d\mathbf{r} \tag{9.42}$$

因此，

$$\langle A(\boldsymbol{\kappa}') A^*(\boldsymbol{\kappa}'') \rangle = \frac{1}{(2\pi)^4} \iint d\mathbf{r}_1 d\mathbf{r}_2 \langle \gamma(\mathbf{r}_1) \gamma^*(\mathbf{r}_2) \rangle e^{-i\boldsymbol{\kappa}'\cdot\mathbf{r}_1} e^{i\boldsymbol{\kappa}''\cdot\mathbf{r}_2} \tag{9.43}$$

在此，吾人考慮廣義穩態粗糙界面，則上式可表示成：

$$\langle A(\boldsymbol{\kappa}') A^*(\boldsymbol{\kappa}'') \rangle = \frac{1}{(2\pi)^4} \iint d\mathbf{r}_1 d\bar{\mathbf{r}} \, \mathcal{C}_\gamma(\bar{\mathbf{r}}) e^{-i(\boldsymbol{\kappa}'-\boldsymbol{\kappa}'')\cdot\mathbf{r}_1} e^{i\boldsymbol{\kappa}''\cdot\bar{\mathbf{r}}} \tag{9.44}$$

式中，$\bar{\mathbf{r}} = \mathbf{r}_2 - \mathbf{r}_1$。藉由粗糙面波數譜 $P_\gamma(\boldsymbol{\kappa})$ 的定義【式 (8.15)】以及德芮克-δ 函數 (Dirac-δ) 的積分表示法，式 (9.44) 可簡化成：

$$\langle A(\boldsymbol{\kappa}') A^*(\boldsymbol{\kappa}'') \rangle = \frac{1}{(2\pi)^2} \int d\mathbf{r}_1 P_\gamma(\boldsymbol{\kappa}'') e^{-i(\boldsymbol{\kappa}'-\boldsymbol{\kappa}'')\cdot\mathbf{r}_1} \tag{9.45}$$
$$= P_\gamma(\boldsymbol{\kappa}'') \delta(\boldsymbol{\kappa}' - \boldsymbol{\kappa}'') \tag{9.46}$$

將式 (9.46) 代入式 (9.41)，並以 $\bar{\mathbf{r}} + \mathbf{r}_1$ 代替 $\mathbf{r}_2$，再對 $\boldsymbol{\kappa}''$ 作積分，即可得到：

$$\mathcal{C}_{p_s}(\bar{\mathbf{r}}, \bar{z}) = 4k_z^2 \int d\mathbf{q_r} \mathcal{F}^2(\mathbf{q_r}, q_z) P_\gamma(\mathbf{q_r} - \mathbf{k_r}) e^{-i\mathbf{q_r}\cdot\bar{\mathbf{r}}} e^{-iq_z\bar{z}} \tag{9.47}$$

若以 $\boldsymbol{\kappa}$ 表示，則散射場之相關函數為：

$$\mathcal{C}_{p_s}(\bar{\mathbf{r}}, \bar{z}) = 4k_z^2 \int d\boldsymbol{\kappa} \mathcal{F}^2(\mathbf{k_r} + \boldsymbol{\kappa}, q_z) P_\gamma(\boldsymbol{\kappa}) e^{-i(\mathbf{k_r}+\boldsymbol{\kappa})\cdot\bar{\mathbf{r}}} e^{-iq_z\bar{z}} \tag{9.48}$$

上式中，q_z 必須符合下式關係與條件：

$$q_z = \left(k^2 - |\mathbf{k_r} + \boldsymbol{\kappa}|^2\right)^{1/2} \tag{9.49}$$

$$\Im\{q_z\} > 0 \tag{9.50}$$

從式 (9.48) 可以看出，散射聲場在水平與垂直方向的相關函數，都僅與相關點之間的距離有關，而與絕對座標無關，顯示散射場亦為廣義穩態隨機場。假如令 $\bar{z} = 0$，則得水平相關函數 $\mathcal{C}_\gamma(\bar{\mathbf{r}})$，同理，若令 $\bar{\mathbf{r}} = \mathbf{0}$，則可得垂直相關函數 $\mathcal{C}_\gamma(\bar{z})$。

若令 $\bar{\mathbf{r}} = \mathbf{0}$、$\bar{z} = 0$，則從式 (8.8) 可得散射場之均方壓為：

$$\langle p_s^2 \rangle = 4k_z^2 \int d\boldsymbol{\kappa} \mathcal{F}^2(\mathbf{k_r} + \boldsymbol{\kappa}, q_z) P_\gamma(\boldsymbol{\kappa}) \tag{9.51}$$

$$= \begin{cases} 4k_z^2 \int d\boldsymbol{\kappa} P_\gamma(\boldsymbol{\kappa}), & \text{聲壓釋放粗糙面} \\ 4k_z^2 \int d\boldsymbol{\kappa} \left(\frac{k_z^2 - \mathbf{k_r} \cdot \boldsymbol{\kappa}}{k_z q_z}\right)^2 P_\gamma(\boldsymbol{\kappa}), & \text{剛性粗糙面} \end{cases} \tag{9.52}$$

因此，散射場均方壓僅與入射角有關。

理論上而言，對於簡易的問題【如第 9.2 節所討論的問題】，吾人亦可不斷的利用粗糙面的樣本而求得隨機振幅函數 A，再藉由相關的公式求得隨機散射場的樣本，然後，再直接計算聲場統計值（相關函數、均方壓），但是，對於複雜的問題，如點聲源自多重粗糙面的散射，每求解一次散射場即必須耗費多時，因此，直接以散射場樣本計算統計值，並不切實際。

9.2.3　散射係數

從式 (9.52) 可知，當平面波入射廣義穩態隨機粗糙面（聲壓釋放或剛性）後所產生的散射場，其均方壓乃與粗糙面的"總體能量"成正比，且僅為 $k_z = k \cos\theta_0$ 的函數，亦即入射角 θ_0（與垂直方向的夾角）的函數。由於空間上某一點的均方壓（或散射聲能），乃是來自各個方向的散射波，因此，散射聲能的組成內涵

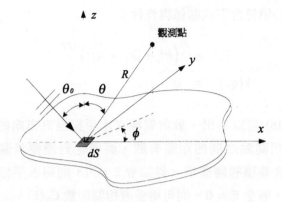

圖 9.4: 粗糙面與遠域觀測點之座標幾何關係

（或是波數譜）乃是粗糙面散射的重要特性，而此一特性可用散射係數 (scattering coefficient) 表示。

考慮聲強為 I_i 的入射波自一無窮粗糙界面散射，以及觀測點的幾何關係，如圖 9.4 所示。則粗糙面上某一微小面積 ΔS，對於位於遠域 (far zone, or Fraunhofer zone) $\mathbf{R}$ 之觀測點所造成的散射聲強 ΔI_s，可從簡易的能量與距離的關係得知為：

$$\Delta I_s = I_i \frac{m(\theta, \phi)}{R^2} \Delta S \qquad (9.53)$$

上式中，(θ, ϕ) 為該微小面積的代表點（例如，幾何中心）與觀測點之間的連線，與水平面的夾角。函數 $m(\theta, \phi)$ 代表聲波能量往 (θ, ϕ) 方向散射的權量因子，此一權量因子僅是角度的函數，而與距離無關，此因子即稱之為散射係數。

在此必須強調，式 (9.53) 僅是在聲場的遠域區方可使用，而此處所指的遠區，乃意指該微小面積的幾何線性尺度 (linear scale) L 遠小於觀測距離 R，同時，粗糙面相關長度的尺度 (correlation-length scale) ℓ_0/λ，必須遠小於觀測距離的尺度

R/L，亦即 [57]：

$$\frac{L}{R} \ll 1, \quad \frac{\ell_0}{\lambda} \ll \frac{R}{L} \tag{9.54}$$

上式中，ℓ_0 爲粗糙面的相關長度（半徑）(correlation length or radius)，而 λ 爲波長。$\ell_0/\lambda \ll 1$ 的粗糙面稱之低相關度粗糙面 (small-correlation roughness surface)，而 $\ell_0/\lambda \gg 1$ 的粗糙面稱之爲高相關度 (large-correlation) 粗糙面。

爲具體推導散射係數的應用公式，在此，吾人以平面波入射一無窮的聲壓釋放粗糙面爲例，推導散射係數。爲方便計算，吾人可令入射均方壓爲一個單位（亦即，$I_i = \frac{1}{\rho_0 c}$），同時考量將無窮粗糙面分割成無數個小塊面積，並假設每一小塊面積的線性尺度遠大於波長以及相關半徑，則在符合式 (9.54) 的條件下，每一小塊面積所散射至觀測點的散射波可視之爲互不相干 (incoherent)，因此，聲強可線性疊加而得總聲強爲：

$$I_s = \frac{1}{\rho_0 c} \int_S \frac{m(\theta, \phi)}{R^2} dS \tag{9.55}$$

利用圖 9.4 所示的幾何關係可得：

$$dS = dr\, r d\phi = \frac{R d\theta}{\cos\theta} R \sin\theta d\phi = R^2 \tan\theta d\theta d\phi \tag{9.56}$$

將上式代入式 (9.55) 可得：

$$I_s = \frac{1}{\rho_0 c} \int_0^{2\pi} \int_0^{\pi/2} m(\theta, \phi) \tan\theta d\theta d\phi \tag{9.57}$$

另一方面，吾人可以圖 9.4 的座標，表示聲壓釋放粗糙面散射場之均方壓。從式 (9.52) 可知：

$$I_s = \frac{4k^2 \cos^2\theta_0}{\rho_0 c} \int P_\gamma(\boldsymbol{\kappa}) d\boldsymbol{\kappa} \tag{9.58}$$

式中，θ_0 爲入射角 (angle of incidence)。從式 (9.32) 可知，$d\boldsymbol{\kappa} = d\mathbf{q_r} = q_r dq_r d\phi$，且 $q_r = k \sin\theta$，因此，$d\boldsymbol{\kappa} = k^2 \sin\theta \cos\theta d\theta d\phi$，

將此關係式代入式 (9.58) 可得：

$$I_s = \frac{4k^4 \cos^2 \theta_0}{\rho_0 c} \int_0^{2\pi} \int_0^{\pi/2} P_\gamma(\boldsymbol{\kappa}) \sin\theta \cos\theta d\theta d\phi \qquad (9.59)$$

比較式 (9.57) 與式 (9.59) 可得：

$$\begin{aligned} m(\theta, \phi) &= 4k^4 \cos^2 \theta_0 \cos^2 \theta \, P_\gamma(\boldsymbol{\kappa}) & (9.60) \\ &= \frac{64\pi^4 f^4}{c^4} \cos^2 \theta_0 \cos^2 \theta \, P_\gamma(\boldsymbol{\kappa}) & (9.61) \end{aligned}$$

若以圖 9.4 的座標表示，則 $\boldsymbol{\kappa} = (\kappa_x, \kappa_y)$ 可表示成：

$$\begin{aligned} \kappa_x &= q_x - k_{0,x} = k(\sin\theta \cos\phi - \sin\theta_0 \cos\phi_0) & (9.62) \\ \kappa_y &= q_y - k_{0,y} = k(\sin\theta \sin\phi - \sin\theta_0 \sin\phi_0) & (9.63) \end{aligned}$$

從式 (9.61) 可知，散射係數與頻率的四次方成正比，且散射至 (θ, ϕ) 方向的能量，僅與粗糙面波數譜內符合布拉格散射定律的單一成份波有關，如式 (9.62) 與式 (9.63) 所示；此種散射稱之為共振散射 (resonance scattering) 或選擇性散射 (selective scattering)。例如，在逆散射 (back-scattering) 方向，$\theta = \theta_0$、$\phi = \phi_0 + \pi$，因此，

$$\begin{aligned} \kappa_x &= -2k \sin\theta_0 \cos\phi_0 & (9.64) \\ \kappa_y &= -2k \sin\theta_0 \sin\phi_0 & (9.65) \end{aligned}$$

亦即，逆散射波僅與粗糙波數譜內，$|\boldsymbol{\kappa}| = 2k \sin\theta_0$、$\arg(\boldsymbol{\kappa}) = \phi_0$ 的成份有關；此一成份波之波長為：$\Lambda = 2\pi/\kappa = \lambda/(2\sin\theta_0)$。同理，在鏡面反射 (specular reflection) 的方向，$\theta = \theta_0$、$\phi = \phi_0$，因此，$\kappa = 0$，顯示在此方向的散射能量乃由粗糙波數譜內，波長為無窮大的成份波所決定（含意為何？）。

圖 9.5 乃是利用式 (9.61)，並假設粗糙面具等向高辛波數譜（$\sigma = 5$ m）所得之散射係數隨相關長度變化的情形（$\theta_0 = 45°$、$\phi_0 = 0°$）。從該圖可以看出，散射場在空間分佈依粗糙面之

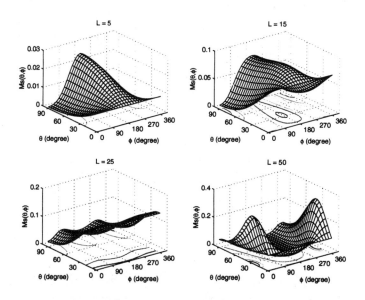

圖 9.5: 散射係數隨相關長度變化的情形：粗糙面為聲壓釋放並具有等向高辛波數譜，$\sigma = 5$ m、$\theta_0 = 45°$、$\phi_0 = 0°$

相關長度的大小而展現出很不相同的型態，例如，當相關長度很小時 ($\ell_0 = 5$ m)，散射能量主要集中在逆向且接近垂直角度的區域，隨著相關長度的增加，能量分佈亦隨著改變，而當相關長度很大時 ($\ell_0 = 50$ m)，則散射能量幾乎集中在鏡面反射的方向（為什麼？）。

海面之散射係數

海面是一全反射聲壓釋放粗糙面，因此，吾人若結合第 8.3.2 節所介紹之海面波數譜函數與式 (9.61)，則可得符合模式之基本條件的海面散射係數為（為什麼？）：

$$m(\theta, \phi) = \begin{cases} a_0 \cos^2 \theta_0 \left(\frac{k^4}{\kappa^4} \right) \cos^2 \theta \, e^{-\frac{\kappa_0^2}{\kappa^2}} \, \mathcal{K}(\kappa, \alpha) \\ b_0 \cos^2 \theta_0 \left(\frac{k^4}{\kappa^4 \sqrt{\kappa}} \right) \cos^2 \theta \, e^{-\frac{c_0}{\kappa U^2}} \, \mathcal{K}(\kappa, \alpha) \end{cases} \quad (9.66)$$

$$\kappa = \sqrt{\kappa_x^2 + \kappa_y^2}$$

$$
\begin{aligned}
\alpha &= \tan^{-1}(\kappa_y/\kappa_x) \\
\kappa_0 &= 0.86\, g/U^2 \\
a_0 &= 1.62 \times 10^{-2} \\
b_0 &= 2.26 \times 10^{-2}\ \text{m}^{-1/2} \\
c_0 &= 19.62\ \text{m/s}^2
\end{aligned}
$$

式 (9.66) 上、下式乃分別使用 P-M 與 P-N 能譜所得的結果。值
得注意的，當 $\kappa \to 0$ 時，散射係數爲零；換句話說，對於由風所
造成的粗糙海面而言，並沒有聲能往鏡面反射的方向散射（爲什
麼？）。

由於聲波入射粗糙海面後，散射聲能所集中的角度及其
束寬，乃是研究海洋波導傳播及迴響 (reverberation) 的重要問
題。Brekhovskikh [11] 利用式 (9.66) 之皮-莫氏 (P-M) 模式所對
應的散射係數，並假設海洋粗糙面爲等向 (isotropic) 的情況下
【亦即，$\mathcal{K}(\kappa, \alpha) = 1/2\pi$】，探討在 $\theta = \theta_0$ 的錐形面上 (conical
surface)，最大或最小散射聲強之 ϕ 的方向【以 $\phi_{\max/\min}$ 表示】，
所得結果如下（爲什麼？）：

$$
\phi = \begin{cases}
\phi_{\max} = \phi_0 \pm 2\sin^{-1}\epsilon, & \epsilon < 1 \\
\phi_{\max} = \phi_0 + \pi, & \epsilon < 1 \\
\phi_{\min} = \phi_0 + \pi, & \epsilon > 1
\end{cases} \tag{9.67}
$$

上式中，$\epsilon = \dfrac{\kappa_0}{2\sqrt{2k}\sin\theta_0}$，而 ϕ_0 爲入射波之水平方位角；式 (9.67)
中的後兩式代表逆散射的方向，而第一式則需由風速、入射方
向、頻率等因素決定。舉例來說，風速爲 5 m/s，平面波入射方
向 $\theta_0 = 45°$，$\phi_0 = 0$，則 $\epsilon = 40.284/f$。對頻率爲 100 Hz 的聲
波，則 $\phi_{\max} = \pm 23°$。

另一方面，在 $\phi = \phi_0$ 的垂直面上，最大或最小散射聲強
之 θ 的方向【以 $\theta_{\max/\min}$ 表示】，則由下列方程式所決定（爲什

麼？）：

$$\left(\frac{\kappa_0}{\kappa_{\max}}\right)^2 - 2 = \frac{\kappa_{\max}}{k}\frac{\sin\theta_{\max}}{\cos^2\theta_{\max}} \tag{9.68}$$

$$\kappa_{\max} = k|\sin\theta_{\max} - \sin\theta_0| \tag{9.69}$$

式 (9.68) 乃為一非線性方程式，其根可藉由數值方法求得。若以解析的方式分析，則可證實，當 $|\theta_d| = |\theta_{\max} - \theta_0| \ll 1$，且 $\frac{1}{2}|\theta_d|\tan\theta_0 \ll 1$ 時，則 $\theta_{\max}$ 符合下列方程式：

$$\sin\theta_{\max} = \sin\theta_0 \pm \frac{\kappa_0}{\sqrt{2}k} \tag{9.70}$$

此乃聲波自波數為 $\kappa_0/\sqrt{2}$ 【波長為 $2\sqrt{2}\pi/\kappa_0$】的表面波散射後之第 ± 1 階布拉格繞射波數譜 (Bragg's law for diffraction spectra of order ± 1)；此波數亦正好是海表粗糙面之最大波數譜。從式 (9.70) 中可估算出 θ_d 為：

$$\theta_d = \pm\frac{\kappa_0}{\sqrt{2}k\cos\theta_0} \tag{9.71}$$

此乃最大散射能量之方向與鏡面反射方向相差之角度。例如，風速為 5 m/s、入射角 $\theta_0 = 45°$、頻率 $f = 100$ Hz，則 $\theta_d = \pm 46°$。

9.2.4 散射場相關長度

描述散射場的性質，除了第 9.2.3 節所討論的均方壓、散射係數外，則是相關函數，而量化散射場相關函數的指標參數，即是相關長度 (correlation length)，包括水平相關長度（半徑）$\bar{\mathbf{r}}_0$ 與垂直相關長度 $\bar{z}_0$。

式 (9.47) 或式 (9.48) 乃是平面波入射粗糙面所造成散射場之相關函數，為方便討論，在此將以式 (9.47) 並以聲壓釋放粗糙面的解，作為討論公式。因此，相關函數為：

$$\mathcal{C}_{p_s}(\bar{\mathbf{r}}, \bar{z}) = 4k_z^2 \int d\mathbf{q_r}\, P_\gamma(\mathbf{q_r} - \mathbf{k_r}) e^{-i(\mathbf{q_r}\cdot\bar{\mathbf{r}} + q_z\bar{z})} \tag{9.72}$$

相關函數除了上式的表示法外，尚可用聲線強度 (ray intensity)
或散射係數表示；茲推導如下。

在此，若以散射角 (θ, ϕ) 表示，則 $d\mathbf{q_r} = k^2 \sin\theta \cos\theta d\theta d\phi$，
因此，式 (9.72) 可表示成 [11]：

$$C_{p_s}(\overline{\mathbf{r}}, \overline{z}) = 4k^2 k_z^2 \int_0^{2\pi} \int_0^{\pi/2} P_\gamma(\theta, \phi) e^{ikF(\overline{\mathbf{r}}, \overline{z}; \theta, \phi)} \sin\theta \cos\theta d\theta d\phi$$

$$(9.73)$$

式中，函數 F 定義為：

$$F(\overline{\mathbf{r}}, \overline{z}; \theta, \phi) = \sin\theta(\overline{r}_x \cos\phi + \overline{r}_y \sin\phi) + \overline{z} \cos\theta \qquad (9.74)$$

若令式 (9.73) 中的 $\overline{\mathbf{r}} = \mathbf{0}$、$\overline{z} = 0$，且利用立體張角 (solid angle)
$d\Omega$ 的關係：

$$d\Omega = \frac{(q_r \sin\theta d\phi)(q_r d\theta)}{q_r^2} = \sin\theta d\theta d\phi \qquad (9.75)$$

吾人可得：

$$\langle p_s^2 \rangle = 4k^2 k_z^2 \int_0^{2\pi} \int_0^{\pi/2} P_\gamma(\theta, \phi) \cos\theta d\Omega \qquad (9.76)$$

若以 $J_s = dI_s/d\Omega$ 表示散射場之能通量之角密度函數 (angular
density of energy flux)，或稱之為聲線強度，則 J_s 為：

$$J_s(\theta, \phi) = \frac{(2kk_z)^2}{\rho_0 c} P_\gamma(\theta, \phi) \cos\theta \qquad (9.77)$$

將上式代入式 (9.73)，則可得到以 J_s 表示的相關函數為：

$$C_{p_s}(\overline{\mathbf{r}}, \overline{z}) = \rho_0 c \int_0^{2\pi} \int_0^{\pi/2} J_s(\theta, \phi) e^{ikF(\overline{\mathbf{r}}, \overline{z}; \theta, \phi)} \sin\theta d\theta d\phi \qquad (9.78)$$

上式乃是十分廣義的定義，其乃連結相關函數與聲線強度之間的
關係，此一關係並不必須受限於微小擾動的聲場，而只要廣義穩
態聲場，即可使用。

另一方面，藉由公式 (9.61)，可得聲線強度與散射係數的關係爲：

$$J_s(\theta, \phi) = \frac{m(\theta, \phi)}{\rho_0 c \cos \theta} \tag{9.79}$$

因此，式 (9.78) 可表示成：

$$\mathcal{C}_{p_s}(\bar{\mathbf{r}}, \bar{z}) = \int_0^{2\pi} \int_0^{\pi/2} m(\theta, \phi) e^{ikF(\bar{\mathbf{r}}, \bar{z}; \theta, \phi)} \tan\theta d\theta d\phi \tag{9.80}$$

若再以平均粗糙面的面積 $dS = R^2 \tan\theta d\theta d\phi$ 表示，則式 (9.80) 可簡潔的表示成：

$$\mathcal{C}_{p_s}(\bar{\mathbf{r}}, \bar{z}) = \int_S \frac{m(\theta, \phi)}{R^2} e^{ikF(\bar{\mathbf{r}}, \bar{z}; \theta, \phi)} dS \tag{9.81}$$

公式 (9.72)、(9.78)、(9.81) 分別以不同的形式表達聲壓釋放散射場之相關函數。茲以這些公式分析不同相關度粗糙面所產生散射場之相關長度。

高相關度粗糙面（$k\ell_0 \gg 1$）之散射場

當粗糙面的相關長度遠大於聲波波長時，則粗糙面的成份波數都集中在低波數範圍內，此時，與波數譜相關的積分，可以作適當的簡化。爲具體討論，茲分別考慮水平與垂直相關函數。

首先考慮水平相關函數 (horizontal correlation)。利用式 (9.72) 並令 $\bar{z} = 0$ 可得：

$$\begin{aligned}
\mathcal{C}_{p_s}(\bar{\mathbf{r}}) &= 4k_z^2 \int_\Gamma P_\gamma(\boldsymbol{\kappa}) e^{-i\mathbf{q_r} \cdot \bar{\mathbf{r}}} d\mathbf{q_r} \\
&= 4k_z^2 e^{-i\mathbf{k_r} \cdot \bar{r}} \int_{-\infty}^{\infty} P_\gamma(\boldsymbol{\kappa}) e^{-i\boldsymbol{\kappa} \cdot \bar{r}} d\boldsymbol{\kappa} \\
&= 4k_z^2 e^{-i\mathbf{k_r} \cdot \bar{r}} \mathcal{C}_\gamma(\bar{\mathbf{r}})
\end{aligned} \tag{9.82}$$

另外，相關函數都習慣以正規化 (normalized) 的形式表示，亦即除以零距離的數值而得：

$$\mathcal{N}_{p_s}(\bar{\mathbf{r}}) = \frac{\mathcal{C}_{p_s}(\bar{\mathbf{r}})}{\mathcal{C}_{p_s}(\bar{\mathbf{r}} = \mathbf{0})} = e^{-i\mathbf{k_r} \cdot \bar{r}} \mathcal{N}_\gamma(\bar{\mathbf{r}}) \tag{9.83}$$

從上式可知，$|\mathcal{N}_{p_s}(\mathbf{0})| = 1$，且爲無因次式。值得注意的，上列式子中，式 (9.82) 的積分區域 Γ，僅限於符合式 (9.49) 與式 (9.50) 的條件。然而，由於對大尺度的波數譜而言，主要的能量集中在 $\kappa < 1/\ell_0$ 的區域，因此，吾人可以將積分範圍擴展至全域 $(-\infty, \infty)$，如式 (9.82) 所示。

從式 (9.82) 或式 (9.83) 可知，散射場之水平相關函數與粗糙面相關函數成比例關係【正規化後則相同】，因此，散射場之水平相關長度與粗糙面相關長度相同。此一結論意味著散射場在水平方向的 "紊亂程度"，乃由粗糙面的性質所主導。此乃因爲對於高相關度粗糙面而言，粗糙面能量都集中在較高能量的低波數區域，以致聲波自高波數成份的散射，雖會造成相位的嚴重干擾，但因能量較低，而不至於對整體聲場產生太大的影像，因此，散射場與粗糙面之紊亂性質相似。

至於垂直相關函數 (vertical correlation)，則可利用上列相關公式，並令 $\bar{\mathbf{r}} = \mathbf{0}$ 而得運算公式。一般而言，相關函數的積分式都無法以解析的方式求解，因此，必須藉由數值運算。然而，在特殊的情況下，可藉由近似分析而得到近似公式。例如，假如粗糙面之相關函數爲高辛函數【如式 (8.18) 所示】，則可經由推導而得正規化之垂直相關函數爲 [11]（爲什麼？）：

$$\mathcal{N}_{p_s}(\bar{z}) = \frac{\mathcal{C}_{p_s}(\bar{z})}{\mathcal{C}_{p_s}(\bar{z}=0)} = \frac{e^{i\left[k\bar{z} - \tan^{-1}\left(\frac{2\bar{z}}{k\ell_0^2}\right)\right]}}{1 + \left(\frac{2\bar{z}}{k\ell_0^2}\right)^2} \tag{9.84}$$

從上式可以看出，垂直相關長度 $\bar{z}_0$ 約爲 $k\ell_0^2$（爲什麼？），因此，爲水平相關長度的 $k\ell_0$ 倍。

低相關度粗糙面（$k\ell_0 \ll 1$）之散射場

當粗糙面之相關長度很小以致 $k\ell_0 \ll 1$ 時，則粗糙面內含有很多高波數的成份，此時，散射場之均勻性 (coherence)，應會受到高波數散射的影響。

爲具體探討上述情況，茲以具高辛相關函數（高辛波數譜）之粗糙面爲例【式 (8.18)】，則散射係數爲：

$$m(\theta,\phi) = \underbrace{\left[\frac{1}{\pi}(k^2\sigma\ell_0\cos\theta_0)^2\right]}_{C}\cos^2\theta\, e^{-(\kappa\ell_0/2)^2} \quad (9.85)$$

$$\simeq C\cos^2\theta \;(\text{由於 } k\ell_0 \ll 1 \Rightarrow \kappa\ell_0 \ll 1) \quad (9.86)$$

將上式代入式 (9.80)，並令 $\bar{z}=0$ 可得水平相關函數爲[3]：

$$
\begin{aligned}
\mathcal{C}_{p_s}(\bar{\mathbf{r}}) &= C\int_0^{2\pi}\int_0^{\pi/2} e^{ik\bar{r}\sin\theta(\sin\phi+\cos\phi)}\sin\theta\cos\theta d\theta d\phi \\
&= 2\pi C\int_0^{\pi/2} J_0(k\bar{r}\sin\theta)\sin\theta\cos\theta d\theta \\
&= 2\pi C\frac{J_1(k\bar{r})}{k\bar{r}}
\end{aligned}
\quad (9.87)
$$

上式中，J_0、J_1 分別爲零階次與第一階次第一類貝索函數 (Bessel function of the first kind)。因此，正規化的水平相關函數爲：

$$\mathcal{N}_{p_s}(\bar{r}) = 2\frac{J_1(k\bar{r})}{k\bar{r}} \quad (9.88)$$

從上式可知，低相關度粗糙面散射場之水平相關長度約爲 $k\bar{r}_0 \sim 1$；換句話說，相關長度與波長約爲相同尺度，亦即，$\bar{r} \sim \lambda$，因此，聲波的頻率（波長）乃是主導散射場紊亂度之主要因素。

另一方面，垂直相關函數亦可從相關公式獲得運算式：

$$\mathcal{C}_{p_s}(\bar{z}) = C\int_0^{2\pi}\int_0^{\pi/2} e^{ik\bar{z}\cos\theta}\sin\theta\cos\theta d\theta d\phi$$

---

[3]所使用到的相關積分式如下：

$$\int_0^{\pi} e^{iz\cos\theta}\cos(\mu\theta)d\theta = \pi i^{\mu}J_{\mu}(z)$$

$$\int_0^{\pi/2} J_{\mu}(z\sin\theta)(\sin\theta)^{\mu+1}(\cos\theta)^{2\rho+1}d\theta = 2^{\rho}\Gamma(\rho+1)z^{-\rho-1}J_{\rho+\mu+1}(z)$$

$$= 2\pi C \int_0^{\pi/2} e^{ik\overline{z}\cos\theta} \sin\theta \cos\theta d\theta$$

$$= \frac{-ik\overline{z}e^{ik\overline{z}} + e^{ik\overline{z}} - 1}{(k\overline{z})^2} \tag{9.89}$$

由於 $\lim_{k\overline{z}\to 0} \mathcal{C}_{p_s}(k\overline{z}) = 1/2$，因此（爲什麼？），

$$\mathcal{N}_{p_s}(k\overline{z}) = 2\frac{-ik\overline{z}e^{ik\overline{z}} + e^{ik\overline{z}} - 1}{(k\overline{z})^2} \tag{9.90}$$

上式乃爲一衰減振動函數 (damped oscillation)，其包絡線 (envelope) 爲：

$$|\mathcal{N}_{p_s}(\overline{z})| = \frac{2\sqrt{2}}{(k\overline{z})^2} \left[1 + \cos(k\overline{z}) + k\overline{z}\sin(k\overline{z}) + (k\overline{z})^2/2 \right] \tag{9.91}$$

由上式可以證明，垂直相關長度 $\overline{z}_0$ 亦與波長相同尺度，因此，散射場垂直方向之紊亂度/同調性，亦由聲波頻率所控制。

9.2.5 同調反射係數

當聲波自海洋中入射「光滑 (smooth)」的海平面時，其反射係數大約等於 -1，亦即近乎異相全反射 (out-of-phase total reflection)，且反射角等於入射角，此乃謂之鏡面反射 (specular reflection)。然而，當海面爲粗糙界面時，則部份能量將因爲散射而分佈到空間的各個方向，因而削減鏡面反射方向的能量，因此，反射係數將減小。此時，鏡面反射場又稱平均反射場 (mean reflection field) 或同調反射場 (coherent reflection field)。

從式 (9.10) 可知：

$$\langle p \rangle = p_0 \tag{9.92}$$

$$\langle pp^* \rangle = p_0 p_0^* + \langle p_s p_s^* \rangle \tag{9.93}$$

由於 p_0 乃是未受擾聲壓解，而式 (9.93) 中右邊兩項皆爲大於零的數，因此，總聲場能量（左邊項）乃大於未受擾聲場能量，

此乃顯然矛盾。因此，第一階次分析，並無法求得平均場。有關直接以微擾法求解平均場的方法，將在第 9.3 節中討論，在此，將以能量守恆的原理，求解同調反射係數 (coherent reflection coefficient)。

從簡易的能量守恆原理可知，假如穿透海面而進入大氣中的能量可以忽略，則入射能量應該等於鏡面反射（平均場）能量加上散射場能量。若以方程式表示，則可表示成：

$$I_i \cos \theta_0 = I_r \cos \theta_r + I_{s,n} \tag{9.94}$$

上式中，$\theta_r = \theta_0$ 為反射角，而 $I_{s,n}$ 表示在法向方向 (normal direction) 之總散射聲強。若以聲壓表示，並藉由式 (9.58) 表示散射聲場，則式 (9.94) 可表示成：

$$\langle p_i^2 \rangle = |\mu_{\mathrm{coh}}|^2 \langle p_i^2 \rangle + 4k^2 \cos^2 \theta_0 \int P_\gamma(\boldsymbol{\kappa}) \cos \theta d\boldsymbol{\kappa} \tag{9.95}$$

上式中，$|\mu_{\mathrm{coh}}|$ 即是所欲求得的同調反射係數。若取入射聲壓振幅為一個單位，且從式 (9.49) 的關係可得：

$$\cos \theta = \frac{1}{k} \left(k^2 - |\mathbf{k_r} + \boldsymbol{\kappa}|^2 \right)^{1/2} \tag{9.96}$$

將上式代入式 (9.95)，並求解 $|\mu_{\mathrm{coh}}|$ 可得：

$$\begin{aligned}
|\mu_{\mathrm{coh}}| &= \left[1 - 4k \cos \theta_0 \int P_\gamma(\boldsymbol{\kappa}) \left(k^2 - |\mathbf{k_r} + \boldsymbol{\kappa}|^2 \right)^{1/2} d\boldsymbol{\kappa} \right]^{1/2} \\
&\simeq 1 - 2k \cos \theta_0 \int P_\gamma(\boldsymbol{\kappa}) \left(k^2 - |\mathbf{k_r} + \boldsymbol{\kappa}|^2 \right)^{1/2} d\boldsymbol{\kappa}
\end{aligned} \tag{9.97}$$

式 (9.97) 乃利用散射場聲能遠小於入射場聲能的假設。若是以極座標 $\boldsymbol{\kappa} = (\kappa \cos \alpha, \kappa \sin \alpha)$ 表示，且藉由式 (9.62) 與式 (9.63) 的關係，式 (9.97) 可表示成（為什麼？）：

$$\begin{aligned}
|\mu_{\mathrm{coh}}| &= 1 - 2k^2 \cos \theta_0 \iint P_\gamma(\kappa, \alpha) \kappa d\kappa d\alpha \\
&\times \left[\cos^2 \theta_0 + 2\frac{\kappa}{k} \sin \theta_0 \cos(\alpha - \phi_0) - \left(\frac{\kappa}{k} \right)^2 \right]^{1/2}
\end{aligned} \tag{9.98}$$

上式的積分範圍，取決於根號裡面大於零的區域。

為瞭解式 (9.98) 的應用，在此考慮一些特殊情況。假設海面為高相關度粗糙面，亦即 $\kappa\ell_0 \gg 1$，同時，入射角度 θ_0 不大，以致符合 $k\ell_0 \cos^2 \theta_0 \gg 1$ 的條件，則式 (9.98) 中根號內第二、三項皆遠小於第一項，因此，

$$
\begin{aligned}
|\mu_{\text{coh}}| &= 1 - 2k^2 \cos^2 \theta_0 \int_0^{-\infty} \int_{-\pi}^{\pi} P_\gamma(\kappa, \alpha) \kappa d\kappa d\alpha \\
&= 1 - 2k^2 \sigma^2 \cos^2 \theta_0 \\
&= 1 - \frac{1}{2}\mathcal{R}^2
\end{aligned} \tag{9.99}
$$

另一方面，若仍考慮高相關度粗糙面，但入射掠擦角很小，以致 $k\ell_0 \cos^2 \theta_0 \ll 1$，而 $\sin \theta_0 \simeq 1$，此時式 (9.98) 中之根號裡為第二項所主導，且積分範圍為：$(\kappa, \alpha) = ([0, \infty], [-\pi/2 + \phi_0, \pi/2 + \phi_0])$。另外，假設 $P_\gamma(\kappa, \alpha) = P_\gamma(\kappa)\mathcal{K}(\alpha)$，則反射係數為：

$$
\begin{aligned}
|\mu_{\text{coh}}| &= 1 - 4\sqrt{2}\pi\sqrt{k^3}\cos\theta_0 \\
&\times \int_{-\pi/2}^{\pi/2} \mathcal{K}(\alpha + \phi_0)\sqrt{\cos\alpha}\,d\alpha \\
&\times \int_0^\infty P_\gamma(\kappa)\sqrt{\kappa^3}\,d\kappa
\end{aligned} \tag{9.100}
$$

若粗糙場為等向，則 $\mathcal{K}(\alpha) = 1/(2\pi)$，且令波數譜 $P_\gamma(\kappa)$ 由皮-紐氏頻譜【式 (8.28)】導得，則可證實反射係數為（為什麼？）：

$$
|\mu_{\text{coh}}| = 1 - \frac{a\Gamma(3/4)\sqrt{k^3}\,U^4\cos\theta_0}{4g^4\sqrt{2\pi g}\,\Gamma(5/4)} \tag{9.101}
$$

上式中，$a = 2.4\,\text{m}^2/\text{s}^5$、$U$ 為風速 (m/s)、$g = 9.81\,\text{m/s}^2$、$\Gamma(3/4) \simeq 0.525$、$\Gamma(5/4) \simeq 0.91$。

9.3　邊界攝動法：低頻聲波之散射

第 9.2 節所探討的問題乃是假設粗糙面為全反射界面，以致求解散射場成為十分簡化的過程。然而，一般而言，不同性質介質所

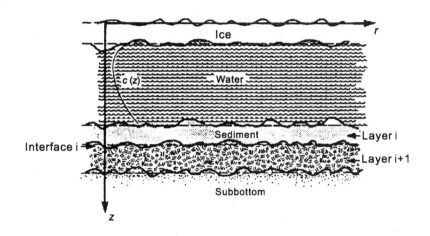

圖 9.6: 海洋波導環境

形成的界面，大都爲可透射界面 (penetrable interface)；不僅如此，海洋波導 (waveguide) 環境的界面，都是粗糙界面，如圖 9.6 所示，因此，形成多重粗糙界面 (multiple rough surface) 散射的複雜問題。

　　本節將引用 Kuperman-Schmidt 氏 [47] 所發展的水平層化介質中粗糙面散射之模式，將前述微擾法的觀念，延伸至足以求解聲波自可透射多重粗糙界面散射的問題；此一方法，稱之爲邊界攝動法 (method of boundary perturbation)，乃爲求解低頻聲波自粗糙界面散射之統觀方法 (unified approach)。該模式之建立，乃是有系統的以邊界攝動的方法，經由推導與整理，將平均場 (mean field) 與散射場 (scattered field)，以數個簡潔的矩陣運算子 (matrix operator) 表示出來，因此，十分方便於應用。由於此一模式適於處理震-聲波 (seismo-acoustic wave)（包括壓力波與剪力波）在流體或固體中傳播與散射的問題，因此，廣被引用。

9.3.1　粗糙界面：邊界攝動法

由於 Kuperman-Schmidt 氏所發展的粗糙面散射模式乃建立在波

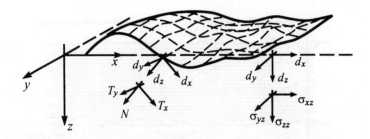

圖 9.7: 粗糙面上之局部座標與整體座標及相關參數

數積分法的基礎上,因此,本節將延續第 5.5 節所建構的線性系統【式 (5.52)】,將僅適用於平滑的邊界的系統,藉由邊界攝動法,擴展成足以求解粗糙界面散射的問題。

在此,考慮粗糙邊界,如圖 9.7 所示。對於粗糙界面而言,由於所有的邊界條件都必須施加在實際邊界點上 $z = \gamma(\mathbf{r})$,而這些邊界的隨機點,都與平均面有些微的差距,同時,由於粗糙面都有一定的曲度,因此在實際邊界點上的法向量 (normal vector),也與平均面的法向量不同。這種因粗糙界面的幾何形狀而產生與平均面的變異,若未經過適當的處理,實則無法建立適用的線性系統。

爲了克服上述困難,首先吾人將利用攝動的方法,將位於局部座標 (local coordinate) 的變數,以全體座標 (global coordinate) 表示。假如以 D_v、$\mathbf{D}$、N、$\mathbf{T}$ 分別表示在局部座標的垂直位移、水平位移、垂直應力、水平應力,而這些物理量對應在全體座標上,分別以 d_z、$\mathbf{d} = (d_x, d_y)$、$n = \sigma_{xx}$、$\mathbf{t} = (\sigma_{xz}, \sigma_{yz})$ 表示,則當 $|\boldsymbol{\nabla}_\perp \gamma(\mathbf{r})| \ll 1$ 時,兩者關係爲 [60]:

$$
\begin{aligned}
D_v &= d_z - \boldsymbol{\nabla}_\perp \gamma \cdot \mathbf{d} \\
\mathbf{D} &= \mathbf{d} + \boldsymbol{\nabla}_\perp \gamma \, d_z \\
N &= n - 2\boldsymbol{\nabla}_\perp \gamma \cdot \mathbf{t}
\end{aligned}
\tag{9.102}
$$

$$\mathbf{T} = \mathbf{t} + \begin{pmatrix} \frac{\partial \gamma}{\partial x}(\sigma_{zz} - \sigma_{xx}) - \frac{\partial \gamma}{\partial y}\sigma_{xy} \\ \frac{\partial \gamma}{\partial y}(\sigma_{zz} - \sigma_{yy}) - \frac{\partial \gamma}{\partial x}\sigma_{xy} \end{pmatrix}$$

上列式子都僅保留至 γ 之第一階次。從以上的關係可以看出，等號右邊之第一項即是在平滑界面上的變數，而第二項（含 $\nabla_\perp \gamma$）乃是因微擾而引起；值得注意的，微擾造成對水平應力 $\mathbf{t}$ 的影響，牽涉到應力張量的各個分量。

式 (9.102) 右邊的項乃以全體座標為參考座標時，所必須符合的邊界條件。在此，若以類似於式 (5.50) 所示的方式表示新的邊界條件，則式 (9.102) 可表示成：

$$B_i^* \chi_{i;i+1} = B_i \chi_{i;i+1} + \nabla_\perp \gamma_i \circ (b_i \chi_{i;i+1}) \tag{9.103}$$

上式中，右邊第二項所含的運算符號。，代表式 (9.102) 右邊第二項中，γ_i 與物理變數 $\mathbf{d}$、d_z、$\mathbf{t}$、σ_{xx}、σ_{yy}、σ_{zz}、σ_{xy} 之間的運算，而 b_i 乃與前述相關的物理變數為元素的矩陣，稱之為旋轉邊界運算子 (rotating boundary operator) [47]。在此特別強調，上述新的邊界條件，仍然施加在粗糙面上，因此，必須藉由攝動的方法，將施加在粗糙面上的邊界條件，調整至平均面上，方可方便應用。

在此，吾人將總聲場 (total field)【不含入射場 (incident field)[4]】分解成同調（均致）的平均場 $\langle\chi_i\rangle$ (coherent mean field) 與不同調（隨機）的散射場 s_i (incoherent scattered field)：

$$\chi_i = \langle\chi_i\rangle + s_i \tag{9.104}$$

根據微擾的假設，粗糙面散射僅對聲場造成些微的影響，而且散射場乃因粗糙界面所引起，因此，散射場 s_i 乃與粗糙高度 γ_i 相同尺度，而遠小於平均場，亦即，$\mathcal{O}(|s_i|) = \mathcal{O}(|\gamma_i|) \ll \mathcal{O}(|\langle\chi_i\rangle|)$。

---

[4]由於入射場為已知，且在推導過程當中，不會涉入攝動推演過程，因此，可以在最後加入即可，見式 (9.119)。

另一方面，此處所指的平均場 $\langle \chi_i \rangle$ 乃是能夠表達因粗糙界面散射而造成能量損失的同調聲場，因此，與式 (9.10) 所指的零階次（未受擾）解，不竟相同。另外，值得注意的，由於粗糙面爲零平均，因此，散射場亦爲零平均。

接下來，將式 (9.104) 代入式 (9.103)，並以泰勒級數展開之後，保留至 γ_i 二階次的項而得[5]：

$$
\begin{aligned}
B_i^* \, \chi_{i;i+1} \big|_{z=\gamma_i} &= \left(1 + \gamma_i \frac{\partial}{\partial z} + \frac{\gamma_i^2}{2} \frac{\partial^2}{\partial z^2} \right) B_i^* \, \langle \chi_{i;i+1} \rangle \bigg|_{z=z_i} \\
&\quad + \left(1 + \gamma_i \frac{\partial}{\partial z} \right) B_i^* \, s_{i;i+1} \bigg|_{z=z_i} \\
&= 0
\end{aligned}
\tag{9.105}
$$

右邊包含 s_i 的項僅需保留一項，因爲，s_i 與 γ_i 皆爲一階項。另外，z_i 表示第 i 層界面的垂直座標。

再者，將式 (9.103) 代入式 (9.105)，並取系集平均可得：

$$
\begin{aligned}
\left(1 + \frac{\langle \gamma_i^2 \rangle}{2} \frac{\partial^2}{\partial z^2} \right) B_i \, \langle \chi_{i:i+1} \rangle \bigg|_{z=z_i} &+ \quad \langle \boldsymbol{\nabla}_\perp \gamma_i \circ b_i \, s_{i;i+1} |_{z=z_i} \rangle \\
&+ \quad \left\langle \gamma_i \frac{\partial}{\partial z} B_i \, s_{i;i+1} \bigg|_{z=z_i} \right\rangle \\
&= \quad 0
\end{aligned}
\tag{9.106}
$$

上式在推導過程中，利用到下列性質：

$$
\langle B_i^* \, \langle \chi_{i;i+1} \rangle \rangle = B_i \, \langle \chi_{i;i+1} \rangle
\tag{9.107}
$$

$$
\langle B_i \, s_{i;i+1} \rangle = B_i \, \langle s_{i;i+1} \rangle = 0
\tag{9.108}
$$

式 (9.106) 乃是平均場所需要符合的邊界條件。值得注意的，除了第一項外，皆是二階次項，因此，假如捨棄二階次項，則此式即是未受擾聲場的邊界條件。

---

[5]有先見之明者將發現，必須保留至二階次方可得到受散射影響的平均場。

最後，將式 (9.106) 自式 (9.105) 中扣除，並保留一階次的項，即可得散射場的邊界條件：

$$\left(B_i \, s_{i;i+1} + \gamma_i \frac{\partial}{\partial z} B_i \langle \chi_{i;i+1} \rangle + \boldsymbol{\nabla}_\perp \gamma_i \circ b_i \langle \chi_{i;i+1} \rangle \right)\Bigg|_{z=z_i} = 0 \tag{9.109}$$

式 (9.106) 與式 (9.109) 構成求解平均場與散射場互為耦合的邊界條件。因此，若欲求得平均場，則必須求得散射場，反之亦然。不僅如此，由於 γ_i 與 $s_{i;i+1}$ 皆為隨機變數，因此，顯然不方便直接利用式 (9.109) 求解散射場。

| 波數域分析 |

由於在此所考慮的環境為水平層化的結構，因此，可以藉由傅立葉積分的形式表示聲場的解，如式 (5.51) 所示。有鑑於此，吾人可以透過傅立葉轉換，將邊界條件轉換至波數域，得到類似式 (5.52) 的邊界條件。

在此定義粗糙面函數的傅立葉轉換式[6]：

$$\gamma_i(\mathbf{r}) = \frac{1}{(2\pi)^2} \int \tilde{\gamma}_i(\mathbf{p}) e^{-j\mathbf{p}\cdot\mathbf{r}} d^2\mathbf{p} \tag{9.110}$$

因此，

$$\boldsymbol{\nabla}_\perp \gamma_i(\mathbf{r}) = -\frac{j}{(2\pi)^2} \int \tilde{\gamma}_i(\mathbf{p}) e^{-j\mathbf{p}\cdot\mathbf{r}} d^2\mathbf{p} \tag{9.111}$$

藉由上式定義以及相關公式，式 (9.109) 經由傅立葉轉換之後，則可得在 $z = z_i$ 界面上，散射場波數譜 $s_{i;i+1}(\mathbf{q_r})$ 所必須符合的邊界條件（為什麼？）：

$$\tilde{B}_i(\mathbf{q_r}) \tilde{s}_{i;i+1}(\mathbf{q_r}) = -\frac{1}{2\pi} \int d^2\mathbf{k_r} \tilde{\gamma}_i(\mathbf{q_r} - \mathbf{k_r})$$

---

[6]在此所定義之傅立葉轉換或許與先前所定義的不同，例如，積分之前的常數因子（2π），或是轉換因子 $e^{\pm j\mathbf{p}\cdot\mathbf{r}}$，但只要定義一致即可，對於結果並不會造成影響。

$$\times \left(\frac{\partial \widetilde{B}_i(\mathbf{k_r})}{\partial z} - j(\mathbf{q_r} - \mathbf{k_r}) \circ \widetilde{b}_i(\mathbf{k_r}) \right)$$

$$\times \langle \widetilde{\chi}^{\mp}_{i;i+1}(\mathbf{k_r}) \rangle, \quad i = 1, 2, .., \ N - 1 \quad (9.112)$$

除非環境中僅有一個界面，否則在多重界面的環境，上式線性系
統顯然無法就單一界面求解，而必須建構全域的線性系統 (global
linear system)，然後再配合輻射條件，而得到與未知數相同數目
的線性方程式。在這種情況下，式 (9.109) 可求解散射場而得：

$$\tilde{s}_g(\mathbf{q_r}) = -\widetilde{B}_g^{-1}(\mathbf{q_r}) \frac{1}{2\pi} \int d^2 \mathbf{k_r} \widetilde{\gamma}_g(\mathbf{q_r} - \mathbf{k_r})$$

$$\times \left(\frac{\partial \widetilde{B}_g(\mathbf{k_r})}{\partial z} - j(\mathbf{q_r} - \mathbf{k_r}) \circ \widetilde{b}_g(\mathbf{k_r}) \right)$$

$$\times \langle \widetilde{\chi}^{\mp}_g(\mathbf{k_r}) \rangle \qquad\qquad (9.113)$$

上式中之下標 g，乃是用以強調相關的矩陣（$\widetilde{B}_g$、$\widetilde{b}_g$、$\widetilde{\gamma}_g$）與
向量（$\tilde{s}_g$、$\widetilde{\chi}_g$）都是全域系統，其中，$\widetilde{\gamma}_g$ 爲對角矩陣 (diagonal
matrix)。

　　接著，吾人可對平均場的邊界條件，式 (9.106)，作傅立葉轉
換而得到在 $z = z_i$ 平面上，平均場波數譜所必須受制的條件：

$$\left(\widetilde{B}_i(\mathbf{k_r}) + \frac{\langle \gamma_i^2 \rangle}{2} \frac{\partial^2 \widetilde{B}_i(\mathbf{k_r})}{\partial z^2} \right) \langle \widetilde{\chi}^{\mp}_{i:i+1}(\mathbf{k_r}) \rangle \ + \ \mathcal{F}\{\langle \boldsymbol{\nabla}_\perp \gamma_i \circ b_i \, s_{i;i+1} \rangle\}$$

$$+ \ \mathcal{F}\left\{ \left\langle \gamma_i \frac{\partial}{\partial z} B_i \, s_{i;i+1} \right\rangle \right\}$$

$$= \ 0 \qquad\qquad (9.114)$$

上式中，$\mathcal{F}$ 代表傅立葉轉換。有關後兩項的傅立葉轉換，牽涉到
比較複雜（但仍基本）的代數運算，在此不作推導，有興趣的讀
者可參閱文獻 [47] 之附錄。值得注意的，在推導的過程當中，基
本上乃應用式 (9.113) 之散射場的解，取代式 (9.114) 中未知的散
射場 $s_{i;i+1}$，再經傅立葉轉換。整個推導演繹，將獲得下列結果：

$$\left(\widetilde{B}_i(\mathbf{k_r}) + \frac{\langle \gamma_i^2 \rangle}{2} \frac{\partial^2 \widetilde{B}_i(\mathbf{k_r})}{\partial z^2} + \widetilde{\mathcal{I}}_i(\mathbf{k_r}) \right) \langle \widetilde{\chi}^{\mp}_{i:i+1}(\mathbf{k_r}) \rangle = 0 \qquad (9.115)$$

上式中，符號 $\widetilde{\mathcal{I}}_i$ 定義為：

$$
\begin{aligned}
\widetilde{\mathcal{I}}_i(\mathbf{k_r}) \;=\; & -\frac{\langle \gamma_i^2 \rangle}{2\pi} \int d^2\mathbf{q_r}\, P_{\gamma,i}(\mathbf{q_r} - \mathbf{k_r}) \qquad\qquad (9.116)\\
& \times \left(\frac{\partial \widetilde{B}_i(\mathbf{q_r})}{\partial z} + j(\mathbf{q_r} - \mathbf{k_r}) \circ \widetilde{b}_i(\mathbf{q_r}) \right) \\
& \times \widetilde{B}_i^{-1}(\mathbf{q_r}) \left(\frac{\partial \widetilde{B}_i(\mathbf{q_r})}{\partial z} - j(\mathbf{q_r} - \mathbf{k_r}) \circ \widetilde{b}_i(\mathbf{k_r}) \right)
\end{aligned}
$$

式中，$P_{\gamma,i}(\mathbf{p})$ 為正規化之粗糙面波數（功率）譜，其定義為：

$$
P_{\gamma,i}(\mathbf{p}) = \frac{1}{2\pi\langle \gamma_i^2 \rangle} \int \mathcal{C}_\gamma(\bar{\mathbf{r}}) e^{j\mathbf{p}\cdot\bar{r}} d^2\bar{\mathbf{r}} \qquad\qquad (9.117)
$$

而 $\mathcal{C}_\gamma(\bar{\mathbf{r}} = \mathbf{r} - \mathbf{r}') = \langle \gamma_i(\mathbf{r}')\gamma_i^*(\mathbf{r}) \rangle$ 為粗糙面之相關函數。與前述同樣的道理，當介質中多於一個界面時，式 (9.115) 無法單獨求解單一界面的解，而必須結合所有界面以及輻射條件，而建構可以求解的整體（全域）系統。

9.3.2 平均場與散射場：綜合整理與討論

至此，吾人已推導出適合在多重粗糙界面、水平層化、震-聲介質中，求解平均場與散射場的模式；除此之外，上述模式亦可同時處理多個離散聲源 (discrete sources)。在此，將主要結果陳述於下，並進一步說明。

$\boxed{\text{平均場}}$

$$
\langle \chi_i(\mathbf{r}, z) \rangle = \int d^2\mathbf{k_r}\, e^{-j\mathbf{k_r}\cdot\mathbf{r}} \left[\langle \widetilde{\chi}_i^-(\mathbf{k_r}) \rangle e^{-jk_{z,i}z} + \langle \widetilde{\chi}_i^+(\mathbf{k_r}) \rangle e^{jk_{z,i}z} \right]
$$

$$
(9.118)
$$

若第 i 層中有聲源，則必須於上式之中括號內加入聲源波數譜 $\widetilde{\chi}_i(\mathbf{k}_r, z; z_s)$ 【z_s 為聲源深度座標】。式 (9.118) 中，$\langle \widetilde{\chi}_i^-(\mathbf{k_r}) \rangle$ 與

$\langle \tilde{\chi}_i^+(\mathbf{k_r}) \rangle$ 乃為向量 $\langle \tilde{\chi}^{\mp}(\mathbf{k_r}) \rangle$ 中與第 i 層相關的分量：

$$\left(\tilde{B}(\mathbf{k_r}) + \frac{\langle \gamma^2 \rangle}{2} \frac{\partial^2 \tilde{B}(\mathbf{k_r})}{\partial z^2} + \tilde{\mathcal{I}}(\mathbf{k_r}) \right) \langle \tilde{\chi}^{\mp}(\mathbf{k_r}) \rangle = \langle \tilde{\chi}(\mathbf{k_r}; z_s) \rangle$$

(9.119)

上式中，$\mathcal{I}$（可稱之為散射運算子）為：

$$\begin{aligned}
\tilde{\mathcal{I}}(\mathbf{k_r}) = & -\frac{\langle \gamma^2 \rangle}{2\pi} \int d^2\mathbf{q_r} P_\gamma(\mathbf{q_r} - \mathbf{k_r}) \\
& \times \left(\frac{\partial \tilde{B}(\mathbf{q_r})}{\partial z} + j(\mathbf{q_r} - \mathbf{k_r}) \circ \tilde{b}(\mathbf{q_r}) \right) \\
& \times \tilde{B}^{-1}(\mathbf{q_r}) \left(\frac{\partial \tilde{B}(\mathbf{q_r})}{\partial z} - j(\mathbf{q_r} - \mathbf{k_r}) \circ \tilde{b}(\mathbf{k_r}) \right)
\end{aligned}$$

(9.120)

上式（或自此以下）沒有下標的矩陣與向量都代表整體系統。

散射場

$$s_i(\mathbf{r}, z) = \int d^2\mathbf{q_r} e^{-j\mathbf{q_r} \cdot \mathbf{r}} \left[\tilde{s}_i^-(\mathbf{q_r}) e^{-jk_{z,i}z} + \tilde{s}_i^+(\mathbf{q_r}) e^{jk_{z,i}z} \right] \quad (9.121)$$

式中，$k_{z,i} = \left(k_i^2 - |\mathbf{q_r}|^2 \right)^{1/2}$ 或是 $k_{z,i} = \left(k_{s,i}^2 - |\mathbf{q_r}|^2 \right)^{1/2}$ 【取決於 P-wave 或 S-wave】，而 $\tilde{s}_i^-(\mathbf{q_r})$ 與 $\tilde{s}_i^+(\mathbf{q_r})$ 為向量 $\tilde{s}^{\mp}(\mathbf{q_r})$ 中，與第 i 層有關的分量，並由下式求得：

$$\begin{aligned}
\tilde{s}^{\mp}(\mathbf{q_r}) = & -\tilde{B}^{-1}(\mathbf{q_r}) \frac{1}{2\pi} \int d^2\mathbf{k_r} \tilde{\gamma}(\mathbf{q_r} - \mathbf{k_r}) \\
& \times \left(\frac{\partial \tilde{B}(\mathbf{k_r})}{\partial z} - j(\mathbf{q_r} - \mathbf{k_r}) \circ \tilde{b}(\mathbf{k_r}) \right) \\
& \times \langle \tilde{\chi}^{\mp}(\mathbf{k_r}) \rangle
\end{aligned}$$

(9.122)

　　式 (9.118) 至式 (9.122) 建構一個求解粗糙面散射之平均場與散射場的公式。在此特別強調，式 (9.119) 提供一個計算平均場但不需求解散射場的公式。換句話說，只要適當的修正平滑界面系統，亦即，只要在平滑系統加入式 (9.119) 中第二、三項，則可計算散射對於平均場所造成的影響，同時，從的能量的觀點，式

(9.104) 可自行圓滿符合能量守恆，因此，式 (9.119) 稱之爲自洽式模式 (self-consistent formulation)。

　　另一方面，在求得平均場之後，則可藉由式 (9.122) 求解散射場。由於式 (9.122) 中所含的 $\tilde{\gamma}$ 函數爲隨機變數，因此，$\tilde{s}_i^{\mp}(\mathbf{q_r})$、$s_i(\mathbf{r}, z)$ 顯然亦爲隨機變數。有關散射場之相關函數 $\langle s_i(\mathbf{r}_1, z_1) s_i^*(\mathbf{r}_2, z_2) \rangle$，可經由類似第 9.2.2 節的推導過程而得到運算的公式，不過由於過程較爲煩瑣，在此不作詳細推導，讀者若有興趣，可參閱參考文獻 [54]。散射場之相關函數可表示成：

$$
\begin{aligned}
\langle s(\mathbf{r}_1, z_1) s^*(\mathbf{r}_2, z_2) \rangle &= \frac{\langle \gamma^2 \rangle}{(2\pi)^3} \int d^2\mathbf{q_r} P_\gamma(\mathbf{q_r}) \\
&\quad \times I(\mathbf{q_r}, \mathbf{r}_1, z_1) I^*(\mathbf{q_r}, \mathbf{r}_2, z_2) \\
&\quad \times e^{-j\mathbf{q_r} \cdot (\mathbf{r}_1 - \mathbf{r}_2)}
\end{aligned} \tag{9.123}
$$

上式中，符號 I 的定義爲：

$$
I(\mathbf{q_r}, \mathbf{r}, z) = \int d^2\mathbf{k_r} A(\mathbf{q_r} + \mathbf{k_r}, \mathbf{k_r}) e^{-j\mathbf{k_r} \cdot (\mathbf{r} - \mathbf{r}_s)} \tag{9.124}
$$

$$
\begin{aligned}
A(\mathbf{q_r}, \mathbf{k_r}) &= \tilde{B}^{-1}(\mathbf{q_r}) \left(\frac{\partial \tilde{B}(\mathbf{k_r})}{\partial z} - j(\mathbf{q_r} - \mathbf{k_r}) \circ \tilde{b}(\mathbf{k_r}) \right) \\
&\quad \times \langle \tilde{\chi}^{\mp}(\mathbf{k_r}) \rangle
\end{aligned} \tag{9.125}
$$

$\mathbf{r}_s$ 爲聲源的水平座標，而所有相關的矩陣與向量，皆爲整體系統 (global system)。

　　一般而言，在震-聲波導環境中，點聲源自粗糙界面散射之聲場的相關函數，亦即迴響聲場 (reverberation sound field) 之統計性質，乃爲十分耗時之計算，因爲，迴響的計算，牽涉到整個入射波數譜的每一個波數，散射至全數散射波數譜，因此，衍生多重的積分運算【如式 (9.123) 爲八重積分式】，而每一層運算都必須求解（高階的）線性系統，以致設計有效的數值計算方法，成爲關鍵性的問題。

　　當入射波爲平面波時，若吾人僅欲求解散射波數譜性質 (spectral properties of scattered field)，亦即，散射聲場能量在空間的分佈，則式 (9.123) 可大量簡化成 [47]：

$$\langle \tilde{s}(\mathbf{q_r})\tilde{s}^*(\mathbf{q_r})\rangle = \frac{\langle \gamma^2 \rangle}{2\pi} P_\gamma(\mathbf{q_r} - \mathbf{k_r}) \tag{9.126}$$

$$\times \left| \tilde{B}^{-1}(\mathbf{q_r}) \left(\frac{\partial \tilde{B}(\mathbf{k_r})}{\partial z} - j(\mathbf{q_r} - \mathbf{k_r}) \circ \tilde{b}(\mathbf{k_r}) \right) \langle \tilde{\chi}^{\mp}(\mathbf{k_r})\rangle \right|^2$$

上式對於分析散射聲場，十分有用。

9.3.3　聲波自彈性粗糙海床之散射

雖然第 9.3.1 節所發展的模式，適合探討震-聲環境中，點聲源自
二維粗糙界面散射之三維聲場的全盤性問題，但是，在不失廣義
的情況下，為了簡化煩瑣的數學式，在此，將考慮二維聲源【如
線聲源 (line source)】自一維粗糙界面散射的問題，如圖 9.8 所
示。整體海洋環境將模擬成兩層：上層（第 1 層）為流體，而下
層（第 2 層）為彈性體；兩者皆假設為均勻、等向介質。

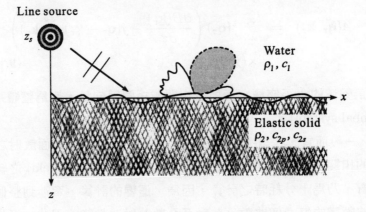

圖 9.8: 聲波自彈性粗糙海床之散射

當入射波在 y 方向的水平波數為零時（亦即在 x-z 平面上），
如圖 9.8 所示，則二維的粗糙面將不會導致突出於 x-z 平面的散
射波 (no out-of-plane scattering)，而符合平面應變 (plane strain)

的假設[7]。在這種情況下，海床介質中將僅有壓力波（P-wave）與垂直極化剪力波（SV-wave），因此，介質裡聲/震波的位移勢，可分別表示成【注意：在此時間因子將以 $e^{j\omega t}$ 表示】：

$$
\begin{aligned}
\phi_1(x,z) &= \int_{-\infty}^{\infty} \left[\tilde{\phi}_1^-(k_x)e^{-\alpha_1 z} + \tilde{\phi}_1^+(k_x)e^{\alpha_1 z} \right] \\
&\quad \times e^{-jk_x x} dk_x
\end{aligned} \tag{9.127}
$$

$$
\begin{aligned}
\phi_2(x,z) &= \int_{-\infty}^{\infty} \left[\tilde{\phi}_2^-(k_x)e^{-\alpha_2 z} + \tilde{\phi}_2^+(k_x)e^{\alpha_2 z} \right] \\
&\quad \times e^{-jk_x x} dk_x
\end{aligned} \tag{9.128}
$$

$$
\begin{aligned}
\psi_2(x,z) &= \int_{-\infty}^{\infty} \left[\tilde{\psi}_2^-(k_x)e^{-\beta_2 z} + \tilde{\psi}_2^+(k_x)e^{\beta_2 z} \right] \\
&\quad \times e^{-jk_x x} dk_x
\end{aligned} \tag{9.129}
$$

ϕ_1 爲上層壓力波位移勢，而 ϕ_2、ψ_2 分別爲下層壓力波與剪力波之位移勢。α_i 與 β_2 分別定義如下：

$$
\alpha_1 = \left(k_x^2 - k_1^2 \right)^{1/2} \tag{9.130}
$$

$$
\alpha_2 = \left(k_x^2 - k_2^2 \right)^{1/2} \tag{9.131}
$$

$$
\beta_2 = \left(k_x^2 - k_{2s}^2 \right)^{1/2} \tag{9.132}
$$

式中，$k_i = \omega/c_{p,i}$ 爲第 i 層壓力波波數，而 $k_{2s} = \omega/c_{2s}$ 爲下層剪力波波數。$\tilde{\phi}_i^-$、$\tilde{\phi}_i^+$ 分別爲第 i 層向下傳播 (down-going)【亦即，傳向 "$+z$" 方向】與向上傳播 (up-going)【亦即，傳向 "$-z$" 方向】之壓力波振幅，而 $\tilde{\psi}_2^-$、$\tilde{\psi}_2^+$ 分別爲下層中，向下傳播與向上傳播之剪力波振幅。

　　另外，若聲源位置爲 $(0, z_s)$ 且位於上層，則聲源位移勢 $\hat{\phi}_1(x,z)$ 可表示成：

$$
\hat{\phi}_1(x,z) = \int_{-\infty}^{\infty} \tilde{\hat{\phi}}_1(k_x, z; z_s)e^{-ik_x x} dk_x
$$

---

[7] 介質內因波動所產生的位移，都平行於某一平面（在此爲 x-z 平面），且位移與垂直於該平面的距離無關（在此與 y 軸無關）。

$$= \int_{-\infty}^{\infty} \left(\frac{S_\omega}{4\pi} \frac{e^{-\alpha_1 |z - z_s|}}{\alpha_1} \right) e^{-jk_x x} dk_x \quad (9.133)$$

上式中，S_ω 表示聲源頻譜強度 (source spectral strength)。

其次，考慮邊界條件。對於流-固體界面而言，在邊界 $z = 0$ 上所必須符合的條件包括：

$$d_{z,1}|_{z=0} = d_{z,2}|_{z=0} \quad (9.134)$$

$$\sigma_{zz,1}|_{z=0} = \sigma_{zz,2}|_{z=0} \quad (9.135)$$

$$0 = \sigma_{xz,2}|_{z=0} \quad (9.136)$$

亦即，垂直位移 (vertical displacement) d_z 與法向應力 (normal stress) σ_{zz} 必須連續，而水平剪應力 σ_{xz} 必須等於零。若對上列邊界條件取傅立葉轉換，並整理成線性系統，則可得到在 $z = 0$ 上必須符合的線性系統爲：

$$\tilde{d}_{z,1} - \tilde{d}_{z,2} = 0 \quad (9.137)$$

$$\tilde{\sigma}_{zz,1} - \tilde{\sigma}_{zz,2} = 0 \quad (9.138)$$

$$\tilde{\sigma}_{xz,2} = 0 \quad (9.139)$$

接著，藉由物性方程式【式 (2.36) – (2.39)】，將位移、應力以位移勢表示，然後代入式 (9.127) – (9.129) 的表示式，則可得到下列關係：

$$\tilde{d}_{z,1}(k_r) = \alpha_1 \left[-\tilde{\phi}_1^-(k_r) + \tilde{\phi}_1^+(k_r) \right] + \frac{\partial \tilde{\phi}_1}{\partial z} \quad (9.140)$$

$$\tilde{\sigma}_{zz,1}(k_r) = -\lambda_{L,1} \left\{ k_1^2 \left[\tilde{\phi}_1^-(k_r) + \tilde{\phi}_1^+(k_r) \right] - \frac{\partial^2 \tilde{\phi}_1}{\partial z^2} \right\} (9.141)$$

$$\tilde{\sigma}_{xz,1}(k_r) = 0 \quad (9.142)$$

$$\tilde{d}_{z,2}(k_r) = \alpha_2 \left[\tilde{\phi}_2^-(k_r) - \tilde{\phi}_2^+(k_r) \right]$$
$$+ k_r \left[\tilde{\psi}_2^-(k_r) - \tilde{\psi}_2^+(k_r) \right] \quad (9.143)$$

$$\tilde{\sigma}_{zz,2}(k_r) = \mu_{\text{L},2} \left\{ \left(2k_r^2 - k_{2s}^2 \right) \left[\tilde{\phi}_2^-(k_r) + \tilde{\phi}_2^+(k_r) \right] \right.$$
$$\left. + 2k_r \beta_2 \left[-\tilde{\psi}_2^-(k_r) + \tilde{\psi}_2^+(k_r) \right] \right\} \qquad (9.144)$$

$$\tilde{\sigma}_{xz,2}(k_r) = j\mu_{\text{L},2} \left\{ 2k_r \alpha_2 \left[\tilde{\phi}_2^-(k_r) - \tilde{\phi}_2^+(k_r) \right] \right.$$
$$\left. - \left(2k_r^2 - k_{2s}^2 \right) \left[-\tilde{\psi}_2^-(k_r) + \tilde{\psi}_2^+(k_r) \right] \right\} \quad (9.145)$$

將式 (9.140) – (9.145) 代入式 (9.137) – (9.139)，並以矩陣或向量表示，即可得：

$$\tilde{B}_1(k_r)\tilde{\chi}_{1,2}^{\mp}(k_r) = \tilde{\tilde{\chi}}_{1,2}(k_r; z_s) \qquad (9.146)$$

上式中，向量 $\tilde{\chi}_{1,2}^{\mp}(k_r)$ 與矩陣 $\tilde{B}_1(k_r)$ 的定義爲：

$$\left[\tilde{\chi}_{1,2}^{\mp}(k_r) \right]^{\text{T}} = \left[\tilde{\phi}_1^-(k_r), \tilde{\phi}_1^+(k_r), \tilde{\phi}_2^-(k_r), \tilde{\psi}_2^-(k_r), \tilde{\phi}_2^+(k_r), \tilde{\psi}_2^+(k_r) \right]$$
$$(9.147)$$

$$\tilde{B}_1(k_r) = \begin{bmatrix} -\alpha_1 & \alpha_1 & \alpha_2 \\ -\lambda_{\text{L},1}k_1^2 & -\lambda_{\text{L},1} & -\mu_{\text{L},2}\left(2k_r^2 - k_{2s}^2\right) \\ 0 & 0 & -2j\mu_{\text{L},2}k_r\alpha_2 \end{bmatrix}$$

$$\begin{matrix} -k_r & -\alpha_2 \\ 2\mu_{\text{L},2}k_r\beta_2 & -\mu_{\text{L},2}\left(2k_r^2 - k_{2s}^2\right) \\ j\mu_{\text{L},2}\left(2k_r^2 - k_{2s}^2\right) & 2j\mu_{\text{L},2}k_r\alpha_2 \end{matrix}$$

$$\begin{matrix} -k_r \\ -2\mu_{\text{L},2}k_r\beta_2 \\ j\mu_{\text{L},2}\left(2k_r^2 - k_{2s}^2\right) \end{matrix} \Bigg] \qquad (9.148)$$

式 (9.146) 右邊的項爲聲源相關函數（見下段）。

式 (9.147) 與式 (9.148) 爲局部系統 (local system)。顯然的，當求解線性系統時，必須結合各個邊界所形成的局部系統及輻射條件而形成整體系統。有關於前者，由於本問題只有一個邊界，因此，僅有一個局部系統，亦即，式 (9.146)。至於輻射條件，則必須去除內傳波 (incoming wave) 的分量，亦即，$\tilde{\phi}_1^-(k_r)$、$\tilde{\phi}_2^+(k_r)$、$\tilde{\psi}_2^+(k_r)$。因此，整體系統為：

$$\tilde{B}(k_r)\tilde{\chi}^{\mp}(k_r) = \tilde{\chi}(k_r; z_s) \tag{9.149}$$

上式中，整體向量 $\tilde{\chi}^{\mp}(k_r)$ 與整體矩陣 $\tilde{B}(k_r)$ 為：

$$\left[\tilde{\chi}^{\mp}(k_r)\right]^{\mathrm{T}} = \left[\tilde{\phi}_1^+(k_r), \tilde{\phi}_2^-(k_r), \tilde{\psi}_2^-(k_r)\right] \tag{9.150}$$

$$\tilde{B}(k_r) = \begin{bmatrix} \alpha_1 & \alpha_2 \\ -\lambda_{\mathrm{L},1} & -\mu_{\mathrm{L},2}\left(2k_r^2 - k_{2s}^2\right) \\ 0 & -2j\mu_{\mathrm{L},2}k_r\alpha_2 \end{bmatrix}$$

$$\begin{array}{c} -k_r \\ 2\mu_{\mathrm{L},2}k_r\beta_2 \\ j\mu_{\mathrm{L},2}\left(2k_r^2 - k_{2s}^2\right) \end{array} \tag{9.151}$$

$$\tilde{\chi}(k_r; z_s) = \begin{bmatrix} \frac{S_\omega}{4\pi}e^{-\alpha_1|z_s|} \\ \frac{S_\omega\rho_1\omega^2}{4\pi\alpha_1}e^{-\alpha_1|z_s|} \\ 0 \end{bmatrix} \tag{9.152}$$

上式 $\tilde{B}(k_r)$ 中，若將 k_r 改成 q_r，則同樣的系統亦可應用式 (9.122) 中，以求解散射場。

接著，吾人將建構旋轉邊界運算子 $b_i(k_r)$。在本問題中，由於所牽涉到的邊界條件為 d_z、σ_{zz}、σ_{xz}，因此，從式 (9.102) 可知，整體座標與局部座標的關係可簡化成為（考慮一維粗糙面及平面應力）：

$$D_{\mathrm{v}} = d_z - \frac{d\gamma}{dz}d_x \tag{9.153}$$

$$N = \sigma_{zz} - 2\frac{d\gamma}{dz}\sigma_{xz} \tag{9.154}$$

$$T = \sigma_{xz} + \frac{d\gamma}{dx}(\sigma_{zz} - \sigma_{xx}) \tag{9.155}$$

因此，若邊界條件表示成：

$$\left(B_i\chi_{i;i+1} + \frac{d\gamma}{dz} \circ b_i\chi_{i;i+1}\right)\Big|_{z=0} = 0 \tag{9.156}$$

則事實上，運算符號。僅為乘號，且局部座標所形成的旋轉邊界條件，經傅立葉轉換之後為：

$$\left(-\tilde{d}_{x,1} + \tilde{d}_{x,2}\right)\Big|_{z=0} = 0 \tag{9.157}$$

$$\left(-2\tilde{\sigma}_{xz,1} + 2\tilde{\sigma}_{xz,2}\right)\Big|_{z=0} = 0 \tag{9.158}$$

$$\left[(\tilde{\sigma}_{zz,1} - \tilde{\sigma}_{xx,1}) - (\tilde{\sigma}_{zz,2} - \tilde{\sigma}_{xx,2})\right]\Big|_{z=0} = 0 \tag{9.159}$$

若將相關的位移勢代入，並以矩陣表示，則局部的矩陣為：

$$
\tilde{b}_1(k_r) = \begin{bmatrix}
jk_r & jk_r & -jk_r \\
0 & 0 & 4j\mu_{L,2}k_r\alpha_1 \\
0 & 0 & -2\mu_{L,2}\left(2k_r^2 - k_2^2\right)
\end{bmatrix}
$$

$$
\begin{aligned}
& j\beta_2 & -jk_r \\
& -2j\mu_{L,2}\left(2k_r^2 - k_{2s}^2\right) & -4j\mu_{L,2}k_r\alpha_2 \\
& 4\mu_{L,2}k_r\beta_2 & -2\mu_{L,2}\left(2k_r^2 - k_2^2\right)
\end{aligned}
$$

$$
\left.\begin{aligned}
& -j\beta_2 \\
& -2j\mu_{L,2}\left(2k^2 - k_{2s}^2\right) \\
& -4\mu_{L,2}k_r\beta_2
\end{aligned}\right] \tag{9.160}
$$

同理，若利用輻射條件去除內傳波的分量，則可得整體系統為：

$$
\tilde{b}(k_r) = \begin{bmatrix}
jk_r & -jk_r \\
0 & 4j\mu_{L,2}k_r\alpha_1 \\
0 & -2\mu_{L,2}\left(2k_r^2 - k_2^2\right)
\end{bmatrix}
$$

$$
\left.\begin{aligned}
& -jk_r \\
& -4j\mu_{L,2}k_r\alpha_2 \\
& -2j\mu_{L,2}\left(2k_r^2 - k_2^2\right)
\end{aligned}\right] \tag{9.161}
$$

上列推導過程看似十分煩瑣，然而，結構上卻相當具有規律性，因此，只要適當的調整指標，即可容易的擴展成具有 N 層，而求解多層震-聲介質中聲波的傳播與散射。底下將舉一實例，計算平均場與散射場，並做適當的說明。

範例說明：平均場與散射場

考慮頻率 100 Hz 的平面波入射圖 9.8 所示的粗糙界面。相關的介質性質如下：$c_1 = 1500$ m/s、$\rho_1 = 10^3$ kg/m^3，$c_{p,2} = 5000$ m/s、$c_{2s} = 2000$ m/s、$\rho_2 = 3 \times 10^3$ kg/m^3。另外，在此，將以高辛波數譜描述粗糙界面：

$$P_\gamma(k) = \sqrt{2\pi} L e^{-k^2 L^2/2} \tag{9.162}$$

參數 L 爲相關長度，在此取 10 m，且均方根高取 1 m。若將上述相關資料輸入矩陣 $\widetilde{B}$ 與 $\widetilde{b}$ 之後，再利用式 (9.118) 求解 $\langle \widetilde{\chi}^{\mp} \rangle$，即可求得平均場。

圖 9.9 爲上層聲場之平均場，並以同調反射係數 (coherent reflection coefficient) 表示 [47]。從圖上明顯的展示出，原本在平滑界面會產生全反射的區域，亦即入射掠擦角 $\theta < \theta_c = \cos^{-1}(1500/200) = 41.4°$ 的區域，全反射現象已不復存在；此乃因爲粗糙面散射提供分散入射波能量的管道，因此，當入射角小於臨界角時，雖然聲波無法直接穿透界面，但可藉由散射的方式而失去能量。另外，接近 72.5° 的峰值乃因爲下層介質之壓力波之 "臨界角" 所致。

另一方面，吾人可藉由式 (9.127) 計算散射波數譜，並以下式定義散射係數 (scattering coefficient) [47]：

$$|S(q)|^2 = \left(\frac{k_1^2 - q^2}{k_1} \right) \langle \widetilde{s}(q)\widetilde{s}^*(q) \rangle \tag{9.163}$$

圖 9.10 爲平面波以 45° 入射海床後，在離海床 10 m 處所接收到散射場之散射係數 [47]。從該圖可以看出，主要能量都散射至介於

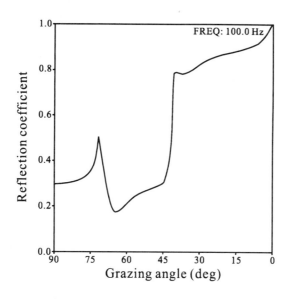

圖 9.9: 聲波自彈性粗糙海床散射之平均場

$30°$ 與 $90°$ 之前散射方向 (forward scattering direction)。然而，這並沒有展現出散射之全部波譜。

　　圖 9.11 乃以水平波數及能譜密度 $\langle \tilde{s}(q)\tilde{s}^*(q) \rangle$ 為參數的散射波數譜。該圖顯示，在水平波數為 ± 0.428 m^{-1} 之處，有兩支特別突出的峰值。這個波數的大小，已經超越上層介質的波數 $k_1 = 0.4188$ m^{-1}，因此，屬於界面波 (interface wave)，此乃具剪力模數之彈性介質所特有的現象，在海洋聲學領域中，稱之為 Scholte wave。顧名思義，界面波的特性乃是其能量都集中在界面附近，而事實上可以證明，界面波之振幅在垂直於界面方向，乃是以指數的方式迅速遞減。所以，當接收機遠離界面之後，就無法接收到界面波的能量。從圖上可以看出，Scholte wave 乃是攜帶散射波能量的重要機制，此乃因為粗糙界面可視之為次聲源 (secondary source)，且正好位處最有利於激發界面波之處（亦即界面上），因此，造成高能量的界面散射波。

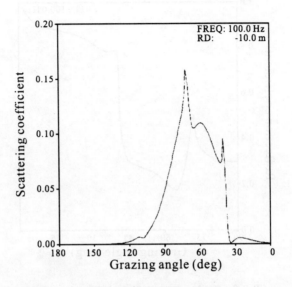

圖 9.10: 散射係數

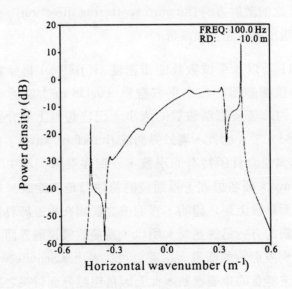

圖 9.11: 能譜密度

9.4　基爾霍夫法：高頻聲波之散射

在此之前所討論的微擾法（包括邊界攝動法），僅適用於小瑞利數的情況，亦即 $\mathcal{R} = 2k\gamma_{\mathrm{rms}}\cos\theta \ll 1$（$\theta$ 為入射角），換句話說，小粗糙度界面或/與低頻聲波、小入射角的情況。當違反上述條件時，例如，高頻聲波入射一較大起伏（但仍算平滑）的不規則界面時，則微擾法將不適用。此時，將使用近似幾何反射 (acoustical reflection) 的方法，稱之為基爾霍夫法 (Kirchhoff's method)。由於此一方法與處理繞射 (diffraction) 問題之基爾霍夫原理 (Kirchhoff's principle) 相似，故以此稱之。

9.4.1　基爾霍夫法原理

考慮一平面波入射不規則界面，如圖 9.12 所示。假如在聲波入射點的附近，曲面的曲率半徑 $\mathcal{R}_{\mathrm{cuv}}$ 足夠大（亦即，曲面的線性尺度遠大於波長），以致符合下列條件：

$$2k\mathcal{R}_{\mathrm{cuv}}\cos\theta \gg 1 \qquad (9.164)$$

則聲波與界面的作用，可視之為平面波與作用點處的切面 (tangent plane) 相互作用的問題；而切面的聲學性質，則假設與作用點處界面的性質相同。由於利用切面的假設，因此，基爾霍夫法又稱作切面法 (tangent plane)。

　　一般而言，基爾霍夫法只能較準確的預測靠近鏡面反射方向的散射波。另外，從式 (9.164) 的假設條件來看，基爾霍夫法是否適用，取決於界面的曲率半徑與（垂直）波長的比值，因此，假如界面趨近於平面（$\mathcal{R}_{\mathrm{cuv}} \to \infty$），而入射角不要太斜，則可適用的頻率範圍，可以十分寬廣（包含低頻）。以此觀之，基爾霍夫法乃是十分廣用的方法。不過，在一般海洋環境中，粗糙界面的曲率半徑不是很大，此時，頻率越高，則越適用此一方法（此乃第 9.4 節附加標題的原因）。另一方面，若與微擾法比較，並以

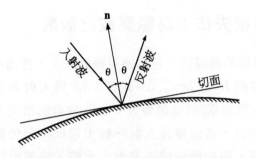

図 9.12: 基爾霍夫法原理

整體條件考量，則基爾霍夫法常用於大尺度粗糙面（大起伏、大相關長度），而微擾法則用於小尺度粗糙面（小均方高、大/小相關長度）。

在符合假設的情況下，當一平面波入射一不規則界面時，散射波 p_s 與入射波 p_i 在邊界上，將符合下列方程式：

$$p_s(\mathbf{R}) = \mu_r(\mathbf{R})p_i(\mathbf{R}) \tag{9.165}$$

$$\nabla p_s(\mathbf{R}) \cdot \mathbf{n} = -\mu_r(\mathbf{R})\nabla p_i(\mathbf{R}) \cdot \mathbf{n} \tag{9.166}$$

抑或

$$\frac{\partial p_s(\mathbf{R})}{\partial n} = -\mu_r(\mathbf{R})\frac{\partial p_i(\mathbf{R})}{\partial n} \tag{9.167}$$

上式中，$\mathbf{R} = (\mathbf{r}, \gamma)$，$\mathbf{n} = (\mathbf{n_r}, n_z)$ 為粗糙面之法向單位向量，而 $\mu_r(\mathbf{r}, \gamma)$ 為平面波在 $(\mathbf{r}, \gamma)$ 處之反射係數。值得注意的，此時所謂的散射波 p_s，乃是總散射聲場，而與微擾法中的散射場【如式 (9.10) 中的 p_s，或式 (9.104) 中的 s_i】，並不相同。

接著，藉由格林公式 (Green's formula)，可將聲場中任何一觀測點 $\mathbf{R} = (\mathbf{r}, z > \gamma)$ 處的聲壓表示成：

$$p_s(\mathbf{R}) = \frac{1}{4\pi} \int_{S(\mathbf{R}_0)} dS \left[p_s(\mathbf{R}_0)\frac{\partial}{\partial n}\left(\frac{e^{ik\bar{R}}}{\bar{R}}\right) - \frac{e^{ik\bar{R}}}{\bar{R}}\frac{\partial p_s(\mathbf{R}_0)}{\partial n} \right] \tag{9.168}$$

上式中，$\mathbf{R}_0$ 為粗糙界面上的點，而 $\bar{R} = |\mathbf{R}_0 - \mathbf{R}|$，亦即，觀測點與粗糙面的距離，如圖 9.13 所示。若將式 (9.165) 與式 (9.167)

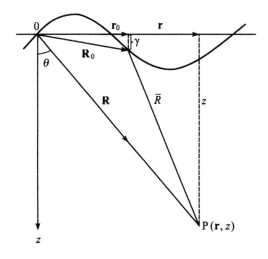

圖 9.13: 粗糙界面與觀測點之座標關係

代入式 (9.168)，即可得：

$$
\begin{aligned}
p_s(\mathbf{R}) &= \frac{1}{4\pi} \int_{S(\mathbf{R}_0)} dS\, \mu_r(\mathbf{R}_0) \\
&\times \left[p_i(\mathbf{R}_0) \frac{\partial}{\partial n}\left(\frac{e^{ik\bar{R}}}{\bar{R}} \right) + \frac{e^{ik\bar{R}}}{\bar{R}} \frac{\partial p_i(\mathbf{R}_0)}{\partial n} \right]
\end{aligned} \tag{9.169}
$$

當反射係數 μ_r 爲常數或與入射角無關時，如全反射界面（$\mu_r = \pm 1$）、聲速相同的界面，則式 (9.169) 中可將 μ_r 移出積分之外而適當的簡化。

爲了進一步分析，吾人可對式 (9.169) 中各項以波數譜表示：

$$
\left(\frac{e^{ik\bar{R}}}{\bar{R}} \right)\Bigg|_{z=\gamma} = \frac{i}{2\pi} \int \frac{1}{q_z} e^{i\mathbf{q_r}\cdot(\mathbf{r}-\mathbf{r}_0)+iq_z(z-\gamma)} d\mathbf{q_r} \tag{9.170}
$$

上式中，$q_z = (k^2 - |\mathbf{q_r}|^2)^{1/2}$。若對上式取法向微分，則可得[8]：

$$\frac{\partial}{\partial n}\left(\frac{e^{ik\bar{R}}}{\bar{R}}\right)\Bigg|_{z=\gamma} = \frac{n_z}{2\pi}\int\left(\frac{q_z - \mathbf{q_r}\cdot\boldsymbol{\nabla}_\perp\gamma}{q_z}\right)e^{i\mathbf{q_r}\cdot(\mathbf{r}-\mathbf{r_0})+iq_z(z-\gamma)}d\mathbf{q_r}$$

$$(9.171)$$

另一方面，假若入射平面波爲：

$$p_i = e^{i(\mathbf{k_r}\cdot\mathbf{r}-k_z z)} \tag{9.172}$$

則法向微分爲：

$$\left(\frac{\partial p_i}{\partial n}\right)\Bigg|_{z=\gamma} = -in_z(k_z + \mathbf{k_r}\cdot\boldsymbol{\nabla}_\perp\gamma)e^{i(\mathbf{k_r}\cdot\mathbf{r}-k_z z)} \tag{9.173}$$

將式 (9.170) 至式 (9.173) 代入式 (9.169)，並利用 $dS = dxdy/n_z$ 的關係，可得散射場聲壓爲：

$$\begin{aligned} p_s(\mathbf{R}) &= \frac{\mu_r}{8\pi^2}\iint d\mathbf{r_0}d\mathbf{q_r}\left[\frac{(q_z + k_z) - (\mathbf{q_r}-\mathbf{k_r})\cdot\boldsymbol{\nabla}_\perp\gamma(\mathbf{r_0})}{q_z}\right] \\ &\times e^{-i[(\mathbf{q_r}-\mathbf{k_r})\cdot\mathbf{r_0}+(q_z+k_z)\gamma(\mathbf{r_0})]}e^{i(\mathbf{q_r}\cdot\mathbf{r}+q_z z)} \end{aligned} \tag{9.174}$$

上式乃假設 μ_r 爲常數。在此，令 $p_z = q_z + k_z$、$\boldsymbol{\kappa} = \mathbf{q_r} - \mathbf{k_r}$，則式 (9.174) 可表示成：

$$\begin{aligned} p_s(\mathbf{r}, z) &= \frac{\mu_r}{8\pi^2}\iint d\mathbf{r_0}d\mathbf{q_r}\left(\frac{p_z - \boldsymbol{\kappa}\cdot\boldsymbol{\nabla}_\perp\gamma(\mathbf{r_0})}{q_z}\right) \\ &\times e^{-i(\boldsymbol{\kappa}\cdot\mathbf{r_0}+p_z\gamma(\mathbf{r_0}))}e^{i(\mathbf{q_r}\cdot\mathbf{r}+q_z z)} \end{aligned} \tag{9.175}$$

$$\begin{aligned} &= \frac{\mu_r}{8\pi^2}\iint d\mathbf{r_0}d\boldsymbol{\kappa}\left(\frac{p_z - \boldsymbol{\kappa}\cdot\boldsymbol{\nabla}_\perp\gamma(\mathbf{r_0})}{q_z}\right) \\ &\times e^{-i(\boldsymbol{\kappa}\cdot\mathbf{r_0}+p_z\gamma(\mathbf{r_0}))}e^{i[(\boldsymbol{\kappa}+\mathbf{k_r})\cdot\mathbf{r}+q_z z]} \end{aligned} \tag{9.176}$$

若比較式 (9.35) 與式 (9.176) 【或式 (9.36) 與式 (9.174)】，則可發現在結構上，兩者頗爲相似。

---

[8]推導中將利用到下列關係：

$$\frac{\partial(\mathbf{q_r}\cdot\mathbf{r_0})}{\partial n} = \boldsymbol{\nabla}(\mathbf{q_r}\cdot\mathbf{r_0})\cdot\mathbf{n} = \mathbf{q_r}\cdot\mathbf{n} = -n_z(\mathbf{q_r}\cdot\boldsymbol{\nabla}_\perp\gamma)$$

9.4.2 平均場

式 (9.175) 或式 (9.176) 提供求解散射聲場的公式，由於此時散射聲場實則為總聲場，因此，

$$
\begin{aligned}
p_s &= \langle p_s \rangle + (p_s - \langle p_s \rangle) \\
&= \langle p_s \rangle + s_i
\end{aligned}
\tag{9.177}
$$

上式中，$\langle p_s \rangle$ 為同調平均場 (coherent mean field)，而 s_i 為不同調散射場 (incoherent scattered field)。在此必須強調，雖然總聲場仍能以式 (9.177) 分解的方式視之，但此處並不意味著同調平均場的能量一定大於不同調散射場，兩者大小須視瑞利參數大小而定。本節中，將求解平均場。

在此，吾人對式 (9.176) 取系集平均可得：

$$
\begin{aligned}
\langle p_s(\mathbf{r}, z) \rangle &= \frac{\mu_r}{8\pi^2} \iint d\mathbf{r}_0 d\boldsymbol{\kappa} \\
&\times \left(\frac{p_z \langle e^{-ip_z \gamma(\mathbf{r}_0)} \rangle - \boldsymbol{\kappa} \cdot \langle \boldsymbol{\nabla}_\perp \gamma(\mathbf{r}_0) e^{-iq_z \gamma(\mathbf{r}_0)} \rangle}{q_z} \right) \\
&\times e^{-i\boldsymbol{\kappa} \cdot \mathbf{r}_0} e^{i[(\boldsymbol{\kappa} + \mathbf{k_r}) \cdot \mathbf{r} + q_z z]}
\end{aligned}
\tag{9.178}
$$

根據定義，令 $\mathcal{P}_\gamma(\gamma)$ 為粗糙面之概率密度函數 (probability density function)，則 $e^{-ip_z\gamma}$ 之總以平均為：

$$
\langle e^{-ip_z\gamma} \rangle = \int_{-\infty}^{\infty} e^{-ip_z\gamma} \mathcal{P}_\gamma(\gamma) d\gamma \equiv f_1(-p_z)
\tag{9.179}
$$

$f_1(-p_z)$ 稱之為隨機變數 γ 的特徵函數 (characteristic function of a random variable)。另一方面，由於特徵函數 $f_1(-p_z)$ 並不是空間的函數，因此，

$$
\langle \boldsymbol{\nabla}_\perp \gamma e^{-ip_z\gamma} \rangle = \frac{1}{p_z} \boldsymbol{\nabla}_\perp \langle e^{-ip_z\gamma} \rangle = \frac{1}{p_z} \boldsymbol{\nabla}_\perp f_1(-p_z) = 0
\tag{9.180}
$$

將式 (9.179) 與式 (9.180) 代入式 (9.178)，並對 $\mathbf{r}_0$ 積分，則可

得到[9]：

$$
\begin{aligned}
\langle p_s(\mathbf{r}, z) \rangle &= \frac{\mu_r}{2} \int d\boldsymbol{\kappa}\, f_1(-p_z) \left(\frac{p_z}{q_z} \right) \delta(\boldsymbol{\kappa}) e^{i[(\boldsymbol{\kappa}+\mathbf{k_r})\cdot\mathbf{r}+q_z z]} \\
&= \mu_r f_1(-2k_z) e^{i(\mathbf{k_r}\cdot\mathbf{r}+k_z z)} \quad\quad\quad (9.181) \\
&= \mu_r f_1(-2k_z) p_r \quad\quad\quad\quad\quad\quad (9.182)
\end{aligned}
$$

上式中，$p_r = e^{i(\mathbf{k_r}\cdot\mathbf{r}+k_z z)}$ 乃是平滑面之鏡面反射波。值得一提的，在推導式 (9.181) 過程當中，當 $\boldsymbol{\kappa} = 0$ 時，$\mathbf{k_r} = \mathbf{q_r}$，因此，$q_z = k_z$，而 $p_z = 2q_z = 2k_z$。因此，同調反射係數 (coherent reflection coefficient) μ_{coh} 爲：

$$
\mu_{\text{coh}} = \mu_r f_1(-2k_z) = \mu_r f_1(-2k\cos\theta) \quad\quad (9.183)
$$

假若粗糙高度爲零平均之常態分佈函數：

$$
\mathcal{P}_\gamma(\gamma) = \frac{1}{\sigma\sqrt{2\pi}} e^{-\frac{\gamma^2}{2\sigma^2}} \quad\quad\quad\quad (9.184)
$$

將上式代入式 (9.183)，並利用 f_1 函數的定義，可得同調反射係數爲：

$$
\begin{aligned}
\mu_{\text{coh}} &= \frac{\mu_r}{\sigma\sqrt{2\pi}} \int_{-\infty}^{\infty} e^{-2ik_z\gamma} e^{-\frac{\gamma^2}{2\sigma^2}} d\gamma \\
&= \mu_r e^{-\mathcal{R}^2/2} \quad\quad\quad\quad\quad\quad\quad (9.185)
\end{aligned}
$$

上式中，$\mathcal{R} = 2k_z\gamma = 2k\gamma\cos\theta$ 爲瑞利參數 (Rayleigh parameter)。從式 (9.183) 可知，同調反射係數隨 $\mathcal{R}$ 增加，迅速遞減；例如，當 $\mathcal{R} = 2$ 時，$\mu_{\text{coh}}/\mu_r = 0.135$，而當 $\mathcal{R} = 3$ 時，$\mu_{\text{coh}}/\mu_r = 0.011$，因此，同調平均場能量乃遠小於不同調散射場。此乃因爲

---

[9]對 $\mathbf{r}_0$ 積分乃利用下列等式：

$$
\delta(\boldsymbol{\kappa}) = \frac{1}{(2\pi)^2} \int e^{i\boldsymbol{\kappa}\cdot\mathbf{r}_0} d\mathbf{r}_0
$$

$\mathcal{R}$ 增大時，隨機散射的能量將急劇增強，導致同調的平均場能量迅速減小。當 $\mathcal{R}^2 \ll 1$ 時，式 (9.185) 可簡化成：

$$\mu_{\mathrm{coh}} \simeq \mu_r \left(1 - \frac{1}{2}\mathcal{R}^2 \right) \tag{9.186}$$

假如 $\mu_r = 1$，則上式與式 (9.99) 相同。

另外，從式 (9.179) 與式 (9.183) 可得：

$$\mathcal{P}_\gamma(\gamma) = \frac{1}{\pi\mu_r} \int_{-\infty}^{\infty} \mu_{\mathrm{coh}}(k_z) e^{2ik_z\gamma} dk_z \tag{9.187}$$

因此，假如吾人可以量測得足夠範圍 $k_z = k\cos\theta$（頻率或/與入射角）的同調反射係數，則可藉由式 (9.187) 估算粗糙面之概率密度函數 $\mathcal{P}_\gamma(\gamma)$。

有限粗糙面之散射

以上所探討的情況，乃是假設散射面為無窮寬廣 (infinite extent) 的情況。在此，考慮有限粗糙面 (finite rough surface) 散射的問題，如圖 9.4 所示。吾人所感興趣的乃是散射場在遠域區 (far zone) 的平均場，而此處所指的遠域區，乃是表示觀測距離 R 與散射面的線性尺度 L，必須符合下列條件：

$$R \gg \frac{L^2}{\lambda} \tag{9.188}$$

在此假設下，觀測點 $\mathbf{R} = (\mathbf{r}, z)$ 與粗糙面上的點 $\mathbf{R}_0 = (\mathbf{r}_0, \gamma)$ 之距離 $\bar{R}$ 可簡化成：

$$\begin{aligned}
\bar{R} &= |\mathbf{R} - \mathbf{R}_0| \simeq R - \frac{\mathbf{R}\cdot\mathbf{R}_0}{R} \\
&= R - \frac{\mathbf{r}\cdot\mathbf{r}_0 + z\gamma}{R} = R - \frac{\mathbf{q_r}\cdot\mathbf{r}_0 + q_z\gamma}{k}
\end{aligned} \tag{9.189}$$

上式中，$\mathbf{q} = (\mathbf{q_r}, q_z)$ 為散射波波數向量。

利用上式，點源聲場及其法向微分可分別表示成：

$$\frac{e^{ik\bar{R}}}{\bar{R}} = \frac{1}{R}e^{i(kR-\mathbf{q_r}\cdot\mathbf{r}_0-q_z\gamma)} \tag{9.190}$$

$$\frac{\partial}{\partial n}\left(\frac{e^{ik\bar{R}}}{\bar{R}}\right) = -\frac{in_z}{R}[q_z - \mathbf{q_r}\cdot\boldsymbol{\nabla}_\perp\gamma(\mathbf{r}_0)]$$
$$\times e^{i[kR-\mathbf{q_r}\cdot\mathbf{r}_0-q_z\gamma(\mathbf{r}_0)]} \tag{9.191}$$

將式 (9.172)、(9.173)、(9.190)、(9.191) 代入式 (9.169) 可得（假設 μ_r 爲常數）：

$$p_s(\mathbf{R}) = -\frac{i\mu_r e^{ikR}}{4\pi R}\int_{S(\mathbf{r}_0)}[p_z - \boldsymbol{\kappa}\cdot\boldsymbol{\nabla}_\perp\gamma(\mathbf{r}_0)]e^{-i[\boldsymbol{\kappa}\cdot\mathbf{r}_0-p_z\gamma(\mathbf{r}_0)]}d\mathbf{r}_0 \tag{9.192}$$

此乃平面波入射面積 S 的粗糙面之後，在遠域區的總散射聲壓。從式 (9.192) 的結構可以看出，積分項乃是表示粗糙面上總散射體 (scatterer) 之強度【顯然與粗糙面之統計性質有關】，而在遠域的聲場，猷似此總散射體以球體擴散的方式所形成的聲場。

若將上式取系集平均，並利用式 (9.179) 與式 (9.180)，則可得到平均場爲：

$$\langle p_s(R, \mathbf{q_r}; \mathbf{k_r})\rangle = -\frac{ip_z\mu_r e^{ikR}}{4\pi R}f_1(-p_z)\int_{S(\mathbf{r}_0)}e^{-i\boldsymbol{\kappa}\cdot\mathbf{r}_0}d\mathbf{r}_0 \tag{9.193}$$

對於大尺度粗糙界面而言（此乃基爾霍夫法適用的條件），亦即 $k\ell_0 \gg 1$，式 (9.193) 的積分值主要來自 $\boldsymbol{\kappa} = \mathbf{q_r} - \mathbf{k_r} = 0$ 的附近範圍。當 $\boldsymbol{\kappa} = 0$ 時，則 $\mathbf{q_r} = \mathbf{k_r}$（鏡面反射的方向），則式 (9.193) 簡化成：

$$\langle p_s(R, \mathbf{k_r}; \mathbf{k_r})\rangle = -i\mu_r Sk_z f_1(-2k_z)\frac{e^{ikR}}{2\pi R} \tag{9.194}$$

從上式可以看出，平均場除與入射方向 k_z、粗糙面性質 f_1、μ_r 有關外，平均聲壓與散射面積成正比，而與觀測距離成反比。

9.4.3 散射係數

爲分析散射場，吾人將利用式 (9.192)，並進一步簡化。從平穩相位法 (method of stationary phase) 可知，式 (9.192) 的積分值主要由平穩點 (stationary point) 及其附近的區域所主導，而所謂的平穩點即是相位函數產生極值 (extreme value) 之處，換句話說，積分變數在平穩點上，梯度 (gradient) 爲零的：

$$\nabla_{\mathbf{r}_0}[\boldsymbol{\kappa} \cdot \mathbf{r}_0 + p_z\gamma(\mathbf{r}_0)] = 0 \tag{9.195}$$

上式經運算之後，再求解 $\mathbf{r}_0$ 即可得：

$$\nabla_{\mathbf{r}_0}\gamma(\mathbf{r}_0^*) = -\frac{\boldsymbol{\kappa}}{p_z} \tag{9.196}$$

$\mathbf{r}_0^*$ 即是平穩點。式 (9.196) 的關係式，實際上乃相當於：

$$(q_z - k_z) - (\mathbf{q_r} - \mathbf{k_r}) \cdot \nabla_{\mathbf{r}_0}\gamma(\mathbf{r}_0^*) = 0 \tag{9.197}$$

上式可重寫成：

$$(\mathbf{q_r} + \mathbf{k_r}) \cdot \mathbf{n} = 0 \tag{9.198}$$

$\mathbf{n}$ 爲粗糙面上，局部的法向單位向量 (local normal vector)。從式 (9.198) 可知，符合該式之散射波 $\mathbf{q_r}$ 的方向，乃是在局部切面上，鏡面反射的方向，此乃符合基爾霍夫法之基本假設。

將式 (9.196) 代入式 (9.192) 中被積分項（但不含指數項，爲什麼？），再經整理可得：

$$p_s(\mathbf{R}) = -\frac{ikF\mu_r e^{ikR}}{2\pi R} \int_{S(\mathbf{r}_0)} e^{-i(\boldsymbol{\kappa} \cdot \mathbf{r}_0 - p_z\gamma)}d\mathbf{r}_0 \tag{9.199}$$

上式中，無因次參數 (dimensionless parameter) F 之定義爲：

$$F = \frac{\kappa^2 + p_z^2}{2kp_z} = \frac{|\mathbf{q_r} - \mathbf{k_r}|^2 + (q_z + k_z)^2}{2k(q_z + k_z)} \tag{9.200}$$

接著，利用式 (9.199) 可得均方壓為：

$$\langle p_s(\mathbf{R})p_s^*(\mathbf{R})\rangle = \left(\frac{kF\mu_r}{2\pi R}\right)^2 \iint_S f_2(-p_z, p_z)e^{-i\boldsymbol{\kappa}\cdot(\mathbf{r}_1-\mathbf{r}_2)}d\mathbf{r}_1 d\mathbf{r}_2$$

(9.201)

上式中，$f_2(-p_z, p_z)$ 為粗糙面之二維特徵函數，其定義為：

$$\begin{aligned} f_2(-p_z, p_z) &\equiv \langle e^{-ip_z(\gamma_1-\gamma_2)}\rangle \\ &= \iint e^{-ip_z(\gamma_1-\gamma_2)}\mathcal{P}_\gamma(\gamma_1, \gamma_2)d\gamma_1 d\gamma_2 \end{aligned}$$

(9.202)

$\mathcal{P}_\gamma(\gamma_1, \gamma_2)$ 為 γ_1 與 γ_2 之聯合概率密度函數 (joint probability density function)，此處 $\gamma_i = \gamma(\mathbf{r}_i)$。對於緩和變化的粗糙界面而言，$\gamma_1 - \gamma_2$ 能夠以 $\bar{\mathbf{r}} = \mathbf{r}_2 - \mathbf{r}_1$ 展開，並僅需保留首階項：

$$\gamma_1 - \gamma_2 = -\bar{\mathbf{r}}\cdot\boldsymbol{\nabla}_\perp\gamma$$

(9.203)

將上式代入式 (9.202) 可得：

$$\begin{aligned} f_2(-p_z, p_z) &= \langle e^{ip_z\bar{\mathbf{r}}\cdot\boldsymbol{\nabla}_\perp\gamma}\rangle \\ &= \int e^{ip_z\bar{\mathbf{r}}\cdot\boldsymbol{\eta}}\mathcal{P}_{\boldsymbol{\eta}}(\boldsymbol{\eta})d\boldsymbol{\eta} \end{aligned}$$

(9.204)

上式中，$\boldsymbol{\eta} = \boldsymbol{\nabla}_\perp\gamma = (\partial\gamma/\partial x, \partial\gamma/\partial y) = (\gamma_{,x}, \gamma_{,y})$。

將式 (9.204) 代入式 (9.201)，並以 $\bar{\mathbf{r}} + \mathbf{r}_1$ 取代 $\mathbf{r}_2$（另外，積分變數 $d\mathbf{r}_2 = d\bar{\mathbf{r}}$），然後對 $\bar{\mathbf{r}}$ 及 $\mathbf{r}_1$ 積分，即可得到[10]：

$$\begin{aligned} \langle p_s(\mathbf{R})p_s^*(\mathbf{R})\rangle &= S\left(\frac{kF\mu_r}{R}\right)^2 \int_{-\infty}^{\infty} \mathcal{P}_{\boldsymbol{\eta}}(\boldsymbol{\eta})\delta(p_z\boldsymbol{\eta} + \boldsymbol{\kappa})d\boldsymbol{\eta} \\ &= \frac{S}{R^2}\left(\frac{kF\mu_r}{p_z}\right)^2 \mathcal{P}_{\boldsymbol{\eta}}\left(-\frac{\boldsymbol{\kappa}}{p_z}\right) \end{aligned}$$

(9.205)

---

[10] 對 $\bar{\mathbf{r}}$ 積分將利用下列等式關係：

$$\frac{1}{(2\pi)^2}\int_{-\infty}^{\infty} e^{i(p_z\boldsymbol{\eta}+\boldsymbol{\kappa})\cdot\bar{\mathbf{r}}}d\bar{\mathbf{r}} = \delta(p_z\boldsymbol{\eta} + \boldsymbol{\kappa})$$

從上式的結構來看，在 $\mathbf{R}$ 處的均方壓與散射面積成正比，而與距離平方成反比。因此，若依式 (9.53) 的定義（入射聲強爲一個單位），則散射係數 $m(\theta, \phi)$ 爲：

$$
\begin{aligned}
m(\theta, \phi) &= (\mu_r \mathcal{F})^2 \mathcal{P}_{\boldsymbol{\eta}} \left(-\frac{\kappa}{p_z} \right) \\
&= (\mu_r \mathcal{F})^2 \mathcal{P}_{\boldsymbol{\eta}} \left(-\frac{\mathbf{q_r} - \mathbf{k_r}}{q_z + k_z} \right)
\end{aligned}
\tag{9.206}
$$

上式中，$\mathbf{q} = (\mathbf{q_r}, q_z) = (k \cos\theta \cos\phi, k \cos\theta \sin\phi, k \sin\theta)$ 與 $\mathbf{k} = (\mathbf{k_r}, k_z) = (k \cos\theta_0 \cos\phi_0, k \cos\theta_0 \sin\phi_0, k \sin\theta_0)$ 分別爲散射波與入射波之波數向量，而無因次參數 $\mathcal{F}$ 爲：

$$
\mathcal{F} \equiv \frac{kF}{p_z} = \frac{1}{2} \left(1 + \frac{|\mathbf{q_r} - \mathbf{k_r}|^2}{(q_z + k_z)^2} \right)
\tag{9.207}
$$

從式 (9.206) 可知，符合基爾霍夫法之糙面散射，其散射係數與頻率 f 及均方根高 γ_{rms} 無關，而僅與粗糙面梯度之統計性質有關，且結果顯示，散射至 (θ, ϕ) 方向的能量，乃由粗糙面中，梯度符合式 (9.196) 之關係的部份所決定。

以高辛分佈爲例：

$$
\mathcal{P}_{\boldsymbol{\eta}}(\eta_x, \eta_y) = \frac{1}{2\pi \ell_x \ell_y} \exp \left[-\frac{1}{2} \left(\frac{\eta_x^2}{\ell_x^2} + \frac{\eta_y^2}{\ell_y^2} \right) \right]
\tag{9.208}
$$

上式中，ℓ_x、ℓ_y 分別表示 x、y 方向之均方斜率 (mean-square slope)。將式 (9.208) 代入式 (9.206) 則可得到散射係數爲：

$$
m(\theta, \phi) = \frac{(\mu_r \mathcal{F})^2}{2\pi \ell_x \ell_y} \exp \left[-\frac{1}{2p_z^2} \left(\frac{\kappa_x^2}{\ell_x^2} + \frac{\kappa_y^2}{\ell_y^2} \right) \right]
\tag{9.209}
$$

若粗糙面之梯度場爲等向 (isotropic)，則式 (9.209) 可簡化成：

$$
m(\theta, \phi) = \frac{(\mu_r \mathcal{F})^2}{2\pi \ell_0^2} \exp \left(-\frac{1}{2} \frac{\kappa^2}{\ell_0^2} \right)
\tag{9.210}
$$

在逆散射方向（亦即粗糙面所造成的迴響），$\mathbf{q_r} = -\mathbf{k_r}$，$\kappa = |\mathbf{q_r} - \mathbf{k_r}| = 2|\mathbf{k_r}| = 2k \cos\theta_0$，$p_z = 2k_z = 2k \cos\theta_0$，因此，逆散

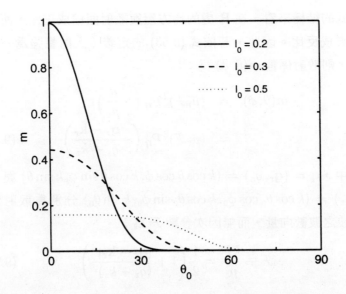

圖 9.14: 逆散射（回響）係數：全反射 ($\mu_r = \pm 1$) 且斜率為高辛分佈之粗糙界面

射係數為：

$$m(\theta_0) = \frac{\mu_r^2}{8\pi \ell_0^2 \cos^4 \theta_0} \exp\left(-\frac{\tan^2 \theta_0}{2\ell_0^2} \right) \qquad (9.211)$$

圖 9.14 為全反射 ($\mu_r = \pm 1$) 且斜率為高辛分佈之粗糙界面的逆散射（回響）係數與入射角之關係。

　　另外，為方便探討散射場能量在空間的分佈，可定義散射分佈 (scattering pattern) 參數如下：

$$\mathcal{M}(\theta, \phi) = \frac{m(\theta, \phi)}{m_{\max}} \qquad (9.212)$$

上式中，$m_{\max}$ 乃是最大散射方向之係數，此乃顯然在鏡面反射的方向。以等向粗糙斜率分佈為例，散射分佈參數為：

$$\mathcal{M}(\theta, \phi) = 4\mathcal{F}^2 \exp\left(-\frac{\kappa^2}{2p_z^2 \ell_0^2} \right) \qquad (9.213)$$

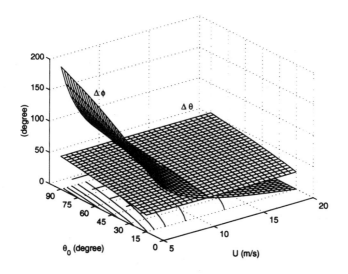

圖 9.15: "散射聲束" 在垂直面與水平面上的半張角寬度

至於量化散射場空間分佈的指標，吾人可定義 "散射聲束" 在
垂直面與水平面上的半張角寬度 (half-angle width) $\Delta\theta$ 與 $\Delta\phi$，如
圖 9.15 所示；在此，半張角寬度之定義乃是：自最大散射方向
（鏡面反射方向）算起，$\mathcal{M}$ 降至 e^{-1} 的張角寬度。Brekhovskikh
[11] 利用 Cox 與 Munk [17] 的結果，計算在 $\ell_0 \ll 1$ 的條件下，海
面散射之半張角寬度爲：

$$\Delta\theta = 2\sqrt{2}\ell_0 \tag{9.214}$$

$$\Delta\phi = \frac{2\sqrt{2}\ell_0}{\tan\theta_0}, \ \theta_0 \neq 0 \tag{9.215}$$

上式中，$\ell_0^2 = (3 + 5.12\,U) \times 10^{-3}$，$U$ 爲風速（單位爲 m/s）。

9.5　海面散射場之頻譜

在以上的討論中，都假設粗糙面爲靜止狀態 (motionless)，因此，
僅需考慮散射場之波數譜 (wavenumber spectrum)。然而，這對

海面而言，顯然並不恰當，因爲海面爲一動態粗糙面 (dynamic rough surface)，此時，描述散射場性質的函數，除了波數譜外，尚須考慮頻譜 (frequency spectrum)。雖然，粗糙面的動態特性，並不會改變散射場能量，但是，將會造成散射場的頻移 (frequency shift) 現象。本節將考慮海面的動態性質，對於散射場頻譜所造成的影響。

考慮頻率爲 ω_0、時間因子爲 $e^{-i\omega_0 t}$ 的平面波，由海洋入射海面的情況。由於海面的動態特性，因此，散射場 $p_s(\mathbf{R}, t)$ 對時間而言，爲一隨機過程。此時，描述散射場時間序列之特性的函數爲時間相關函數 (temporal correlation function)：

$$\mathcal{C}_{p_s}(\tau) = \langle p_s(\mathbf{R}, t) p_s^*(\mathbf{R}, t + \tau) \rangle \tag{9.216}$$

而上式之傅立葉轉換，即爲散射頻譜 (frequency spectrum of scattered field)：

$$\mathcal{F}(\omega) = \frac{1}{2\pi} \int \mathcal{C}_{p_s}(\tau) e^{-i\omega\tau} d\tau \tag{9.217}$$

此乃本節所欲探討的主題。

另一方面，必須考量的是海面的動態性質。在此，以 $\gamma(\mathbf{r}, t)$ 表示海面的行波 (ocean surface progressive wave)【簡稱海波】，則 $\gamma(\mathbf{r}, t)$ 可表示成：

$$\begin{aligned} \gamma(\mathbf{r}, t) &= \Re \left\{ \int A(\boldsymbol{\kappa}) e^{i(\boldsymbol{\kappa}\cdot\mathbf{r} - \Omega t)} \right\} d\boldsymbol{\kappa} \\ &= \frac{1}{2} \left[\int A(\boldsymbol{\kappa}) e^{i(\boldsymbol{\kappa}\cdot\mathbf{r} - \Omega t)} d\boldsymbol{\kappa} \right. \\ &\quad \left. + \int A(\boldsymbol{\kappa}) e^{-i(\boldsymbol{\kappa}\cdot\mathbf{r} - \Omega t)} d\boldsymbol{\kappa} \right] \end{aligned} \tag{9.218}$$

上式中，$\Omega = \Omega(\kappa)$ 爲海波的頻率，而對於深水波 (deep water wave) 而言，頻率與波數爲非線性關係。利用式 (9.218) 以及下列式子的關係：

$$\langle A(\pm\boldsymbol{\kappa}) A^*(\pm\boldsymbol{\kappa}') \rangle = 2P_\gamma(\pm\boldsymbol{\kappa}) \delta(\boldsymbol{\kappa} - \boldsymbol{\kappa}') \tag{9.219}$$

$$\langle A(\boldsymbol{\kappa})A(-\boldsymbol{\kappa}')\rangle = \langle A^*(-\boldsymbol{\kappa})A^*(\boldsymbol{\kappa}')\rangle = 0 \qquad (9.220)$$

吾人可以得證海面之時-空間相關函數爲：

$$\begin{aligned} \mathcal{C}_\gamma(\bar{\mathbf{r}},\tau) &= \langle \gamma(\mathbf{r},t)\gamma(\mathbf{r}+\bar{\mathbf{r}},t+\tau)\rangle \\ &= \int P_\gamma(\boldsymbol{\kappa})\cos\left[\boldsymbol{\kappa}\cdot\bar{\mathbf{r}}-\Omega(\kappa)\tau\right]d\boldsymbol{\kappa} \qquad (9.221) \end{aligned}$$

微擾散射場之頻譜，$\mathcal{R} \ll 1$

首先考慮符合微擾條件的散射聲場。由於海面爲聲壓釋放界面，因此，從式 (9.28) 可知，聲壓在平均面 $z = 0$ 上爲：

$$p_s(\mathbf{r},0,t) = 2ik_z\gamma(\mathbf{r},t)e^{i(\mathbf{k_r}\cdot\mathbf{r}-\omega_0 t)} \qquad (9.222)$$

若將 $\gamma(\mathbf{r},t)$ 以式 (9.218) 表示，並考慮傳播至在 $\mathbf{R}=(\mathbf{r},z>0)$ 處之相位，則可得散射聲壓爲：

$$\begin{aligned} p_s(\mathbf{R},t) &= ik_z\int A(\boldsymbol{\kappa})e^{i[(\mathbf{k_r}+\boldsymbol{\kappa})\cdot\mathbf{r}+q_z^+ z-(\omega_0+\Omega)t]}d\boldsymbol{\kappa} \\ &+ ik_z\int A(\boldsymbol{\kappa})e^{i[(\mathbf{k_r}-\boldsymbol{\kappa})\cdot\mathbf{r}+q_z^- z-(\omega_0-\Omega)t]}d\boldsymbol{\kappa} \quad (9.223) \end{aligned}$$

上式中，$q_z^\pm$ 爲：

$$q_z^\pm = \left[\left(\frac{\omega_0\pm\Omega}{c}\right)^2 - (\mathbf{k_r}\pm\boldsymbol{\kappa})^2\right]^{1/2} \qquad (9.224)$$

$$\Im\{q_z^\pm\} > 0 \qquad (9.225)$$

一般而言，$\omega_0 \gg \Omega$，因此，式 (9.224) 可簡化成：

$$q_z^\pm \simeq \left[k^2 - (\mathbf{k_r}\pm\boldsymbol{\kappa})^2\right]^{1/2} \qquad (9.226)$$

將式 (9.223) 中第二項之 $\boldsymbol{\kappa}$ 以 $-\boldsymbol{\kappa}$ 取代，則式 (9.223) 可重寫成：

$$\begin{aligned} p_s(\mathbf{R},t) &= ik_z\int d\boldsymbol{\kappa}\left[A(\boldsymbol{\kappa})e^{-i(\omega_0+\Omega)t} + A(-\boldsymbol{\kappa})e^{-i(\omega_0-\Omega)t}\right] \\ &\times e^{i(\mathbf{k_r}+\boldsymbol{\kappa})\cdot\mathbf{r}+iq_z z} \end{aligned}$$
$$(9.227)$$

此處，$q_z = q_z^+$。上式乃是當粗糙面以 Ω 頻率運動時，散射聲場之聲壓。從該式可以看出，傳向 $\pm\boldsymbol{\kappa}$ 方向的海波，造成散射聲壓頻分別移 $\pm\Omega$。

利用式 (9.227) 且依時間相關函數的定義可得：

$$\mathcal{C}_{p_s}(\tau) = 2k_z^2 \int \left[P_\gamma(\boldsymbol{\kappa})e^{i(\omega_0+\Omega)\tau} + P_\gamma(-\boldsymbol{\kappa})e^{i(\omega_0-\Omega)\tau} \right] d\boldsymbol{\kappa} \quad (9.228)$$

此式乃當粗糙面爲無窮寬廣，且觀測點與粗糙面的距離遠大於波長時，方才有效。若粗糙面爲有限面 S，且觀測點在遠域區時，則時間相關函數爲：

$$\mathcal{C}_{p_s}(\tau) = \frac{2Sk_z^2q_z^2}{R^2} \left[P_\gamma(\boldsymbol{\kappa})e^{i(\omega_0+\Omega)\tau} + P_\gamma(-\boldsymbol{\kappa})e^{i(\omega_0-\Omega)\tau} \right] \quad (9.229)$$

將上式代入式 (9.217) 可得散射場頻譜爲：

$$\mathcal{F}(\omega) = \frac{2Sk_z^2q_z^2}{R^2} \left[P_\gamma(\boldsymbol{\kappa})\delta(\omega - \omega_0 - \Omega) + P_\gamma(-\boldsymbol{\kappa})\delta(\omega - \omega_0 + \Omega) \right] \quad (9.230)$$

因此，粗糙面運動造成散射場頻移 Ω。

由於深水波之頻散關係 (dispersion relation) 爲：$\Omega = \sqrt{g\kappa}$，因此，在鏡面反射的方向（$\kappa = 0$），$\Omega = 0$，所以沒有頻移；而在逆散射方向，$\kappa = 2k\sin\theta_0$，因此，頻移爲：

$$\Omega_{\text{back}} = \sqrt{2kg\sin\theta_0} \quad (9.231)$$

當入射波趨於水平入射時（$\theta_0 \to \pi/2$），頻移達最大值：

$$\Omega_{\text{back,max}} = \sqrt{2kg} \simeq \left(0.2867\sqrt{f} \right) \text{ Hz} \quad (9.232)$$

基爾霍夫散射場之頻譜

從式 (9.201) 可得，基爾霍夫散射場之時間相關函數爲：

$$\begin{aligned}
\mathcal{C}_{p_s}(\tau) &= \langle p_s(\mathbf{R}, t)p_s^*(\mathbf{R}, t+\tau) \rangle \\
&= \left(\frac{kF\mu_r}{2\pi R} \right)^2 \iint_S d\mathbf{r}_1 d\mathbf{r}_2 \\
&\quad \times f_2(-p_z, p_z)e^{-i\boldsymbol{\kappa}\cdot(\mathbf{r}_1-\mathbf{r}_2)}e^{i\omega_0\tau} \quad (9.233)
\end{aligned}$$

此時，隱含在特徵函數 $f_2(-p_z, p_z)$ 內之粗糙面函數皆為時間的函數，亦即，$\gamma_1 = \gamma(\mathbf{r}_1, t)$、$\gamma_2 = \gamma(\mathbf{r}_2, t + \tau)$。在高辛分佈的假設下，$f_2(-p_z, p_z)$ 可證實為（為什麼？）：

$$f_2(-p_z, p_z) = e^{-(p_z\sigma)^2[1-\mathcal{N}_\gamma(\bar{\mathbf{r}}, \tau)]} \qquad (9.234)$$

上式中，$\mathcal{N}_\gamma(\bar{\mathbf{r}}, \tau) = \mathcal{C}_\gamma(\bar{\mathbf{r}}, \tau)/\sigma^2$ 為常態化之粗糙面時-空間相關函數。將式 (9.234) 代入式 (9.233)，並以 $\bar{\mathbf{r}}$ 取代 $\mathbf{r}_2$ 後，再對 $\mathbf{r}_1$ 積分，即可得時間相關函數為（取 $\mu_r = -1$）：

$$\mathcal{C}_{p_s}(\tau) = S\left(\frac{k\mathcal{F}}{2\pi R}\right)^2 e^{i\omega_0\tau} \int e^{i\boldsymbol{\kappa}\cdot\bar{\mathbf{r}} - (p_z\sigma)^2[1-\mathcal{N}_\gamma(\bar{\mathbf{r}}, \tau)]} d\bar{\mathbf{r}} \qquad (9.235)$$

為舉例說明，在此考慮 $(p_z\sigma)^2 \gg 1$（亦即，極粗糙）的情況，則從式 (9.235) 可知，隨著積分變數的增大，被積分式乃以指數的方式，迅速遞減，因此，主要的積分值來自 $(\bar{\mathbf{r}}, \tau) = (0, 0)$ 的附近。有鑑於此，吾人可將函數 $\mathcal{N}_\gamma(\bar{\mathbf{r}}, \tau)$ 對 $(0, 0)$ 展開，並僅留二階次項而得：

$$\mathcal{N}_\gamma(\bar{r}_x, \bar{r}_y, \tau) = 1 - \frac{1}{\sigma^2}\left(\underbrace{-\frac{1}{2}\left.\frac{\partial^2\mathcal{C}_\gamma}{\partial\bar{r}_x^2}\right|_{(0,0)} \bar{r}_x^2}_{a_1} \underbrace{-\frac{1}{2}\left.\frac{\partial^2\mathcal{C}_\gamma}{\partial\bar{r}_y^2}\right|_{(0,0)} \bar{r}_y^2}_{a_2} \right.$$

$$\left. \underbrace{-\frac{1}{2}\left.\frac{\partial^2\mathcal{C}_\gamma}{\partial\tau^2}\right|_{(0,0)} \tau^2}_{a_3} \underbrace{- \left.\frac{\partial^2\mathcal{C}_\gamma}{\partial\bar{r}_x\partial\tau}\right|_{(0,0)} \bar{r}_x\tau}_{a_4} \right) \qquad (9.236)$$

在展開過程中，由於 $\mathcal{C}_{p_s}$ 對平均風向（x 方向）而言為對稱的函數，因此，$\partial^2\mathcal{C}_{p_s}/\partial\bar{r}_x\partial\tau = 0$、$\partial^2\mathcal{C}_{p_s}/\partial\bar{r}_y\partial\tau = 0$。

接著，在考量頻散關係下，時-空相關函數可表示成：

$$\mathcal{C}_\gamma(\bar{\mathbf{r}}, \tau) = \int P_\gamma(\boldsymbol{\kappa}) \cos(\boldsymbol{\kappa}\cdot\bar{\mathbf{r}} - \Omega\tau) d\boldsymbol{\kappa} \qquad (9.237)$$

藉由皮-紐氏頻譜【式 (8.28)】，並利用式 (8.35)【取 $\nu = 2$】，可計算式 (9.236) 中之係數而得（為什麼？）：

$$a_1 = \frac{3a\sqrt{\pi}}{16\sqrt{2}g^3}U \tag{9.238}$$

$$a_2 = \frac{a_1}{3} \tag{9.239}$$

$$a_3 = \frac{a\sqrt{\pi}}{16\sqrt{2}g^3}U^3 \tag{9.240}$$

$$a_4 = \frac{2a}{3\pi g^3}U^2 \tag{9.241}$$

式中，$a = 2.4 \text{ m}^2/\text{s}^2$。

將式 (9.236) 代入式 (9.235)，並對 $\bar{r}_x$、$\bar{r}_y$ 積分，即可得時間相關函數（為什麼？）：

$$\mathcal{C}_{p_s}(\tau) = \mathcal{A}e^{-p_z^2 \mathcal{E}\tau^2 + i(\omega_0 + \kappa_x \mathcal{T})\tau} \tag{9.242}$$

上式中，$\mathcal{A}$、$\mathcal{E}$、$\mathcal{T}$ 之定義如下：

$$\mathcal{A} = \frac{\sqrt{3}\pi S}{a_1 p_z^2}\left(\frac{k\mathcal{F}}{2\pi R}\right)^2 \exp\left(-\frac{\kappa_x^2 + 3\kappa_y^2}{4a_1 p_z^2}\right) \tag{9.243}$$

$$\mathcal{E} = a_3 - \frac{a_4^2}{4a_1} \tag{9.244}$$

$$\mathcal{T} = \frac{a_4}{2a_1} \tag{9.245}$$

最後，對式 (9.242) 取傅立葉轉換【見式 (9.217)】，可得散射場頻譜如下：

$$\mathcal{F}(\omega) = \frac{\mathcal{A}}{\sqrt{\pi}\Delta\omega}\exp\left[-\frac{(\omega - \omega_m)^2}{(\Delta\omega)^2}\right] \tag{9.246}$$

上式中，

$$\omega_m = \omega_0 + \kappa_x \mathcal{T} \tag{9.247}$$

$$\Delta\omega = 2p_z\sqrt{\mathcal{E}} \tag{9.248}$$

ω_m 為最高頻譜之頻率，$\Delta\omega$ 為頻譜降至 e^{-1} 時之半頻寬。

從式 (9.247) 可知，散射場之中心頻率 (center frequency) 相對於入射波之頻率，產生了相對位移，其位移大小為：

$$
\begin{aligned}
\omega_d &= \omega_m - \omega_0 \\
&= \kappa_x \mathcal{T} = 0.45\,\kappa_x U \\
&= 0.45\,Uk(\sin\theta\cos\phi - \sin\theta_0\cos\phi_0) \qquad (9.249)
\end{aligned}
$$

因此，在鏡面反射的方向，相對位移為零，而在逆散射方向的位移則為：

$$
\omega_{d,\text{back}} = -0.9\,Uk\sin\theta_0\cos\phi_0 \qquad (9.250)
$$

當 $|\phi_0| < \pi/2$ 時，$\omega_{d,\text{back}} < 0$，而當 $|\phi_0| > \pi/2$ 時，則 $\omega_{d,\text{back}} > 0$。鑑於入射波方向 $\mathbf{k_r}$ 乃朝順風方向，前述頻率位移的關係，乃是因為杜卜勒效應 (Doppler effect) 所致：當海波行進的方向朝觀測者遠去或逼近時，逆散射中心頻率將分別降低或升高。

9.6 具有兩種尺度粗糙面之散射

至此，所討論的都是單一尺度 (single scale) 的粗糙面；換句話說，粗糙面的形體特徵，包括粗糙度與相關長度，個別都僅需要一個參數。但是，一般而言，海面與海床波數譜所涵蓋的範圍都十分寬廣，因此，粗糙面的組成，包含不同尺度的形體。以海面為例，假如有微風產生的漣漪 (ripple) 疊加在湧浪 (swell) 上[11]，則很明顯的將會造成具有兩種不同尺度的粗糙面，此乃本節所要探討的主題。

在此考慮具有兩種尺度之粗糙面，如圖 9.16 所示；其中，$\zeta(\mathbf{r})$ 與 $\gamma(\mathbf{r})$ 分別表示大、小尺度粗糙面之幾何函數。從本章前述方法

---

[11]根據文獻 [28]，湧浪的定義為：Mature wind waves of one wavelength that form orderly undulations of the ocean surface。亦即呈現出海面起伏、波長很長的成熟風浪。

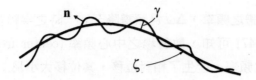

圖 9.16: 具有兩種尺度之粗糙面

可知，假如聲波頻率、入射角、粗糙面性質符合下列條件：

$$2k\sigma_\gamma \cos\theta \ll 1 \tag{9.251}$$

$$\langle |\nabla_{\perp,\zeta}\gamma|^2 \rangle \ll 1 \ (\nabla_{\perp,\zeta}\gamma \text{ 為 } \gamma \text{ 梯度在 } \zeta \text{ 切面上之分量}) \tag{9.252}$$

$$2k\mathcal{R}_{\text{cuv},\zeta} \cos\theta \gg 1 \tag{9.253}$$

則可結合微擾法與基爾霍夫法，求解散射場相關參數。

茲考慮平面波入射具兩種尺度粗糙面之散射係數。若假設兩種尺度粗糙面之間互為統計獨立，則總散射能量可以線性疊加。在這種情況下，總散射係數 m_T 可表示成：

$$m_T = m_{LC} + m_{SC} \tag{9.254}$$

上式中，m_{LC}、m_{SC} 分別表示大、小尺度散射場之散射係數。顯然的，m_{LC} 即是第 9.4.3 節中，利用基爾霍夫法所導得的散射係數，如式 (9.206) 所示，而 m_{SC} 則可利用微擾法，並適當的作修正而求得，茲述明如下。

大尺度粗糙度對於小尺度散射的影響，主要在於粗糙面的起伏，改變了局部入射角 (local angle of incidence) 與界面的關係。在此，假設聲波所照射的區域，其線性尺度 L，遠小於（大尺度）粗糙界面之曲率半徑 $\mathcal{R}_{\text{cuv},\zeta}$，但遠大於小尺度粗糙面之相關長度 $\ell_{0,\gamma}$，亦即，

$$\ell_{0,\gamma} \ll L \ll \mathcal{R}_{\text{cuv},\zeta} \tag{9.255}$$

則該區域內 $\zeta(\mathbf{r})$ 平面之法向量 $\mathbf{n}(\mathbf{r})$，可視之為常數，換言之，該

區域為平面。因此，平面波與小尺度粗糙面之作用，相當於平面波入射法向量為 $\mathbf{n}(\mathbf{r})$ 之粗糙面的散射。

在此，以 $m_\zeta(\boldsymbol{\kappa}_\zeta)$ 表示在 $\zeta(\mathbf{r})$ 局部區域之散射係數 (local scattering coefficient)，而 $\boldsymbol{\kappa}_\zeta$ 為入射波 $\mathbf{k_r}$ 與散射波 $\mathbf{q_r}$ 之差向量在 $\zeta(\mathbf{r})$ 切面上的投影，亦即，

$$\boldsymbol{\kappa}_\zeta = (\mathbf{q_r} - \mathbf{k_r}) \cdot \hat{\boldsymbol{\eta}}_\zeta \tag{9.256}$$

式中，$\boldsymbol{\eta}_\zeta = \nabla_\perp \zeta$ 為 ζ 粗糙面之梯度在切面上之分量，而 $\hat{\boldsymbol{\eta}}_\zeta = \nabla_\perp \zeta / |\nabla_\perp \zeta|$ 為單位向量。因此，小尺度粗糙面之散射係數 m_{SC}，即是 $m_\zeta(\boldsymbol{\kappa}_\zeta)$ 對 $\boldsymbol{\eta}_\zeta$ 之系集平均：

$$m_{\mathrm{SC}} = \int m_\zeta(\boldsymbol{\kappa}_\zeta) \mathcal{P}(\boldsymbol{\eta}_\zeta) d\boldsymbol{\eta}_\zeta \tag{9.257}$$

式中，$\mathcal{P}(\boldsymbol{\eta}_\zeta)$ 為大尺度粗糙面之梯度函數在切面上分量之二維概率密度函數。

為具體說明具兩尺度粗糙面散射係數之計算，在此考慮漣漪與湧浪疊加之粗糙面散射係數。從式 (9.60) 可知，小尺度（漣漪）粗糙面之局部散射係數 (local scattering coefficient) 為：

$$m_\zeta(\boldsymbol{\kappa}_\zeta) = \frac{4}{n_z}(\mathbf{q_r} \cdot \mathbf{n})^2 (\mathbf{k_r} \cdot \mathbf{n})^2 P_\gamma(\boldsymbol{\eta}_\zeta) \tag{9.258}$$

上式中，P_γ 為漣漪之波數譜，而分母的 n_z 乃因（大尺度）粗糙面之斜率所致。P_γ 與相對應之相關函數 $\mathcal{C}_\gamma$ 的關係為：

$$P_\gamma(\boldsymbol{\kappa}_\zeta) = \frac{1}{(2\pi)^2} \int \mathcal{C}_\gamma(\bar{\mathbf{r}}) e^{-i\boldsymbol{\kappa}_\zeta \cdot \bar{\mathbf{r}}} d\bar{\mathbf{r}} \tag{9.259}$$

將式 (9.258) 代入式 (9.257) 可得：

$$m_{\mathrm{SC}} = 4 \int \frac{1}{n_z}(\mathbf{q_r} \cdot \mathbf{n})^2 (\mathbf{k_r} \cdot \mathbf{n})^2 P_\gamma(\boldsymbol{\kappa}_\zeta) \mathcal{P}(\boldsymbol{\eta}_\zeta) d\boldsymbol{\eta}_\zeta \tag{9.260}$$

此式即是用以計算非平面之微擾粗糙界面散射係數之公式。假如 $\zeta(\mathbf{r}) = 0$，則很容易的可以證明，式 (9.260) 將簡化成式 (9.60)【為什麼？】。

假如漣漪所造成的粗糙面爲等向 (isotropic)，則相關函數與波數譜可表示成：

$$C_\gamma(\overline{\mathbf{r}}) = 2\sigma_\gamma^2 \frac{J_1(\overline{\mathbf{r}}/\ell_{0,\gamma})}{\overline{\mathbf{r}}/\ell_{0,\gamma}} \qquad (9.261)$$

$$P_\gamma(\boldsymbol{\kappa}_\zeta) = \begin{cases} \frac{1}{\pi}\left(\sigma_\gamma \ell_{0,\gamma}\right)^2, & \boldsymbol{\kappa}_\zeta \ell_{0,\gamma} < 1 \\ 0, & \boldsymbol{\kappa}_\zeta \ell_{0,\gamma} > 1 \end{cases} \qquad (9.262)$$

由於 $\boldsymbol{\kappa}_\zeta \leq 2k$，因此，$\boldsymbol{\kappa}_\zeta \ell_{0,\gamma} < 1$ 可簡化成 $k\ell_{0,\gamma} \leq 1/2$。另一方面，在此亦假設湧浪之斜率爲等向且爲常態分佈：

$$\mathcal{P}(\boldsymbol{\eta}_\zeta) = \frac{1}{2\pi\hbar_\zeta^2} \exp\left(-\frac{\boldsymbol{\eta}_\zeta^2}{2\hbar_\zeta^2}\right) \qquad (9.263)$$

上式中，$\hbar_\zeta$ 爲湧浪粗糙面之均方根斜率。將式 (9.262) 與式 (9.263) 代入式 (9.260)，即可得到轉換的統計積分式 [48]。

圖 9.17 爲逆散射方向，$Q = m_{\mathrm{SC}}/\tilde{m}_{\mathrm{SC}}$ 隨入射角變化的關係；其中，$\tilde{m}_{\mathrm{SC}}$ 表示當 $\zeta(\mathbf{r}) = 0$ 時，漣漪之散射係數。從圖上可以看出，隨入射角及均方根斜率的增加，湧浪起伏所造成的影響越重要。此乃顯示，當平面波以大入射角（低掠擦角）入射漣漪與湧浪合成的粗糙界面時，逆散射方向受到湧浪起伏而導致的改變，最爲顯著。

圖 9.18 爲漣漪與湧浪合成之粗糙界面的總體逆散射係數隨入射角變化的關係；相關參數爲：$(k\sigma_\gamma)^2 = 0.05$、$(k\ell_\gamma)^2 = 0.1$、$\hbar = 0.1$。從圖上可以看出，當入射角小於約 $25°$ 時，逆散射係數幾乎由大尺度粗糙面（湧浪）所主導，而當入射角大於 $25°$ 後，則由小尺度（漣漪）粗糙面之散射爲逆散射之主要機制。這種含有明顯轉折的曲線變化，乃是具有兩種尺度散射之特徵。這些結果，除了在低掠擦角的情況，與實驗數據十分吻合。

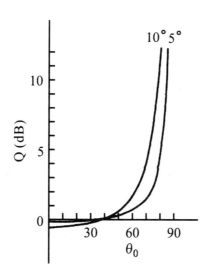

圖 9.17: 逆散射方向，$Q = m_{\text{SC}}/\tilde{m}_{\text{SC}}$ 隨入射角變化的關係

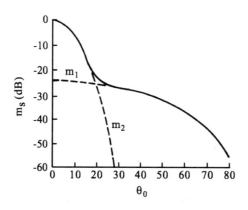

圖 9.18: 漣漪與湧浪合成之粗糙界面的總體散射係數

參 考 書 目

[1] Abramowitz, M. and I. Stegun, *Handbook of Mathematical Functions With Formula, Graphs, and Mathematical Tables*, National Bureau of Standard, United States Department of Commerce (1970).

[2] Akal, T., *Mar. Geol.*, **13**, 251–266 (1972).

[3] Akal, T., "Acoustical characteristics of the sea floor," in *Physics of Sound in Marine Sediments*, edited by L. Hampton (Research Centre, La Spezia, Italy), 395–490 (1974).

[4] Andreeva, J.B., L.M. Brekhovkikh, *Priroda Moscow*, 34–43 (1976).

[5] Baker, W.F., "New formula for calculating acoustic propagation loss in a surface duct," *J. Acoust. Soc. Am.*, **57**(5), 1198–1200 (1975).

[6] Barnett, T.P. and J.C. Wilkerson, *J. Mar. Res.*, **23**, 292-328 (1967).

[7] Bass, F.G. and I.M. Fuks, *Wave Scattering From Statistically Rough Surfaces*, [English translation from Russian] (Pergamon, New York 1978).

[8] Bender, C.M. and S.A. Orszag, *Advanced Mathematical Methods for Scientists and Engineers*, (McGraw-Hill, New York, 1978).

[9] Beran, M.J. and S. Frankenthal, "Volume scattering in a shallow channel," *J. Acoust. Soc. Am.*, **91**, 3203–3211 (1992).

309

[10] Biot, M.A., *Bull. Seism. Soc. Am.,* **42**, p.81 (1952).

[11] Brekhovskikh, L.M. and Y.P. Lysanov, *Fundamentals of Ocean Acoustics,* 2nd edi. (SpringerVerlag, 1991).

[12] Chernov, L.A., *Volni v sluchaino-neodnorodnikh sredakh,* 2nd edi. (Nauka, Moscow 1975) [English transl., *Waves in Random Medium,* 1st edi. (McGraw-Hill, NY 1960)]

[13] Chuprov, S.D., *Sov. Phys. Acoust.,* **24**, 62–67 (1978).

[14] Churchill, R.V. and J.W. Brown, *Complex Variables and Applications,* 5th edi., McGraw-Hill (1990).

[15] Claerbout, J.F., *Fundamentals of Geophysical Data Processing* (Blackwell, Oxford, UK, 1985), pp. 194–207.

[16] Clay, C.S., and H. Medwin, *Acoustical Oceanography–Principles and Applications,* John Wiley & Sons, (1977).

[17] Cox, C.S. and W.H. Munk, *J. Opt. Soc. Am.,* **44**, 838–850 (1954).

[18] Creamer, D.B., "Scintillating shallow-water waveguide," *J. Acoust. Soc. Am.,* **99**, 2852–2838 (1996).

[19] Ewing, W.M, W.S. Jardetzky, and F. Press, *Elastic Waves in Layered Media,* McGraw-Hill (New York, 1957).

[20] Feinberg, E.L., *Rasprostraneniye radiovoln vdol zemnoy poverkhnosti* (Propagation of Radiowaves Along the Earth's Surface) (Izd. Akad. Nauk SSSR, Moscow 1961).

[21] Fisher, F.H. and V.P. Simmons "Sound absorption in sea water," *J. Acoust. Soc. Am.,* **62**, 558–564 (1977).

[22] Finette, S., M.H. Orr, A. Turgut, J.R. Apel, M. Badiey, C.-s. Chiu, R.H. Headrick, J.N. Kemp, J.F. Lynch, A.E. Newhall, B. Pasewark, S.N. Wolf, D. Tielbuerger, "Acoustic field variability induced by time evolving internal wave fields," *J. Acoust. Soc. Am.,* **108**, 957–972 (2000).

[23] Flatte, S.M. and F.D. Tappert, "Calculation of the effect of internal waves on oceanic sound transmission," *J. Acoust. Soc. Am.,* **58**, 1151–1159 (1975).

[24] Flatte, S.M., R. Dasehn, W. Munk, K. Watson, and F. Zacariasen, *Sound Transmission Through a Fluctuating Ocean* (Cambridge U.P., Cambridge, 1979).

[25] Flatte, S.M. and G. Rovner, "Calculation of internal-wave-induced fluctuations in ocean-acoustic propagation," *J. Acoust. Soc. Am.,* **108**, 526–534 (2000).

[26] Frisk, G.V., *Ocean and Seabed Acoustics - A Theory of Wave Propagation*, Prentice-Hall (1994).

[27] Galubin, N.N., *Sov. Phys. Acoust.,* **22**, 193–197 (1976).

[28] Garrison, T., *Oceanography – An Invitation to Marine Science,* 2nd edi., Wadsworth (1996).

[29] Gawarkiewicz, G.G., R. Pickart, J.F. Lynch, C.S. Chiu, K.B. Smith, and J.H. Miller, "The shelfbreak front PRIMER experiment," *J. Acoust. Soc. Am.,* **101**, 3016 (1977).

[30] Goff, J.A. and T.H. Jordan, "Stochastic modeling of seafloor morphology: Inversion of Sea Beam data for second-order statistics," *J. Geophys. Res.,* **93**, No. B11, 13,589–13,608 (1988).

[31] Greene, R.R., "The rational approximation to the acoustic wave equation with bottom interaction," *J. Acoust. Soc. Am.,* **76**, 1764–1773 (1984).

[32] Hall, M., "Surface-duct propagation: an evaluation of models of the effects of surface roughness," *J. Acoust. Soc. Am.,* **67**(3), 803–811 (1980).

[33] Hamilton, E.L., "Geoacoustical modeling of the sea floor," *J. Acoust. Soc. Am.,* **65**(5), 1313–1340 (1980).

[34] Hardin, R.H. and F.D. Tappert, "Applications of the split-step Fourier method to the numerical solution of nonlinear and variable coefficient wave equations," *SIAM Rev.*, **15**, 423 (1973).

[35] Hasselmann, K.A., "A statistical analysis of the generation of microseism," *Rev. Geophysic. Space Phys.*, **1**, 177–210 (1963).

[36] Headrick, R.H., J.F. Lynch, J.N. Kemp, A.E. Newhall, J. Apel, M. Badiey, C.-s. Chiu, S. Finette, M. Orr, B. Pasewark, A. Turgot, S. Wolf, and D. Tielbuerger," "Acoustic normal mode fluctuation statistics in the 1995 SWARM internal wave scattering experiment," *J. Acoust. Soc. Am.*, **107**, 201–220 (2000).

[37] Heine, J.C., and L.M. Gray, "Narrowband source model for merchant ships," *USN Jour. Underwater Acoust.*, **28**, No. 1 (1978).

[38] Hudson, J.A., *The Excitation and Propagation of Elastic Waves*, (Cambridge Univ. Press 1980).

[39] Ishimaru, A., *Wave Propagation and Scattering in Random Media*, Vol. 1 (*single scattering and transport theory*) and Vol. 2 (*multiple scattering, turbulence, rough surfaces, and remote sensing*) (Academic Press, NY 1978)

[40] Ivakin, A.N. and Yu. P. Lysanov, "Theory of underwater sound scattering by random inhomogeneities of the bottom," *Sov. Phys. Acoust*, **27**, 61–64 (1981).

[41] Jensen, Finn B., William A. Kuperman, Michael B. Porter, and Henrik Schmidt, *Computational Ocean Acoustics*, AIP Press (1994).

[42] Kinsler, L.E., A.R. Frey, A.B. Coppens, and J.V. Sanders, *Fundamentals of Acoustics*, 3rd edi., Wiley (1982).

[43] Kitaigorodskii, S.A, *Physika vsaimodeystviya atmospheri i okeana* (*Physics of Ocean-Atmosphere Interaction*) (Gidrometerizdat, Leningrad 1970)

[44] Kolobaev, P.A., *Okeanologiya*, **15**, 1013–1017 (1975).

[45] Kolobaev, P.A., *Voprosy Sudostroenia. Ser. Acoust.,* 58–66 (1977).

[46] Kravtsov, Yu. A., *Sov. Phys. Acoust.,* **14**, 1–17 (1968).

[47] Kuperman, W.A., and H. Schmidt, "Self-consistent perturbation approach to rough surface scattering in startified elastic media," *J. Acoust. Soc. Am.,* **86**(4), 1511–1522 (1989).

[48] Kur'yanov, B.F., *Akust. Zh.,* **8**, 325–333 (1962) [English tanslation: *Sov. Phys. Acoust.,* **8**, 252–257 (1962)]

[49] Leonard, R.W., P.C. Combs, and L.R. Skidmore, Jr., "The attenuation of sound in 'synthetic sea water'," *J. Acoust. Soc. Am.,* **21**, 63 (1949).

[50] Lee, D., and S.T. McDaniel, "Ocean acoustic propagation by finite difference methods," *Comp. Math. Appl.,* **14**, 305–423 (1987).

[51] Leontovich, M.A., and V.A. Fock, *Zh. Eksp. Teor. Fiz.,* **16**, 557–573 (1946) [Engl. transl.: *J. Phys. USSR,* **10**, 13–24 (1946)]

[52] Levenson, C. and K.A. Doblar, *J. Acoust. Soc. Am.,* **59**, 1134–1141 (1976).

[53] Liu, J.-Y., H. Schmidt, and W.A. Kuperman, "Effect of a rough seabed on the spectral composition of deep ocean infrasonic ambient noise," *J. Acoust. Soc. Am.,* **93**, 753–769 (1993).

[54] Liu, J.-Y and J.L. Krolik, "The spatial correlation of rough seabed scattering of surface-generated ambient noise," *J. Acoust. Soc. Am.,* **96**(5), 2876–2886 (1994).

[55] Longuet-Higgins, M.S., "A theory on the origin of microseisms," *Philos. Trans. Roy. Soc.,* Ser. A **243**, 1–35 (1950).

[56] Lynch, J.F., G.G. Gawarkiewicz, C.S. Chiu, R. Pickart, J.H. Miller, K.B. Smith, A. Robinson, K. Brink, R. Beardsley, B. Sperry, and G. Potty, "Shelfbreak PRIMER–An integrated acoustic and oceanographic field study in the Mid-Atlantic Bight," in

Shallow-Water Acoustics, edited by R. Zhang and J. Zhou (China Ocean Press, Beijing, April 21–25, 1997), pp. 205–212.

[57] Lysanov, Y.P., *Rasseyaniye zvuka nerovnimi poverkhnostyami (Scattering of Sound by Rough Surfaces)*, in "Akustika okeana (Ocean Acoustics)", 231–330, ed. by L.M. Brekhovskikh (Nauka, Moscow 1974)

[58] Marsh, H.W. and M. Schulkin, "Report on the Status of Project AMOS (Acoustic, Meterological and Oceanographic survey)," *U.S. Navy Underwater Sound Lab. Rep.* 225A, reprinted (1967).

[59] Medwin, H., "Speed of sound in water: A simple equation for realistic parameters," *J. Acoust. Soc. Am.*, **58**, 1318–1319 (1975).

[60] Miklowitz, J., *The Theory of Elastic Waves and Waveguides* (North-Holland, Amsterdam 1978).

[61] Munk, Water, Peter Worcester, and Carl Wunch, *Ocean Acoustic Tomography*, Cambridge University Press (1995).

[62] Munk, W.H., "Sound channel in an exponentially stratified ocean with application to SOFAR," *J. Acoust. Soc. Am.*, **55**, 220–226 (1974).

[63] Munk, W.H. and F. Zachariasen, "Sound propagation through a fluctuating stratified ocean: Theory and observation," *J. Acoust. Soc. Am.*, **59**, 818–839 (1976).

[64] Ogilvy, J.A., *Theory of Wave Scattering From Random Rough Surfaces*, (Adam Hilger, 1991)

[65] Pekeris, C.L, "Theory of propagation of explosive sound in shallow water," *Geol. Soc. Am. Mem.*, **27** (1948).

[66] Pierson, W.J., *Adv. Geophys.*, 93–176 (1955).

[67] Pierson, W. J. Jr. and L. Moskovitz, "A proposal spectral form for fully developed wind seas based on the similarity theory of S. A. Kitaigorodskii," *J. Geophys. Res.*, **69**, 5181–5190 (1964).

[68] Rayleigh, J.W.S., *Sci. Pap. Mag.*, **6**, 388-404 (1907).

[69] Rayleigh, J.W.S., *The Theory of Sound,* Vol. 2 (Dover, New York 1945).

[70] Richardson, P.L., R.E. Cheney, and L.V. Worthington, "A census of Gulf Stream rings," *J. Geophys. Res.,* **83**, 6136–6144 (1978).

[71] Rubenstein, D., "Observations of cnoidal internal waves and their effects on acoustic propagation in shallow water," *J. Acoust. Soc. Am.,* **101**, 3016 (1997).

[72] Rytov, S.M., Yu.A. Kravtsov, and V.I. Tatarskii, *Vvedeniye v statisticheskuyu radiophysiku,* (Nauka, Moscow 1978).

[73] Schmidt, Henrik, *SAFARI: Seismo-Acoustic Fast Field Algorithm for Range Indeendent Environments, User's Guide,* **SR** 113, SACLANT ASW Research Centre, La Spezia, Italy (1987).

[74] Schmidt, H. and F.B. Jensen, "A full wave solution for propagation in multilayered viscoelastic media with application to Gaussian beam reflection at fluid-solid interfaces," *J. Acoust. Soc. Am.,* **77**(3), 813–825 (1985).

[75] Schmalfeldt, B. and D. Rauch, "Explosion-generated seismic interface waves in shallow water: Experimental results," *Rep. SR-71* (SACLANT Undersea Research Centre, La Spezia, Italy, 1983).

[76] Shelkunoff, S.A., *Comun. Pure Appl. Math.,* **4**, 117 (1951).

[77] Shvachko, R.F., "Scattering on random inhomogeneities and sound fields in the ocean," in *Ocean Acoustics,* edited by L.M. Brekhovskikh (Nauka, Moscow), 559–581 (1974).

[78] The results were presented as a paper by D. Silverman at a symposium on elastic waves in Pasadena (1953).

[79] Simmen, J., S.M. Flatte, and G.-Y. Wang, "Wavefront folding, chaos, and diffraction for sound propagation through ocean internal waves," *J. Acoust. Soc. Am.,* **102**(1), 239–255 (1997).

[80] Smirnov, V.I., *A Course of Higher Mathematics,* Vol. 4, Integral Functions and and Partial Differential Equations (Pergamon, New York 1964).

[81] Stanford, G.E., *J. Acoust. Soc. Am.,* **55**, 968–977 (1974).

[82] Stoneley, R., *Proc. Roy. Soc. (London), Ser. A*, **160**, p.416 (1924).

[83] Sutton, G.R. and J.J. McCoy, "Spatial coherence of acoustic signals in randomly inhomogeneous waveguides – A multiple scatter theory," *J. Math. Phys.* (N.Y.), **18**, 1052–1057 (1977).

[84] Tappert, F.D., "The parabolic approximation method," in *Wave Propagation in Underwater Acoustics*, edited by J.B. Keller and J.S. Papadakis (Springer-Verlag, New York, 1997), 224–287.

[85] The SWARM Group (J.R. Apel *et al.*), "An overview of the 1995 SWARM shallow water internal wave acoustic scattering experiment," *IEEE J. Ocean Eng.,* **22**, 465–500 (1997).

[86] Thorp, W.H., "Analytic description of the low-frequency attenuation coefficient," *J. Acoust. Soc. Am.,* **42**, 270 (1967).

[87] Thorsos, E.I. and D.R. Jackson, "The validity of the perturbation approximation for rough surface scattering using a Gaussian roughness spectrum," *J. Acoust. Soc. Am.,* **86**(1), 261–277 (1989).

[88] Tielbuerger, D., S. Finette, and S. Wolf, "Acoustic propagation through an internal wave field in a shallow water waveguide," *J. Acoust. Soc. Am.,* **101**, 789–808 (1997).

[89] Tolstoy, A., *Matched Field Processing for Underwater Acoustics,* World Scientific (1993).

[90] Tolstoy, I. and C.S. Clay, *Ocean Acoustics – Theory and Experiment in Underwater Sound,* AIP (1987).

[91] Urick, R.J., *Sound Propagation in Sea,* (Defense Advanced Research Projects Agency, Washington, DC, 1979).

[92] Uscinski, B.J., *The Elements of Wave Propagation in Random Media,* (McGraw-Hill, NY 1977)

[93] U.S. Navy, "Ocean Science Program of the U.S. Navy," Office of the Oceanographer of the Navy, Alexandria, Va. (1970).

[94] Vastano, A.C. and G.E. Owens, *J. Phys. Oceanogr.,* **3**, 470–478 (1973).

[95] Volovov, V.I., Yu. Yu. Zhitjovskii, "Reflection and scattering of sound from the ocean bottom," in *Ocean Acoustics,* edited by L.M. Brekhovskikh (Nauka, Moscow), 395–490 (1974).

[96] Wenz, G.M., "Acoustic ambient noise in the ocean: spectra and sources," *J. Acoust. Soc. Am.,* **34**, 1936–1956 (1962).

[97] Worzel, J.L. and W.M. Ewing, *Geol. Soc. Am. Mem.,* **27** (1948).

[98] Zhou, J.X., X.Z. Zhang, and P.H. Rogers, "Resonant interaction of sound waves with internal solitons in the coastal zone," *J. Acoust. Soc. Am.,* **90**, 2042–2054 (1991).

[99] 劉金源，《水中聲學－水聲系統之基本操作原理》，國立編譯館，民 90。

索 引

國家圖書館出版品預行編目資料

海洋聲學導論 — 海洋聲波傳播與粗糙面散射之基本原理
Fundamentals of Ocean Acoustics - Acoustic Wave Propagation
and Rough Surface Scattering in Ocean／劉金源 著
　　––初版––高雄市：中山大學，民91
　　　面：公分
參考書目：面
含索引
ISBN 957-9014-29-9（平裝）
1. 水中聲學 2. 聲波 3. 聲音－傳播－液體

334.53　　　　　　　　　　　　　　　　　　　91017187

海洋聲學導論
— 海洋聲波傳播與粗糙面散射之基本原理

發　行　人：劉維琪
出　版　者：中山大學出版社
　　地　　址：高雄市鼓山區蓮海路70號
　　電　　話：(07) 525-2000 轉 2615
著　　　者：劉金源
　　地　　址：高雄市鼓山區蓮海路70號 海下技術研究所
　　電　　話：(07) 525-2000 轉 5277
　　傳　　真：(07) 525-5277
　　電　　郵：jimliu@mail.nsysu.edu.tw
印　刷　廠：立雄商業印刷設計
中華民國九十一年九月初版　©中山大學出版社
定價：新臺幣柒佰元整

統一編號：1009103072
ISBN 957-9014-29-9